글로벌 기업재무

강재택 · 안희욱

서 문

대학에서 기업재무와 재무관리를 강의하면서 재무에 관한 개념과 원리를 쉽게 설명한 책이 필요하다는 생각을 갖게 되었다. 이 책은 기업재무에 대한 많은 내용을 자세하게 설명하고 그것을 암기시키는 것이 목적이 아니라, 기업재무의 개념과 원리를 직관적으로 이해하고 이를 실제 재무관리에 활용할 수 있도록 하는데 중점을 두고 작성하였다. 그래서 현실적용 가능성이 크지 않거나, 많은 가정이 필요한 수식 중심의 모형은 과감히 제외하였다. 대신 경제의 글로벌화로 국제재무에 대한 이해가 날로 중요해지고 있는 점을 반영하여 기업재무에 필요한 국제재무 관련 내용을 심도 있게 다루었다.

이 책의 구성과 주요 내용을 설명하면 다음과 같다. 제1장에서는 이 책에서 다루는 주요 주제와 그 관련 내용의 범위를 개략적으로 설명하였다. 제2장에서는 기업의 재무분석에 관해 다루었다. 기업의 재무를 담당하려면 해당 기업의 재무제표를 읽고 그 기업의 재무상황을 제대로 진단한 후 향후를 예측할 수 있어야 하며 또한 필요한 경우 현금조달 등의 대책을 강구할 수 있어야 한다. 제3장에서는 화폐의 시간가치를 설명하였다. 이 부분은 가장 중요한 재무이론의 하나이며 앞으로 채권 및 주식의 가치평가, 설비투자 등 프로젝트 수행 여부의 판단, 그리고 기업의 가치평가 등 주요 재무적 의사결정에 꼭 필요하므로 정확한 이해가 필요하다. 제4장에서는 채권의 가치가 수학적으로 어떻게 결정되는지를 이해하고 이를 바탕으로 향후 금리 향방의 예측에 기초하여 채권투자전략까지 연계시킬 수 있도록 설명하였다. 또한 채권의 가치식이 갖는 한계를 극복하기 위해 듀레이션과 볼록성까지 논의를 확장하여 채권에 대하여 심도 있는 이해를 도모하였다. 제5장에서는 주식의 가치평가를 설명하였다. 수학적인 원리는 앞서 학습한 채권의 가치평가의 경우와 동일하지만 주식의 가치는 배당금을 기준으로 다양한 가정하에 평가가 가능한 점을 설명하였다. 제6장에서는 기대수익률과 위험을 설명하였다. 기업의 자산이 향후 어느 정도 수익을 낼 것이고 이와 관련한 위험이 어느 정도 될지를 판단하는 것은 기업의 투자전략 수립에 필수적이다. 이에 따라 관련 수학적 원리를 가급적 쉽고 상세하게 설명하였고 관련 예제를 통해 쉽게 이해가 되도록 하였다. 물론 증권시장선, 자본시장선 등과 같은 자본시장이론도 여기에서 다루었다. 제7장에서는 프로젝트의 타당성 평가를 다루었다. 기업이 제품설비를 추진할 경우 현재시점부터 설비투자자금이 투입되지만 이로 인한 매출수익은 향후 미래에 유입될 것이다. 이 경우 설비투자 여부를 결정하기 위해 필요한 방법들을 비교 설명하였다. 제8장에서는 7장에서 결정한 프로젝트를 수행하기 위해 기본이 되는 자금조달에 대해 다루었다. 특히 부채로 자금을 조달하는 경우와 자본으로 조달하였을 때와의 차이를 강조하였다. 제9장에서는 배당정책을 다루었다. 기업이 배당을 결정하는 요인을 중심으로 설명하였다. 제10장에서는 재고관리를 설명하였는데, 기업의 재고는 너무 많아도 문제이고 너무 적어도 곤란하다. 최적의 재고량을 찾는 모형을 중심으로 설명하였다. 제11장에서는 국제재무의 기초가 되는 환율을 중점적으로 다루었다. 환율의 개념과 종류, 명목환율과 실질환율을 통한 통화가치 평가와 수출경쟁력 분석 방법, 환율 결정요인에 대해 설명하였다. 제12장에서는 환율제도, 이자율평가, 재정거래 메커니즘, 환율조작 여부 평가 기준, 환율조작의 효과 등에 대해 설명하였다. 특히 우리나라의 경우 외국인 투자가들을 중심으로 거래가 활발하여 우리나라 외환시장에 크게 영향을 미치는 차액결제선물환(Non-deliverable forward, NDF)과 선물환포지션 규제에 대한 설명을 추가하였다. 제13장에서는 기업재무 리스크 관리를 설명하였다. 리스크의 개념, 리스크의 발생원인별 분류, 리스크의 측정방법으로서의 VaR(Value at Risk)의 설명 및 측정예제를 통해 기업의 리스크를 파악할 수 있도록 하였고, 그와 관련한 리스크 관리방안도 향후 금융시장의 변화에 대응하여 선물, 스왑, 옵션 등을 활용해 강구할 수 있도록 설명하였다. 제14장에서는 국제금융시장 동향 분석 및 전망에 대하여 다루었다. 기업의 재무담당으로서 앞으로 국제금융시장이 어느 방향으로 전개될 지를 예측하고 이에 대응할 수 있도록 주안점을 두어 설명하였다.

이 책은 필수적인 재무원리에 대해 간결하게 설명하는 대신 적절한 예제를 통해 이를 충분히 이해할 수 있도록 하였고, 실제 사례를 풍부하게 제공함으로써 이해의 깊이를 더하고자 하였다. 그런 만큼 누구라도 마음먹고 사나흘이면 이 책을 통독할 수 있고, 재무관리의 개념을 정립할 수 있을 것이라고 본다. 이 책이 기업재무를 학습하는 학생들이나 실제 기업의 재무담당자들에게 도움이 되기를 기대한다.

2021. 6.
저자 일동

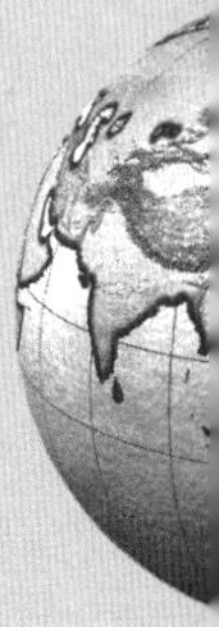

차 례

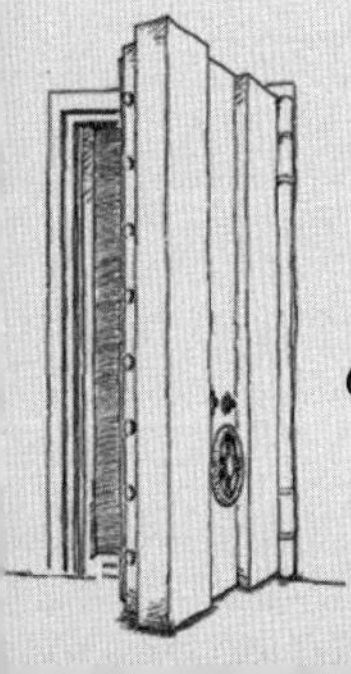

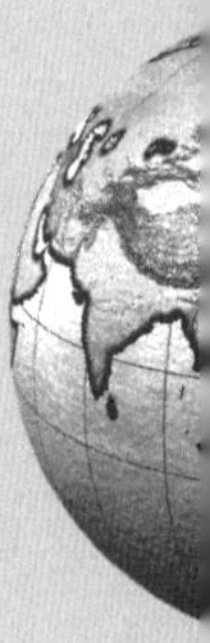

제 1 장

기업재무의 포괄 범위

2010년 일련의 젊은이들이 〈배달의 민족〉이라는 음식 전문배달 회사를 만들었다. 당시만 하더라도 하찮게 보던 분야였지만, 스마트폰 앱을 이용한 쉽고 간편한 주문방식이 히트를 치면서 8년 만에 흑자를 달성하였다. 창업자는 3,000만원을 투자하여 불과 10년 만에 6,000억원을 손에 쥐었다고 한다.

이런 사례를 접하다 보면 기업하는 것이 마냥 쉽게만 보이지만, 실패사례는 성공의 10배나 많다고 한다. 회사를 경영한다는 것은 결코 쉬운 일이 아니다. 무엇을 만들지부터 시작해서, 얼마나 큰 공장을 지을지, 그 자금은 어떻게 마련하고, 원재료는 얼마나 가지고 있어야 하는지 등등.. 한마디로 너무나도 복잡하고 어려운 일이 아닐 수 없다. 그래서 사람들은 이런 복잡다난한 일들을 꿰뚫어 볼 수 있는 원리들을 찾고자 노력하였고, 실제 경영에 적용하는 등 검증도 게을리 하지 않았다. 그 결과 1970년대 경부터 기업재무(corporate finance)라고 하는 새로운 학문이 자리 잡게 되었다.

이제 기업이 자금을 조달하여 그 돈으로 투자 및 생산을 하고 이익을 주주들에게 분배하는 이른바 기업운영의 비밀을 알려주는 기업재무론으로 들어가 보도록 하겠다.

Ⅰ. 기업재무의 의의

기업은 외부에서 조달한 자금을 이용하여 공장, 기계설비 등에 투자하고 원재료와 중간재 등을 매입하여 제품을 생산한 후 이들을 판매한 수익에서 제반 비용을 차감한 이익을 창출하는 경제주체이다.

기업재무는 이러한 기업의 제반 활동 가운데 돈과 관련된 재무적 의사결정과 관련한 일련의 활동을 말한다. 따라서 최적의 자본조달 방법 모색, 설비투자 여부 결정, 생산 및 판매와 관련한 재무적 의사결정, 발생한 이익의 처분에 관한 의사결정 등이 기업재무에서 주로 학습할 내용이 될 것이다.

아울러 최근에는 글로벌화에 따라 위에 언급한 기업재무론의 주요 내용을 국제적 관점에서 이해하고 활용할 수 있는 능력을 키우는 것이 중요하다고 하겠다.

Ⅱ. 기업재무의 주요 내용

1. 최적의 자금조달 방법 모색

기업은 설비투자 및 생산활동에 필요한 자금을 근본적으로는 외부에서 조달하며 이러한 조달에는 반드시 그 대가로 조달비용이 수반된다. 따라서 기업은 그때그때 상황에 맞는 최적의 자금조달 방안을 모색해야만 한다.

기업의 자금조달방식은 크게 세 가지가 있으며 금융기관 차입, 회사채 발행, 주식발행이 그것이다. 이 세 가지 방식의 각기 다른 특성을 파악하기 위해서는 은행시장, 채권시장, 주식시장에 대한 이해가 필요하다. 이들 세 시장에서 자금을 조달할 경우 그 차입비용이 어떻게 결정되는지와 상대적 장단점을 알아야 최소의 비용으로 효율적으로 자금을 조달할 수 있기 때문이다.

우선 금융기관에서의 자금조달과 관련해서는 표면금리 외에 부수적인 수수료까지도 포함한 실효이자율을 이해할 필요가 있다.

채권시장에서의 자금조달은 채권가격 결정이론을 이해하는 것이 필수적이다. 이와 관련하여 채권가격의 시간적 가치 변화, 만기, 듀레이션(duration), 그리고 채권의 볼록성(convexity)을 이해하면 좋을 것이다.

주식시장과 관련해서는 주식의 가격결정이론을 이해할 필요가 있다.

2. 기업의 설비투자와 관련한 의사결정

기업은 설비투자[1])로 인해 미래에 발생할 것으로 예상되는 기대수익이 설비투자의 비용보다 커서, 이로 인해 이익이 발생할 것으로 예상되는 경우에는 설비투자를 할 결정을 내릴 수 있다. 그러나 이러한 결정을 하기 위해서는 여러 가지 요소가 감안되어야 한다.

우선 기업이 설비투자자금을 현시점에 투입할 경우 이는 현재가치 기준이다. 그런데 이러한 설비투자로 인해 향후 수익이 유입될 것으로 예상되는 경우, 이는 유입되는 미래시점의 기준이므로 미래가치이다. 따라서 현재가치와 미래가치의 차이에 대한 이해가 필요하다.

예를 들어 현재 투입되는 1억 원과 n년 후에 유입될 것으로 예상되는

---

1) 기업의 설비투자와 금융투자는 그 개념이 다르다는 점을 유의해야 한다. 기업의 설비투자는 공장설비나 기계장치 등의 유형자본(capital)을 증가시키는 것으로서 거시경제학에서 의미하는 투자, 즉 자본의 증가와 같은 개념이다. 한편 기업이 여유자금을 수익획득을 목적으로 타기업의 주식이나 채권 등을 매입하는 것을 금융투자(financial investment)라고 하는데 기업의 설비투자와는 그 개념이 다르다.

1억원은 기준시점이 다르기 때문에 그 가치를 비교하기 위해서는 같은 시점으로 기준을 통일해야 한다. 이 경우 통상적으로는 미래가치를 현재가치로 전환하여 비교한다. 현재가치 얼마를 일정 이자율로 n년간 복리로 저축하면 미래가치가 되는가의 관계를 이용하여 미래가치를 현재가치로 전환하는 할인방법에 대한 이해가 필요하다.

또한 미래 유입될 것으로 예상되는 자금을 현재가치로 전환할 때 두 가지 불확실성을 감안해야 한다. 첫째, 미래 유입될 것으로 예상되는 자금의 규모가 실제로 미래에 그만큼 유입될지 불확실하다. 따라서 가능한 모든 정보를 이용하여 미래에 유입될 자금규모를 예측할 필요가 있다. 둘째는 미래에 유입될 금액을 현재가치로 전환할 때 어느 수준의 이자율로 할인하여 현재가치를 산출할지를 결정해야 한다. 그 사업의 위험성이 높을수록 더 높은 할인율을 적용해야 하기 때문에 그 사업의 특성과 위험도에 대한 평가가 필수적이다.

이러한 현재가치 이론은 채권과 주식의 가치를 평가할 때에도 적용할 수 있기 때문에 활용도가 넓을 뿐만 아니라 매우 중요한 분야라고 하겠다.

3. 생산 및 판매활동과 관련한 재무적 의사결정

기업이 생산에 필요한 원재료와 중간재 매입에 필요한 자금의 조달과 제품을 판매함으로써 유입되는 수익의 관리에 관한 내용을 이해해야 한다.

원재료와 중간재 등의 매입과 관련해서는 어느 정도의 원자재와 중간재를 매입하여 재고로 보유하는 것이 최적인가를 결정할 필요가 있다. 재고를 지나치게 적게 보유함에 따르는 리스크와 재고를 지나치게 많이 보유함에 따르는 비용간에 최적의 선택이 필요하기 때문이다. 예를 들어 원자재 매입대금 지급과 관련해서 얼마를 현금으로 지급하고 어느 정도를 매입채무(외상매입금이나 지급어음)로 처리할 것인가를 결정할 필요가 있다. 매입채무 비중이 너무 많거나 매입채무기간을 너무 길게 하면 자금조달 비용면에서는 유리하지만 고객을 잃을 가능성이 높기 때문이다.

제품판매 수익의 유입과 관련해서도 유념할 사항이 있다. 현금회수와 매출채권(외상매출금이나 받을어음)의 비중을 어느 정도로 할지가 중요하다. 매출채권이 너무 많거나 매출채권의 기간이 지나치게 길 경우 기업의 유동성 관리에 어려움이 커질 수 있기 때문이다.

또한 원재료와 중간재 등의 매입대금 지급시기와 제품 판매대금의 유입시기가 맞지 않을 경우 충분한 규모의 자금유입이 예정되어 있더라도 일시적으로 매입대금 지급을 하지 못해 부도[2)]가 발생할 수 있음에 유의해야 한다. 자금 유출입의 만기불일치에 따른 리스크 관리가 중요한 이유이다.

4. 이익 처분과 관련한 의사결정

기업은 이익을 거둘 경우 주주에게 배당하거나 사내에 유보하였다가 새로운 사업의 투자자금으로 사용할 수 있다. 이와 같이 이익의 어느 정도를 주주에게 배당할 것인가에 대한 의사결정이 배당정책이다.

---

2) 기업에 부도가 발생하는 경우를 두 가지로 구분할 수 있다. 하나는 기업의 자산이 부채보다 많아서 정상적으로 자산을 처분하면 부채를 상환할 수 있지만 일시적인 유동성 부족으로 부채를 상환하지 못하는 경우이며 이를 유동성 부족(illiquidity)이라고 한다. 다른 하나는 기업의 부채가 자산보다 많아서 자산을 모두 처분하더라도 정상적으로 부채를 상환할 수 없는 상황인데, 이를 건전성 부족(insolvency)이라고 한다.

배당을 많이 하면 배당금의 수익이 중요한 주주에게는 긍정적이겠지만, 기업의 향후 성장성 분야 투자를 중시하는 투자가에게는 부정적일 수 있음에 유념해야 한다.

Ⅲ. 기업 재무관리의 목표

재무관리의 목표는 기업가치의 극대화이다. 기업의 가치가 증가하면, 차입금을 상환하고 난 후의 자기자본이 증가하게 되고 따라서 기업가치의 극대화는 자기자본가치의 극대화와 같은 방향으로 연결된다.

기업가치 극대화와 함께 고려할 사안이 기업의 사회적 책임이다. 기업의 이익 증가는 고객으로부터 유입된 것이므로 기업의 이익이 증가하면 그 일부를 사회에 환원하여 기업의 이미지를 개선하고 고객을 유지하는 전략도 필요하다.

Ⅳ. 대리인문제

대리인문제는 기업의 주인인 주주와 주주로부터 경영권을 위임받은 경영자 사이에서 발생한다. 경영자는 주주로부터 경영을 위임받았기 때문에 기업가치의 극대화를 추구해야 한다. 그런데 주주의 가치와 경영자의 가치가 충돌될 경우에는 경영자가 주주의 이익보다 경영자 자신의 이익을 우선할 때 대리인의 문제가 발생하는 것이다.

경영자가 기업의 실적에 따라 성과급을 받게 되는 경우 경영자는 본인 임기중의 단기적인 성과에 집중할 수 있다. 이 경우 경영자는 고위험 · 고수익 사업에 투자를 늘려서 수익이 증가하면 성과급을 많이 받고, 손실이 발생하면 기업을 떠나는 선택을 하게 된다. 성과급제는 경영자가 주주의 이익보다는 경영자 본인의 이익을 우선하도록 만드는 요인이 될 수 있다. 물론 성과급제의 긍정적인 측면도 있다. 성과가 좋을수록 경영진에 대한 보상이 증가하기 때문에 경영진이 더 많은 보수를 받기 위해 기업의 실적개선을 위해 더욱 노력할 가능성이 있기 때문이다.

표 1-1 기업재무 학습 범위

단계	자본조달	설비투자
주요 내용	금융기관 차입, 회사채발행, 주식발행	투자비용과 기대수익 평가
학습 내용	□금융기관 차입 · 표면이자율 · 실효이자율 □회사채 발행 · 채권가격 결정 · 채권수익률 · 이자율과 채권가격 · 듀레이션 · 볼록성 □주식 발행 · 주식가격 결정	□투자비용 · 현재투입비용: 현재가치 □투자수익 · 미래투입수익: 미래가치 → 현재가치로 전환 필요 · 불확실성 반영: 미래수익을 현재가치로 전환하는 할인율 결정시 불확실성 반영 □투자수익>투자비용 평가
단계	**생산 및 판매**	**이익금의 처분**
주요 내용	생산 및 판매 관련 자금관리, 재고관리	배당 및 사내유보
학습 내용	□자금관리 · 판매수익 유입 및 생산비용 유출의 만기 불일치 관리 · 매입채무 관리 · 매출채권 관리 □적정재고 관리 · 원재료, 중간재, 완제품의 적정재고 수준 결정	□차입상환 □주주배당정책 · 적정 배당률의 결정

제 2 장

기업의 재무분석

엔론(Enron)사는 온라인 에너지 거래 분야에 뛰어들어 1996~2001년 중 포춘(Fortune)지가 선정한 가장 혁신적인 기업에 선정되는 등 엄청난 성공을 거두었다가, 회계조작이 발각되면서 하루아침에 부도가 나고 말았다. 그 일로 수많은 투자자가 엄청난 손실을 보았고, CEO였던 Jeffrey Skiling은 24년형을 선고받아 지금도 교도소에 수감되어 있다. 그리고 엔론사를 회계감리한 당시 미국 최대 회계법인이었던 아더앤더슨(Arthur Anderson)사는 공중분해되었다. 회계장부의 정확성이 얼마나 중요한지를 웅변하는 사례로 수십년이 지난 지금도 많은 기업재무 학도가 case study하고 있다.

기업의 회계보고서는 기업의 사정을 가장 간결하면서도 정확하게 알려준다. 회사를 경영하는 경영자는 물론이고 돈을 빌려준 채권자, 주식을 매입한 투자자들이 회사에 매일 출근하여 일일이 쫓아다니며 상황을 파악할 수는 없는 노릇이기에 기업의 경영상황이 일목요연하게 정리되어 있는 회계장부는 마치 보물섬 지도와 같다.

그러니 기업재무 학습은 당연히 회계보고서라는 보물섬 독도법에서부터 시작된다.

I. 재무제표의 이해

1. 주요 재무제표

1.1. 재무상태표

재무상태표는 자산, 부채 및 자본을 일정 시점을 기준으로 기록한 것이다.

차변에는 자산을 유동성이 큰 순서대로 기록한다. 차변(借邊)이란 재무상태표의 좌우 양변 가운데 빌려온(借) 돈이 위치하는 곳(邊)이라는 의미이다. 기업이 주식[1]이나 채권 발행 또는 은행 차입 등을 통해 조달한 자금은 타인으로부터 차입한 자금이며, 이 자금을 현금 또는 다른 자산의 형태로 보유하면서 기업활동을 영위한다. 따라서 기업이 보유하는 자산은 그 원천이 차입에 의한 것이라는 의미에서 자산을 기록하는 재무상태표의 변을 차변이라 부른다.

유동성이란 보유 자산을 원하는 시점에 가치의 큰 손실 없이 적정가격으로 처분하여 현금화할 수 있는 성격을 말한다. 어느 자산이든 처분할 때 가치의 감소를 용인하거나 오랜 기간 기다릴 수 있다면 모두 처분이 가능하지만, 유동성이 큰 자산은 원하는 시점에 가치의 큰 손실 없이 처분하여 현금화할 수 있는 점에서 다르다. 예를 들어 만기 또는 지급기일이 1년 이내인 금융자산을 보유하는 경우 약정 조건에 따라 1년 이내에 자금이 유입된다. 또한 이러한 자산들은 필요시 금융기관이나 유통시장에서 만기 또는 지급기일 이전에 남은 기간만큼의 이자분을 제외하

---

1) 주식발행으로 조달한 자금은 차입금으로 보지 않고 자본으로 본다. 이는 주식을 매입하고 그 대금을 납입한 주주를 기업의 공동 주인으로 분류하기 때문이다. 그러나 기업이 주주로부터 자금을 조달하는 것은 외부로부터 자금을 조달하는 것으로 원천적으로는 차입의 성격이 있다.

고 현금화할 수 있는데 이러한 과정을 할인(discount)이라고 한다. 유동자산은 1년 이내에 현금 유입이 예상되는 자산으로 현금 및 현금성 자산, 단기금융자산, 매출채권, 재고자산 등이 있다. 매출채권에는 외상매출금과 받을어음이 있는데, 이 두 가지는 채권회수의 구속성면에서 차이가 있다. 외상매출금은 채무자의 신용에 의존하기 때문에 재무불이행의 경우 민사소송을 통해 채권을 회수할 수 있다. 그러나 받을어음은 어음수표법상 지급의무를 이행하지 않는 경우 형사처벌 대상이 되므로 채무이행의 구속력이 외상매출금에 비해 강하다. 재고자산에는 원재료(원료), 재공품(제품의 생산공정중에 있는 중간단계의 자산), 완제품(제품)의 세가지 형태로 존재하며 매출이 부진할 경우 재고자산을 장부가격보다 낮은 가격으로 현금화해야 하는 상황이 발생할 수 있다.

여기서 유동자산과 단기자산을 구분할 필요가 있다. 단기자산은 자산의 발행시점을 기준으로 만기가 1년 이내인 자산을 말하며 유동자산은 현시점에서 남은 만기(잔존 만기, remaining maturity)가 1년 이내인 자산을 말한다. 따라서 당초 3년 만기로 발행된 채권을 발행시점에 매입하는 경우 매입시점에는 단기자산이 아니므로 비유동자산이지만 시간이 지나서 남은 만기가 1년 이내가 되면 이 자산은 유동자산으로 분류된다. 비유동자산은 1년 이상 사용하거나 또는 현금화에 1년 이상의 기간이 필요한 자산을 말한다. 비유동자산에는 유형 비유동자산, 무형 비유동자산 및 투자자산이 있다. 유형(tangible) 비유동자산의 유형이란 형체가 존재하여 손으로 만질 수 있다는 의미이다. 따라서 유형 비유동자산은 영업활동에 사용할 목적으로 보유하는 토지, 건물, 기계장치, 공장설비 등이 이에 해당한다. 무형(intangible) 비유동자산의 무형은 형체가 없어서 손으로 만질 수 없다는 의미이다. 영업권, 특허권 등 무형의 자산이 여기에 해당한다. 투자자산은 이자나 배당 수입 또는 타기업 지배 목적으로 취득하는 자산으로 장기금융상품, 장기대여금, 장기매출성채권 등이 이에 해당된다.

대변에는 부채와 자본을 상환기간이 짧은 순서로 기록한다. 대변(貸邊)이란 재무상태표의 좌우 양변 가운데 빌려주는(貸) 돈이 위치하는 곳(邊)이라는 의미이다.

기업은 주식이나 채권 발행을 통해 주로 자금을 조달하며 이 주식이나 채권 매입대금은 기업에 대여해주는 자금이다. 이중 회사채 매입대금은 차입금으로서 부채로 계리하고, 주식 매입대금은 주주를 기업의 주인으로 분류하기 때문에 자본금으로서 자본으로 계리할 뿐 사실상 두 자금 모두 기업에 대여되는 자금이라는 점에서 동일하다. 따라서 기업이 보유하는 부채 및 자본은 기업에 대여되는 자금이라는 의미에서 대변에 기록된다.

유동부채는 1년 이내에 상환해야 하는 부채로서 매입채무, 단기차입금, 미지급금, 선수금, 미지급비용, 유동성장기부채 등이 있다. 매입채무에는 외상매입금과 지급어음이 있으며 채권회수의 구속성면에서 차이가 있다.[2] 단기차입금이란 상환기일이 1년 이내에 도래하는 차입금을 말한다. 유동성 장기부채는 당초 장기부채로서 상환기일이 1년이상 기간 후에 도래하는 부채이었으나, 시간의 경과로 인해 부채 상환일까지 남아 있는 기간이 1년 이내인 부채로서 경제적 실익면에서 유동부채

2) 앞서 설명한 외상매출금과 받을어음의 논리와 같다.

로 분류한다.

비유동(고정)부채는 결산기말로부터 상환기간이 1년 이상이 되는 부채를 말한다. 비유동부채에는 회사채, 장기차입금, 장기부채성충당금 등이 있다.

자기자본은 주주로부터 조달한 자금으로 주주가 기업의 주인이므로 기업의 주인이 자기 스스로 자금을 조달했다는 의미로 자기자본이라 한다. 이와 대조적으로 회사채 발행대금은 기업의 주인이 아닌 타인으로부터 조달한 자금이므로 부채로 분류한다. 자기자본에는 자본금(발행주식의 액면총액), 자본잉여금(주식의 발행, 증자, 감자 등 자본거래에서 발생하는 잉여금), 이익잉여금(영업활동에서 발생하는 이익, 배당금은 제외)이 있다

표 2-1 재무상태표(예시)*

자산	2020년도	2021년도	부채 및 자기자본	2020년도	2021년도
유동자산	1,000	1,200(200)	유동부채	700	650(-50)
현금	150	200(50)	매입채무	200	250(50)
매출채권	300	330(30)	기타유동부채	500	400(-100)
재고자산	250	300(50)	비유동부채	1,500	1,950(450)
기타유동자산	300	370(70)	자본총계	800	900(100)
비유동자산	2,000	2,300(300)	자본금	600	600(0)
			자본잉여금	100	150(50)
			이익잉여금	100	150(50)
자산합계	3,000	3,500(500)	부채 및 자본총계	3,000	3,500(200)

( )안은 전년말대비 증감액

* 이해의 편의를 위하여 주요 항목만 예시하였다.

재무상태표와 관련하여 장부가치와 시장가치가 다를 수 있음에 유의하여야 한다. 재무상태표 상의 수치는 취득시점의 장부가치 기준이

다. 따라서 현재의 시장가치와는 차이가 날 수 있다. 특히 유가증권의 경우 실제 가치는 증권시장의 시세에 따라 수시로 변하지만 재무상태표의 가치는 이를 반영하지 못하기 때문에 재무상태표의 유가증권 가치와 실제 시세와는 큰 차이가 날 수 있다.

1.2. 포괄손익계산서

포괄손익계산서는 일정기간의 경영성과를 발생주의 원칙과 수익·비용 대응원칙에 의해 작성한다.
일정기간이라 함은 통상 1년 기간을 말하며 12월말 결산법인은 매해 1월 1일부터 12월 말일까지 기간을 대상으로 경영성과를 작성한다.
수익과 비용이 발생한 것으로 인식되는 시점 기준으로 기록하며 실제 현금의 유출입 시점과는 다를 수 있다.(발생주의)
수익에 대응하여 비용도 함께 발생하는 것으로 기록하며 실제 현금이 수취 또는 지급되는 시점과는 차이가 날 수 있다.(수익·비용 대응원칙)

포괄손익계산서에 나타나는 주요 항목은 다음과 같다. 먼저 매출총이익은 매출액에서 매출원가를 뺀 금액이고, 당기의 총제조원가는 재료원가와 노무원가 그리고 제조경비의 합이다. 매출원가[3]는 기초제품재고액과 당기의 제품제조원가를 합한 금액에서 전기말의 제품 재고액을 뺀 금액이다.
영업이익은 생산이나 판매 등 기업 고유의 영업활동 결과로 발생한

---

3) 원가는 제품의 제조에 사용되어 자산의 감소를 초래하지만, 이 원가의 사용으로 제품이 생산되거나 상품이 증가하여 자산이 증가하기 때문에 결국 사용된 자산은 소멸되지 않는다. 반면에 비용은 자산이 감소하고 새로운 자산이 증가하지 않음으로써 자산이 소멸한다는 점에서 원가와 다르다.

이익 또는 손실을 말하는데, 매출총이익에서 판매관리비[4]를 뺀 금액이다. 여기에는 감가상각비도 함께 뺀다.

- 매출총이익 = 매출액 − 매출원가
- 재료원가 = 기초재료재고액 + 당기재료매입액 − 기말재료재고액
- 당기총제조원가 = 재료원가 + 노무원가 + 제조경비
- 매출원가 = 기초제품재고액 + 당기제품제조원가 − 기말제품재고액
- 영업이익 = 매출총이익 − 판매비와 관리비(감가상각비 포함)
- 법인세비용차감전 순손익(EBIT) = 영업이익 + 영업외수익
− 영업외비용
- 당기순손익 = 법인세비용차감전 순손익(과세대상소득) − 법인세

법인세비용차감전 순손익(earnings before interest and taxes; EBIT)은 영업이익에 영업외수익을 더하고 영업외비용을 제외한 금액으로서 법인세와 대출금에 대한 이자비용을 지급하기 전의 손익을 말한다. 당기순손익은 앞의 법인세비용차감전 순손익에서 법인세와 이자비용 등 제반 비용을 지급하고 난 뒤의 손익을 말한다.

한편 손익계산서는 수익과 비용의 발생이 인식되는 시점에 기록하므로 실제 현금흐름과는 다른 상황을 보여줄 수 있음에 유의해야 한다. 예를 들어 감가상각비는 매 회계연도에 비용으로 처리되어 영업이익과 법인세를 작게 나타내는 효과가 있으나, 실제 현금이 감소한 것은 아니다. 또한 고정비용와 가변비용을 구분하지 않는 점도 재무상황 분석에 유념해야 한다.

---

4) 판매비와 관리비는 기업의 영업활동을 지원하는 데 필요한 비용을 말한다.

1.3. 현금흐름표

앞서 손익계산서를 설명할 때 언급한 바와 같이 재무제표는 발생기준으로 작성하기 때문에 실제 현금의 흐름과는 다른 양상으로 나타날 수 있다.
감가상각비는 비용발생으로 인식되어 당기순이익이 감소하지만 실제 현금이 유출되지 않는다. 그런데 단순히 재무상태표만 보고 이를 현금부족으로 간주하여 현금을 조달하면 불필요한 금융비용을 초래할 수 있다는 것이다. 반대로 수익 발생으로 당기순이익이 증가하였지만 실제로 현금이 유입되지 않은 경우, 이를 현금 유입으로 간주하여 현금을 조달하지 않으면 부도위험에 직면할 수도 있다. 외상매출금도 비슷한 경우이다. 즉 외상매출금은 수익으로 처리되어 당기순이익을 증가시키지만 실제로는 현금유입이 없었으므로 순현금유입액을 파악하려면 당기순이익에서 이를 차감해야 한다. 이를 간단히 식으로 표현해보면 아래와 같다.

- 순현금유입액 = 당기순이익 + 현금지출이 발생하지 않는 비용
  − 현금수입이 발생하지 않는 수익

재무상태표에서 현금흐름의 변동요인을 파악하기 위해서는 재무상태표의 〈자산=부채 + 자본〉 항등식으로부터 유도된 〈Δ자산=Δ부채 +Δ자기자본〉 항등식을 이용하면 좋다. 즉, 〈Δ현금 + (Δ매출채권 + Δ재고자산 + Δ기타유동자산 + Δ비유동자산) = Δ매입채무 + Δ기타유동부채 + Δ비유동부채 + Δ납입자본금 + 자본잉여금 + Δ이익잉여금〉에서 좌변의 현금 이외 ( )부분을 우변으로 이항하면, 아래와 같이 현금의 변동요인을 쉽게 파악할 수 있다.

$$
\begin{aligned}
\triangle\text{현금} = &\triangle\text{매입채무}^{5)} + \triangle\text{기타유동부채} + \triangle\text{비유동부채} \\
&+ \triangle\text{납입자본금} + \text{자본잉여금} + \triangle\text{이익잉여금} \\
&- (\triangle\text{매출채권} + \triangle\text{재고자산} + \triangle\text{기타유동자산} \\
&+ \triangle\text{비유동자산})
\end{aligned}
$$

위에서 보듯이 현금이 유입되는 경우에는 자산의 처분 또는 감소, 부채의 증가, 자기자본의 증가가 수반된다. 현금이 유출되는 경우는 자산의 매입 또는 증가, 부채의 감소, 자기자본의 감소가 수반된다.

[표 2-1]에 예시된 재무상태표 수치를 이용하여 현금의 변동요인을 파악해보면 아래와 같다.

$$
\begin{aligned}
&\triangle\text{현금}(50) + \{\triangle\text{매출채권}(30) + \triangle\text{재고자산}(50) + \triangle\text{기타유동자산}(70) \\
&+ \triangle\text{비유동자산}(300)\} = \triangle\text{매입채무}(50) + \triangle\text{기타유동부채}(-100) \\
&+ \triangle\text{비유동부채}(450) + \triangle\text{납입자본금}(0) + \triangle\text{자본잉여금}(50) \\
&+ \triangle\text{이익잉여금}(50)
\end{aligned}
$$

이는 다시 현금을 중심으로 정리하면 다음과 같이 나타낼 수 있다.

$$
\begin{aligned}
\triangle\text{현금}(50) = &\triangle\text{매입채무}(50) + \triangle\text{기타유동부채}(-100) \\
&+ \triangle\text{비유동부채}(450) + \triangle\text{납입자본금}(0) \\
&+ \triangle\text{자본잉여금}(50) + \triangle\text{이익잉여금}(50) \\
&- \{\triangle\text{매출채권}(30) + \triangle\text{재고자산}(50) \\
&+ \triangle\text{기타유동자산}(70) + \triangle\text{비유동자산}(300)\}
\end{aligned}
$$

포괄손익계산서를 통해 영업활동의 현금 유출입을 파악할 수 있으

5) 매입채무가 증가하는 경우, 매입으로 인해 매입대금을 현금으로 지급해야 하지만 이를 지급하지 않은 상황이다. 따라서 재무상태표의 상황에 비해 현금이 유출되지 않고 더 많은 현금이 존재하므로 현금흐름표상의 현금을 그 금액만큼 증가시켜야 한다.

며, 이익잉여금처분계산서를 가지고도 배당금의 처분상황과 이로 인한 현금 유출입을 파악할 수 있다.

표 2-2 포괄손익계산서(예시)*

매출액	700
매출원가(−)	400
매출총이익	300
판매비와 관리비(−)	130
영업이익	170
영업외수익	30
영업외비용(−)	50
법인세 차감전 이익	150
법인세	60
당기순이익	90

* 이해의 편의를 위하여 주요 항목만 포함하여 예시하였다.

표 2-3 이익잉여금처분계산서

전기말 이익잉여금	100
당기순이익	90
당기배당액(−)	40
당기말이월 이익잉여금	150

2. 현금흐름 항등식

자산으로부터의 현금흐름은 영업활동 현금흐름에서 순자본지출과 순운전자본 변동분을 제외하면 얻을 수 있다.

- 자산으로부터의 현금흐름 = 영업활동 현금흐름 − 순자본지출 − 순운전자본 변동

여기서 영업활동에서의 현금흐름은 영업이익에서 법인세를 빼고 감가상각비를 더하면 된다. 영업이익을 구할 때에는 감가상각비를 비용 발생으로 인식하여 매출액에서는 차감하지만[6], 실제로 현금이 유출된 것이 아니므로 순현금흐름을 파악하기 위해서는 이를 더해주어야 한다.

- 영업활동 현금흐름 = 영업이익 − 법인세 + 감가상각비

순자본지출은 비유동자산에 대한 순투자금액과 같은데, 이는 기말의 비유동자산에서 기초의 비유동자산을 빼고 다시 감가상각비를 더하여 구한다. 감가상각비를 더하는 이유는 앞서 영업이익에서와 마찬가지로 실제 현금유출이 없었기 때문이다.

- 순자본지출 = 비유동자산에의 순투자금액
  = 기말비유동자산 − 기초비유동자산 + 감가상각비

순운전자본의 변동은 기말의 순운전자본에서 기초의 순운전자본을 빼면 되는데, 순운전자본은 기업의 영업활동과 관련된 매출채권이나 재고자산 등과 같은 유동자산에서 매입채무와 같은 유동부채를 빼면 된다. 순운전자본이 증가했다는 것은 매출채권이 매입채무보다 많았다는 것을 의미하는데, 이는 곧 매출이 매입보다 많아 현금이 유입되어야 하는 상황에서 현금유입 대신 매출채권이 발생하였음을 의미한다. 그러나 다시 한번 강조하지만 매출채권이나 매입채무는 실제 현금유출입이 수반되지 않으므로 현금흐름을 파악하기 위해서는 이 부분을 차감해야 한다.

---

6) 영업이익 = 순매출액 − 매출원가 − 판매관리비 − 감가상각비

- 순운전자본 변동 = 기말순운전자본(기말유동자산 – 기말유동부채)
  – 기초순운전자본(기초유동자산 – 기초유동부채)

기업의 순차입 필요규모는 자산으로부터의 현금흐름에 채권자와 주주와의 현금흐름을 더하여 파악할 수 있다. 그런데 채권자로의 현금흐름은 지급이자에서 차입금을 빼고 상환금을 더하면 얻을 수 있으며, 주주로의 현금흐름은 지급배당금에서 유상증자를 빼고 자사주매입분을 더하면 된다.

- 순차입 필요규모 = 자산으로부터의 현금흐름
  + 채권자로의 현금흐름 + 주주로의 현금흐름
- 채권자로의 현금흐름 = 지급이자 – 차입 + 상환
- 주주로의 현금흐름 = 지급배당금 – 유상증자 + 자사주매입

예제 2-1

아래 자료를 이용하여 현금차입 필요규모를 계산하라.

추정손익	
순매출액	800
매출원가	400
감가상각비	200
영업이익	200
이자비용	50
경상이익	150
법인세	50
순이익	100 (배당 40, 유보이익 60)

재무상태(추정)

유동자산	기초 1,200	→	기말(추정) 1,300
유동부채	기초 650	→	기말(추정) 600
비유동자산	기초 2,300	→	기말(추정) 2,500

풀이

① 영업활동 현금흐름 = 영업이익 − 법인세 + 감가상각비
= 200 − 50 + 200
= 350(현금 유입)

② 순자본지출 = 비유동자산에의 순투자금액
= 기말비유동자산−기초비유동자산+감가상각비
= 2,500 − 2,300 + 200
= 400(현금 유출)

③ 순운전자본변동 = 기말순운전자본(기말유동자산−기말유동부채)
−기초순운전자본(기초유동자산−기초유동부채)
= (1,300−600) − (1,200−650)
= 700 − 550
= 150(현금유출)[7)]

⇒ 자산으로부터의 현금흐름 = ① − ② − ③
= 350 − 400 − 150
= −200

따라서 순차입 필요규모는, 자산으로의 현금흐름(−200) + 채권자로의 현금흐름(이자지급 −50) + 주주로의 현금흐름(배당금지급 −40)이므로 <u>290</u>이 된다.

7) 순운전자본의 증가가 현금유출로 인식되는 이유는, 예를 들어 매출수익이 발생하였으나 이것이 매출채권으로 지급받았을 경우 순운전자본은 증가하지만 현금이 유입되어야 할 상황에서 현금이 유입되지 않고 매출채권 등으로 처리되기 때문에 재무상태표 상의 수익에 비해 현금유입이 작기 때문이다.

II. 재무제표 분석

1. 재무상태표 분석

1.1. 유동성 비율 분석

유동비율(current ratio)은 유동자산총액을 유동부채총액으로 나눈 값으로서(=유동자산/유동부채), 단기채무 변제에 충당할 수 있는 유동자산이 얼마나 되는지를 나타내는 비율이다. 은행대출시 채무자의 지급능력을 판단하는 지표로 이용되기 때문에 은행가 비율(banker's ratio)이라고도 한다.

유동자산 중에는 장부가격에 비해 시장가격이 하락한 자산이 있을 수 있으므로 유동비율이 1보다 커도 기업의 유동성이 충분하다고 판단하기 어려운 경우가 있을 수 있음에 유의해야 한다. 예를 들어 매출채권은 1년 안에 회수하기 어려운 부분이 있고 영구히 회수가 되지 않을 경우도 발생할 수 있다. 매출이 부진할 경우 재고자산을 장부가격보다 낮은 가격으로 팔아야 하는 경우도 발생할 수 있어 단순히 비율에만 의존해서는 잘못된 판단을 할 수 있음에 유의해야 한다. 그러한 점을 반영하여 우리나라에서는 통상적으로 유동비율이 130% 이상이면 유동성이 어느 정도 확보된 것으로 판단한다.

당좌비율(quick ratio)는 당좌자산을 유동부채로 나눈 값인데 당좌자산은 유동자산에서 재고자산을 제외한 것이다. 당좌자산에는 현금과 현금성자산, 단기투자자산, 매출채권 등이 포함된다. 당좌비율은 유동비율보다 기업의 단기채무 지급능력을 보다 직접적으로 평가할 수 있는 것으로 평가된다. 현실적으로 우리나라에서는 당좌비율이 80% 이상이면 유동성이 어느 정도 확보된 것으로 판단하지만, 유동부채가 만기 연장되지 않을 때 기업들은 유동성 부족을 겪을 수도 있음에 유의해야 한다.

현금비율(cash ratio)은 현금 및 현금성자산을 유동부채로 나눈 값 〈=(현금+현금성자산)/유동부채〉으로 유동자산에서 현금성이 떨어지는 매출채권과 재고자산을 제외하여 산출하며, 유동성비율 중에서 가장 보수적인 비율이라고 할 수 있다. 통상적으로 유동성 유지에 현금비율 20% 정도가 필요한 것으로 판단되고 있으나, 현금비율이 지나치게 높으면 기업의 수익성면에서 불리한 점을 고려해야 한다.

순운전자금 비율은 순운전자본을 총자산으로 나눈 값인데, 순운전자본은 유동자산에서 유동부채를 차감한 값으로서 +, 0, -의 값 중 하나를 가지므로 기업부실 예측모형의 투입변수로 많이 사용된다.

1.2. 레버리지 분석

레버리지 비율(leverage ratio)이란 기업이 타인자본에 어느 정도 의존하고 있는지를 측정하는 비율이며 부채성 비율이라고도 한다. 레버리지 비율은 기업경영에 따른 위험을 누가 부담하는지를 나타내는데, 레버리지 비율이 높을수록 기업의 소유주는 적은 자기자본으로 기업을 지배하고 있다는 것을 의미한다. 한편 기업이 자산을 운용하여 얻는 수익률이 차입금 이자율을 초과하는 경우라면 레버리지 비율이 높을수록 자기자본 순이익률이 커지기 때문에 손익확대 효과가 있다고 하겠다.(leverage effect)

예제 2-2

기업의 자산이 100, 부채가 50(이자율 10%)일 때 영업이익이 각각 10억원 및 20억원인 경우의 자기자본 순이익률을 산출하시오.

풀이

① 영업이익이 10억원인 경우

: 채권자에게 이자로 5억원(부채 50억원에 이자율 10%를 적용)을 지급하고 난 5억원이 주주에게 귀속

→ 자기자본순이익률은 (5÷50)=10%

② 영업이익이 20억원인 경우

: 채권자에게 이자 5억원을 지급하고 난 15억원이 주주에 귀속

→ 자기자본순이익률은 (15÷50)=30%

위의 두 경우에 영업이익은 2배(10억원→20억원) 증가하였으나, 자기자본순이익률은 3배(10%→30%) 증가하였음을 알 수 있다.

부채를 자기자본으로 나눈 부채비율(debt ratio)은 자금을 빌려주는 금융기관 입장에서 채권회수의 안전성를 판단하는 지표로 이용된다. 기업 소유주는 단기적 채무변제의 압박을 받지 않는 한 높은 부채비율을 선호할 수 있다. 왜냐하면 이자율을 상회하는 수익률을 올릴 수 있을 경우 자기자본 수익률을 높일 수 있기 때문이다. 한편 부채비율이 너무 높으면 기업소유주의 도덕적 해이를 유발할 수 있다. 그 이유는 소유주의 출자원금이 상대적으로 적어서 투기적 경영이 실패하더라도 소유주의 손실부담이 적기 때문이다.

자기자본비율(=자기자본/총자본)은 부채비율과 함께 기업의 안전성을 측정하는 지표이다. 통상적으로 자기자본비율은 50%를 기준으로 기업의 안전성을 평가한다.

차입금의존도(=장단기차입금/총자본)는 자기자본비율, 부채비율과 함께 기업의 안전성을 측정하는 지표이다. 차입금의존도가 높은 기업일수록 금융비용 부담이 가중되고 기업 전체적인 수익성이 낮아져 안전성이 떨어진다.
차입금평균이자율은 이자비용을 장단기차입금 총액으로 나눈 값이다. 이자비용은 일정기간 중 발생한 이자로서 포괄손익계산서 항목이고, 장단기 차입금은 한 시점의 잔액으로서 재무상태표 항목이므로 재무상태표 항목은 기초잔액과 기말잔액의 평균치를 사용함이 바람직하다.
이자보상비율은 법인세비용차감전 순손익(earnings before interest and taxes; EBIT)을 이자비용으로 나눈 값으로 부채사용에 따라 발생하는 이자비용을 정상적인 영업활동으로부터 발생하는 영업이익으로 커버할 수 있는지를 나타내는 지표이다. 만일 이자보상비율이 1보다 크면 부채를 많이 사용하더라도 영업이익이 이자비용을 커버하는 것이므로 기업의 부채사용은 단기적으로 문제되지 않는다고 볼 수 있다. 비교적 간단하게 부실기업인지 여부를 판단하는 지표로 이용된다.

- 이자보상비율 = EBIT ÷ 이자비용

EBITDA/이자비용 비율은 영업활동 및 영업외활동으로 얻은 이익으로 이자비용을 갚을 수 있는지를 파악하며 일반적으로 5배를 기준으로 판단한다. EBITDA는 이자 및 법인세 차감전 순이익(earnings before interest & tax)에 감가상각비 및 무형자산상각비(depreciation & amortization)을 합한 것으로 기업이 자산을 운용해서 벌어들인 현금흐름을 의미한다. 여기서 감가상각비와 무형자산상각비는 현금이 사외로 유출된 것이 아니므로 현금기준 순이익 파악을 위해 더해준다.

1.3. 안정성 비율 분석

비유동비율 혹은 고정비율은 기업의 안정성을 판단하는 지표인데 비유동자산을 자기자본으로 나누어 계산한다(비유동비율=유동자산/자기자본). 이 비율은 자본의 고정화 정도를 측정하는 지표이며, 이 비율이 100%를 초과하면 장기자산에 투입된 자본이 자기자본보다 크기 때문에 그 일부는 부채에서 조달되고 있음을 의미한다. 일반적으로 고정화된 자산은 위험도가 큰 반면에 수익성도 높기 때문에 기업이 성장하는 단계에서는 부채를 조달하여 시설자산에 효율적으로 투자하는 적극적인 투자전략도 필요할 수 있다. 마찬가지 논리로 장기자산을 자기자본 범위내에서 투자한다는 것은 안정성 확보에는 도움이 되지만 성장에 필요한 수익성 제고에는 불리할 수 있음을 감안해야 한다.

한편 비유동장기적합률은 자기자본 외에 비유동부채까지 확대하여 자본배분의 안정성을 측정하는 비율이다〈=비유동자산/(자기자본+비유동부채)〉. 비유동자산 투자는 자기자본의 범위내에서 이루어지는 것이 바람직할 수 있으나, 거액의 설비투자가 필요한 중화학공업 등에서는 설비투자에 필요한 모든 자본을 자기자본만으로 조달하기 어려울 수 있다. 설비투자로부터 기대되는 수익은 비교적 장기에 걸쳐 발생하므로 설비투자에 소요되는 타인자본도 장기적으로 이용할 수 있는 비유동부채로 조달하는 것이 기업의 안정성 확보에 유리할 수 있다. 비유동자산투자는 장기자본(자기자본+비유동부채) 범위내에서 이루어져야 한다는 의미에서 비유동장기적합률은 100%이내가 바람직하며, 이 비율이 100%를 초과하는 것은 자본배분의 안정성에 문제가 있음을 의미할 수 있다.

1.4. 자산구성 분석

총자산에서 유동자산이 차지하는 비율을 나타내는 유동자산 구성비율(=유동자산/총자산)이 높아지면 유동성은 좋아지지만 수익성이 저하될 수 있음을 감안할 필요가 있다.

투자자산 구성비율은 총자산에서 투자자산이 차지하는 비율이다. 투자자산이란 기업이 정상적인 영업활동 이외의 활동, 즉 기업지배를 목적으로 관계회사의 주식에 투자한 자산 또는 일시 여유자금으로 수익을 창출하기 위해 채권 등에 투자한 자산 등을 포함한다. 이러한 투자자산 보유로 얻는 수익이 정상적인 영업활동 수익[8])보다 낮으면 자본제공자는 기업의 투자자산 보유에 불만을 가질 수 있다.

2. 포괄손익계산서 분석

2.1. 수익성 분석

2.1.1. 매출수익성 분석

기업의 매출에 따른 수익성을 분석하는 지표로 매출액 총이익률, 매출액 영업이익률, 매출액 세전순이익률, 매출액 순이익률 등이 있다.

이들은 각각 총이익, 영업이익, 세전순이익, 당기순익을 매출액으로 나누어 구한다. 매출액 총이익률은 기업의 생산마진을 보여주는 지표인데 반하여, 매출액 영업이익률은 생산에 더하여 판매관리의 효율성을, 매출액 세전수익률은 경상마진을 나타내는 지표이다. 경영마진은 기업의 주된 영업활동뿐 아니라 재무활동에서 발생하는 경영성과도 포함된다. 따라서 매출액 세전순이익률이 매출액 영업이익률과 크게

---

8) 투하된 총자산에 대한 영업이익의 비율인 총자산영업이익률로 측정 가능하다.

차이가 나는 경우에는 영업외수익이나 영업외비용에 대한 세심한 분석이 필요하다고 하겠다. 매출액 순이익률은 영업활동, 재무활동, 기타활동을 총망라한 경영활동의 성과를 최종적으로 평가하는 비율이다.

- 매출액 총이익률 = 매출총이익 ÷ 매출액
- 매출원가율[9] = 1 − 매출액총이익률
- 매출액 영업이익률 = 영업이익 ÷ 매출액
- 매출액 세전순이익률 = 세전순이익 ÷ 매출액
- 매출액 순이익률 = 당기순이익 ÷ 매출액

2.1.2. 자본수익성 분석

기업의 자본수익성을 평가하는 지표로는 총자산이익률(return on asssts; ROA), 총자본 영업이익률, 자기자본순이익률(return on equity; ROE), 총자본순이익률(return on investment; ROI) 등이 있다.

총자본 영업이익률은 기업이 투자한 총자본(채권자 및 주주가 제공한 자본)에 대한 영업이익의 비율로서 기업 전체의 투자수익률로 이해할 수 있다. 총자본 영업이익률이 자본비용을 초과하면 기업의 부(富)가 증가함을 의미한다. 또 자기자본 순이익률은 주주가 기업에 투자한 자본의 수익성을 측정하는 비율이며, 총자본 순이익률은 기업에 투자된 총자본이 최종적으로 얼마나 많은 이익을 창출하는지를 측정하는 비율로서 기업의 종합적인 경영상태를 나타내는 비율이라고 하겠다.

- 총자산이익률(ROA) = 순이익 ÷ 총자산
- 총자본영업이익률 = 영업이익 ÷ 총자본(평잔)

9) 매출원가는 매출액에서 매출총이익을 뺀 금액이므로 매출원가율은 〈1 − 매출액총이익률〉로 구할 수 있다.

▪ 자기자본순이익률(ROE) = 순이익 ÷ 자기자본(평잔)

▪ 총자본순이익률(ROI) = 순이익 ÷ 총자본(평잔)

한편 자기자본순이익률(ROE)는 매출액과 총자산을 분자와 분모에 나누고 곱하는 간단한 수식 변화를 통해 매출마진율과 총자산회전율 그리고 자기자본 승수의 곱으로 나타낼 수 있다. 이를 통해 ROA는 경영효율성(매출마진율=수이익/매출액), 자산활용 효용성(총자산회전율=매출액/총자산) 그리고 부채비율(자기자본 승수=총자산/자기자본)을 나타낼 수 있다. 또한 총자산을 이용한 수식변화로 ROA와 부채비율의 형태로도 구할 수 있다.

▪ $ROE = \dfrac{\text{순이익}}{\text{자기자본}}$

$= \dfrac{\text{순이익}}{\text{매출액}} \times \dfrac{\text{매출액}}{\text{총자산}} \times \dfrac{\text{총자산}}{\text{자기자본}}$

= 매출마진율(경영효율성) × 총자산회전율(자산활용효율성) × 자기자본 승수(부채비율)

▪ $ROE = \dfrac{\text{순이익}}{\text{자기자본}}$

$= \dfrac{\text{순이익}}{\text{총자산}} \times \dfrac{\text{총자산}}{\text{자기자본}}$

$= \dfrac{\text{순이익}}{\text{총자산}} \times \dfrac{(\text{자기자본} + \text{부채})}{\text{자기자본}}$

$= ROA \times (1 + \dfrac{\text{부채}}{\text{자기자본}})$

$= ROA \times (1 + \text{부채비율})$

2.1.3. 주가 관련 비율

주가순이익비율(price earnings ratio; PER)은 주가를 주당 순이익으로 나누어 구하는데 현재 주가가 적절한 지를 판단하는 대표적인 보조 지표이다. 우리나라 기업들의 이 비율은 미국 등 선진국에 비해 다소 낮게 나타나는데 시장에서는 지정학적 리스크, 신흥시장국 리스크 등에 기인하는 것으로 이해하고 있다. 한편 주가를 주당 장부가치[10]로 나누어 시장가치 대 장부가치 비율(market to book value ratio; MBR)을 구한다.

2.2. 활동성 분석

총자산이 1년 동안 몇 번 회전했는지를 나타내는 총자산 회전율, 총자산 회전율의 역수인 총자산 회전기간, 그리고 자기자본이 1년 동안 몇 번 회전했는지를 나타내는 자기자본 회전율은 기업의 자산 또는 자본의 활용도를 나타내는 지표라고 할 수 있다.

- 총자산 회전율 = 매출액 ÷ 총자산(평잔)
- 총자산 회전기간 = 1 ÷ 총자산회전율
- 자기자본 회전율 = 매출액 ÷ 자기자본(평잔)
- 자기자본 회전기간 = 1 ÷ 자기자본회전율

또한 기업이 보유한 비유동자산의 활용도를 나타내는 비유동자산 회전율, 재고수준을 보여주는 재고자산 회전율[11], 매출채권이 잘 관리되고 현금화 속도가 빠른 것을 보여주는 매출채권 회전율, 매입채무가

10) 주당 장부가치 = 재무상태표의 자기자본 ÷ 발행주식수

11) 재고자산회전율이 높으면 판매가 활발하여 재고수준이 낮음을 의미한다.

원활히 결제되고 있는지를 보여주는 매입채무 회전율 등도 대표적인 활동성 지표이다.

- 비유동자산 회전율 = 매출액 ÷ 비유동자산(평잔)
- 비유동자산 회전기간 = 1 ÷ 비유동자산회전율
- 재고자산 회전율 = 매출액 ÷ 재고자산(평잔)
- 재고자산 회전기간 = 1 ÷ 재고자산회전율
- 매출채권 회전율 = 매출액 ÷ 매출채권(평잔)
- 매출채권 평균 회수기간 = 1 ÷ 매출채권회전율
- 매입채무 회전율 = 매출액 ÷ 매입채무(평잔)
- 매입채무 회전기간 = 1 ÷ 매입채무회전율

3. 성장성 분석

매출액, 총자산, 자기자본 등의 기간중 증가율을 통해 기업의 성장을 파악할 수 있다. 우선 매출액은 정상적인 영업활동에서 발생하는 영업수익이므로 매출액 증가율을 통해 기업의 외형적인 성장세를 판단할 수 있다. 총자산 증가율을 통해서는 기업의 전반적인 외형적 성장을 가늠할 수 있다. 자기자본 증가율은 장부가치 기준으로 주주의 가치가 얼마나 늘었는지를 파악하는 성장지표이고, 순이익 증가율은 기업의 실질적 성장세를 보여주는 지표라 할 것이다.

한편 주당이익 증가율은 순이익 증가율의 보조지표로 이용되며 주주에게 귀속되는 직접적인 이익의 증가세를 보여준다. 이는 주주가 투자한 자본이 얼마만큼의 순이익을 거두었는지를 반영하는 실질적인 성장률 지표로서 주주의 투자단위당 성장세를 파악하는 데 유용하다고 하겠다.

- 매출액 증가율 = (당기 매출액 − 전기 매출액) ÷ 전기 매출액
- 총자산 증가율 = (당기말 총자산 − 전기말 총자산) ÷ 전기말 총자산
- 자기자본 증가율 = (당기말 자기자본 − 전기말 자기자본) ÷ 전기말 자기자본
- 순이익 증가율 = (당기 순이익 − 전기 순이익) ÷ 전기 순이익
- 주당이익 증가율 = (당기 주당이익 − 전기 주당이익) ÷ 전기 주당이익

III. 경영분석을 통한 기업의 재무제표 예측

1. 경영분석의 의의

1.1. 전통적 경영분석과 현대 경영분석

전통적 경영분석은 회계자료를 이용하여 재무제표 비율 등을 분석하는 것을 말한다. 물론 재무제표 항목과 재무비율을 통해 기업간 비교분석과 시계열 추세 분석 등도 할 수 있지만, 전통적 경영분석은 정보가 기업의 회계자료에만 국한되기 때문에 기업의 가치평가, 미래 현금흐름, 미래의 수익성과 위험을 측정하는 데 한계가 있다고 하겠다.

이에 반해 현대 경영분석은 분석정보가 회계자료 외에 기업 관련 모든 자료로 확대된다. 즉, 현대 경영분석은 그 기업의 경영전략, 제품구성, 경영자원 등과 같은 기업동향은 물론 그 기업이 속한 산업계의 동향, 그리고 그 기업이 소재한 국가의 경제동향까지도 분석한다. 또한 재무제표 및 재무비율 분석 외에 계량분석이라든지 통계분석도 추가된다. 따라서 기업의 과거 및 현재의 경영성과와 재무상태를 평가함은 물론 기업의 미래상황을 예측할 수 있으며 기업의 이해관계자들이 기업과 관련된 다양한 의사결정을 하는 데 유용하게 이용될 수 있다.

1.2. 내부 분석과 외부 분석

내부 분석(internal analysis)이란 경영자가 경영관리에 필요한 정보를 얻기 위해 수행하는 경영분석을 말하며, 이를 통해 취약부문 및 우위부문 파악, 경쟁력, 기술수준, 연구개발능력, 조직의 효율성 등을 분석할 수 있고, 자금조달 방법, 투자대상 사업도 분석 가능하다.

이에 반해 외부 분석(external analysis)이란 기업의 외부 이해관계자들이 수행하는 경영분석을 말한다.
먼저 금융기관이나 신용평가기관은 기업의 신용도 평가를 주목적으로 경영분석을 실시하는데, 대출금 규모, 이자율, 대출기간 등 대출조건 결정에 필요한 신용분석(credit analysis)을 한다.
투자자나 증권분석기관은 채권 및 주식의 내재가치, 위험특성 등을 파악하기 위한 증권분석(security analysis)을 한다. 채권분석에서는 채권의 가치와 채무불이행 위험 평가 등이 있으며, 주식분석에서는 투자목표[12]에 적합한 포트폴리오 구성에 필요한 정보의 습득이 중요하다.
거래처 입장에서는 거래 대상기업의 단기채무, 지급능력 등 분석을 통해 경영활동 부실여부, 부도가능성을 파악하는 것이 중요하며, 고객 입장에서는 수익력, 재무구조의 안정성, 경쟁력 평가 등을 통해 기업의 계속성에 대한 경영분석을 실시한다.

2. 재무제표 항목의 예측

2.1. 매출액 백분율법

매출액 백분율법은 매출액에 비례적으로 변동하는 재무제표 항목을 예측하는 데 이용되는 방법을 말한다. 예를 들어 매출과 관련된 활동을 지원하기 위하여 보유하는 유동자산은 매출액이 증가할수록 증가하는 것으로 간주하고 예측하며, 예상매출액에 유동자산 매출액 백분율을 곱하여 산출한다.
이와 같은 방법으로 유동부채, 매출원가, 판매비와 관리비도 추정할 수 있다.

12) 투자목표는 투자위험 최소화와 투자수익 극대화라는 두 측면에서 검토되어야 한다.

- 유동자산의 매출액 백분율 = 유동자산 ÷ 매출액 × 100
- 유동자산 추정치 = 예상 매출액 × 유동자산의 매출액 백분율
- 유동부채 추정치 = 예상 매출액 × 유동부채의 매출액 백분율
- 매출원가 추정치 = 예상 매출액 × 매출원가의 매출액 백분율
- 판매비와 관리비 = 예상 매출액 × 판매비와 관리비의 매출액 백분율

2.2. 매출액을 이용한 회귀분석법

과거의 역사적인 자료가 충분한 경우 재무제표 항목과 매출액 사이의 인과관계를 통계적으로 추정하여 회귀모형을 설계할 수 있다. 재무제표의 한 항목을 종속변수로, 매출액은 독립변수로 하는 회귀모형을 이용하여 재무제표 항목의 값을 예측하는 방법이다.

2.3. 예산비용법

예산비용법이란 매출액의 변화에 영향을 받지 않는 재무제표의 항목을 예측하는 데 이용되는 방법이다. 재무정책의 결과나 목표치를 반영시켜 미래의 값을 예측하는 방법이 대표적이다. 예를 들면 자본조달 정책을 반영한 비유동부채와 자기자본 추정이나 비유동자산에 대한 투자정책을 고려한 감가상각비 추정, 그리고 광고정책에 따른 광고비 추정 등이 있다.

3. 재무예측의 어려움

재무예측은 여러 변수들이 상호 연관되어 있는 점을 어떻게 반영할지의 어려움이 항상 남아 있다. 서로 연관되어 있는 여러 변수들 가운데

어느 변수를 어떤 전제로 먼저 예측하여 다른 변수에 반영할 지를 결정하는 것이 쉽지 않다. 예를 들어 GDP와 환율간에 어느 변수를 먼저 예측하고 이를 전제로 다른 변수를 예측할 것인가는 중앙은행의 큰 고민거리중의 하나라고 하겠다.

제 3 장

화폐의 시간가치

기업이 사업을 할 때에는 반드시 시간가치에 대해 생각을 해야 한다. 예를 들어 자금을 빌린다는 것은 일정 기간 동안 그 돈을 운용하는 것이기 때문에 돈을 빌려준 상대방은 그 기간동안 돈을 벌 수 있는 기회를 놓치게 되는 것이고, 따라서 이에 대해 보상을 요구할 수 있다. 이러한 사례는 자금대출뿐 아니라 주주들이 투자를 할 때에도, 공장을 지을 때에도, 물건을 사고 팔 때에도 모두 적용된다. 그래서 사업을 할 때 돈이 잠기는 기간에 대해 이른바 돈의 시간가치를 적절히 보상해 주지 않으면 안 되는 것이다.

그런 의미에서 돈의 시간가치에 대한 평가는 기업 운영의 기초가 된다고 하겠다. 특히 기업의 재무담당은 수시로 수많은 현금흐름을 관리해야 하며 그때그때의 현금흐름을 평가하여야 하는데, 중요한 것은 그 현금흐름을 동일한 잣대에 맞추는 작업부터 시작해야 한다는 점이다.

이번 장에서는 현금흐름의 가치 평가를 위해 현금흐름을 미래가치로 평가하는 방법과 현재가치로 평가하는 방법에 대해 자세히 알아보겠다.

I. 현금흐름의 미래가치 변환

1. 1회 현금흐름의 미래가치 변환

화폐의 미래가치는 현재 보유한 현금을 일정기간 저축한 후 미래에 받게 될 금액으로서 현재가치에 기간의 이자율(i =interest rate, 연율 기준)을 곱하여 산출한다. 기간이 여러 해인 경우에는 현재의 이자율(i)을 복리로 계산한다.

- $FV_n = PV_0 \times (1+i)^n$

여기서, FV_n: n년 후의 미래가치,

PV_0: 현재가치,

$(1+i)^n$: i%의 이자율로 n년간 복리로 저축할 경우의 원리금 계수로 미래가치이자요소(future value interest factor; FVIF)로 부름. FVIF(i%, n년)

예제 3-1

현재 원금 100만원, 연 10%의 이자율을 적용할 때, 5년 후와 15년 후의 미래가치는 얼마인가?

풀이

① 5년 후의 미래가치는 100만원×$(1.1)^5$ = 100만원×1.61051 = 1,610,510원이 된다. 미래가치이자요소표[1]를 이용하면 100만원 × FVIF(10%, 5년) = 100만원×1.6105 = 1,610,500원이 된다. 반올림에 따라 약간의 차이가 있다.

② 15년후의 미래가치는 100만원×$(1.1)^{15}$ = 100만원×4.17725 = 4,177,250원이 된다. 이를 미래가치이자요소표를 이용하면 100만원 × FVIF(10%, 15년) = 100만원×4.1772 = 4,177,200원이 된다.

1) 책 후반부의 부록 〈표 3〉을 참조하라.

2. 다수 현금흐름의 미래가치

1년 후부터 n년 후까지 매년 A_1, A_2, A_3, ⋯, A_n의 현금흐름이 있을 경우 이를 미래가치로 변환하기 위해서는 각각의 현금흐름을 현재시점에서 알 수 있는 이자율(i)로 아래와 같이 복리 투자하는 방식으로 변환해야 한다.

- $FV_n = A_1(1+i)^{(n-1)} + A_2(1+i)^{(n-2)} + A_3(1+i)^{(n-3)} + \cdots + A_n(1+i)^{(n-n)}$

연금처럼 1년 후부터 n년 후까지 매년 동일한 금액 A가 유입되는 경우, 그 미래가치는 아래와 같이 표시할 수 있다. 이 경우는 매년 동일한 현금이 유입되므로 이를 특수한 형태의 현금유입의 일종으로서 연금(年金) 형태의 현금유입으로 처리한다.

- $$\begin{aligned} FV_n &= A_1(1+i)^{(n-1)} + A_2(1+i)^{(n-2)} + A_3(1+i)^{(n-3)} + \cdots \\ &\quad + A_n(1+i)^{(n-n)} \\ &= A\{(1+i)^{(n-1)} + (1+i)^{(n-2)} + (1+i)^{(n-3)} + \cdots \\ &\quad + (1+i)^{(n-n)}\} \end{aligned}$$

여기서 매년 유입되는 연금형태의 현금에 곱해지는 $\{(1+i)^{(n-1)} + (1+i)^{(n-2)} + (1+i)^{(n-3)} + \cdots + (1+i)^{(n-n)}\}$를 연금의 미래가치이자요소(future value interest factor of annuity; FVIFA)라 부르고 FVIFA($i\%$, n년)으로 표기한다.

예를 들어 10년간 동일한 금액 100만원이 매년말 유입되는 현금의 미래가치는 100만원에 미래가치이자요소(FVIFA)의 값을 곱하여 산출하는데 이자율을 5%로 가정하면 FVIFA(5%, 10년)는 FVIFA표에서 가로

측 5%, 세로측 10년이 만나는 수치인 12.578이 된다.[2] 따라서 10년간 동일한 금액 100만원이 매년말 유입되는 현금의 미래가치는 이자율이 5%일 경우 100만원×12.587 = 1,257.8만원이 된다.

예제 3-2

매년말 100만원씩 10년간 불입하면 10년후 1,500만원을 지급받는 적금에 가입하는 것이 유리한가? 시장이자율은 연 12%이다.

풀이

이 문제는 매년말 100만원씩 10년간 불입하는 금액의 10년 후 미래가치[3]와 10년후 수령하는 1,500만원 가운데 어느 것이 큰 것인지를 묻는 것이다.

① 매년말 100만원씩 10년간 불입하는 금액의 10년 후 미래가치는 100만원 ×FVIFA(12%, 10년) = 100만원×17.549 = 17,549,000원이다.

② 10년후 수령하는 금액 1,500만원은 그 자체가 미래가치이다.

따라서 10년후 미래가치 기준으로 17,549,000원을 불입하고 그보다 적은 금액인 1,500,000원을 수령하는 적금에 가입하는 것은 불리하다.

2) 책 후반부의 부록 〈표 4〉를 참조하라.

3) 이 문제를 다음에 학습하는 현재가치 기준으로 구하여도 같은 결론을 얻는다.

Ⅱ. 현금흐름의 현재가치 변환

1. 1회 현금흐름의 현재가치 변환

화폐의 현재가치는 미래에 유입될 현금을 미래시점까지의 기간으로 할인한 값을 말한다. 이 값은 앞에서 학습한 미래가치 식에서 얻을 수 있다. 즉, $FV_n = PV_0 \times (1+i)^n$이므로 양변을 $(1+i)^n$로 나누면 $PV_0 = FV_n / (1+i)^n$이 된다.4)

- $PV_0 = FV_n \times \frac{1}{(1+i)^n}$

예제 3-3

5년과 15년 후에 각각 100만원 받을 수 있는 투자안의 현재가치를 할인율 연 10%로 가정하고 산출하라.

풀이

① 5년후 100만원의 현재가치는 100만원÷$(1.1)^5$ = 100만원÷1.61051 =620,921원이 된다. 이를 현재가치이자요소표(PVIF)를 이용하면 100만원×PVIF(10%, 5년) = 100만원×0.6209 = 620,900원이 된다. 반올림에 따라 약간의 차이가 발생한다.

② 15년 후 100만원의 현재가치는 100만원 ÷ $(1.1)^{15}$ = 100만원 ÷ 4.17725 = 239,392원이 된다. 이를 현재가치이자요소표(PVIF)를 이용하면 100만원 × PVIF(10%, 15년) = 100만원 × 0.2394 = 239,400원이 된다.

---

4) $\left\{\frac{1}{(1+i)^n}\right\}$은 미래의 현금흐름을 i%의 이자율로 n년 동안 할인하는 계수로서 현재가치이자요소(present value interest factor; PVIF)로 부른다. 예) PVIF(i%, n년)

2. 다수 현금흐름의 현재가치

1년 후부터 n년 후까지 매년 A_1, A_2, A_3, $\cdots$, A_n의 현금흐름이 있을 경우 이를 현재가치로 변환하기 위해서는 각각의 현금흐름을 현재시점에서 알 수 있는 이자율(i)로 나누어 아래와 같이 할인하는 방식으로 변환해야 한다.

$$\cdot\ PV_n = \frac{A_1}{(1+i)^1} + \frac{A_2}{(1+i)^2} + \frac{A_3}{(1+i)^3} + \ \cdots\ + \frac{A_n}{(1+i)^n}$$

1년 후부터 매년 A를 n년 후까지 지급받는 연금의 현재가치는 시장이자율이 i라고 가정하면 아래와 같이 표시할 수 있다.

$$\begin{aligned} \cdot\ PV_n &= \frac{A_1}{(1+i)^1} + \frac{A_2}{(1+i)^2} + \frac{A_3}{(1+i)^3} + \ \cdots\ + \frac{A_n}{(1+i)^n} \\ &= A\left\{\frac{1}{(1+i)^1} + \frac{1}{(1+i)^2} + \frac{1}{(1+i)^3} + \ \cdots\ + \frac{1}{(1+i)^n}\right\} \end{aligned}$$

여기서 $\left\{\frac{1}{(1+i)^1} + \frac{1}{(1+i)^2} + \frac{1}{(1+i)^3} + \ \cdots\ + \frac{1}{(1+i)^n}\right\}$를 연금의 현재가치이자요소(present value interest factor of annuity; PVIFA)로 부르고, PVIFA(i%, n년)으로 표시한다.

예를 들어 10년간 동일한 금액 100만원이 매년말 유입되는 현금의 현재가치는 100만원에 연금의 현재가치이자요소인 PVIFA(i%, n년)의 값을 곱하여 산출하는데, 이자율을 5%로 가정하면 PVIFA(5%, 10년)는 PVIFA표에서 가로측 5%, 세로측 10년의 만나는 수치인 7.7217이 된다.[5)]

---

5) 책 후반부의 부록 〈표 2〉를 참조하라.

따라서 10년간 동일한 금액 100만원이 매년말 유입되는 현금의 미래가치는 이자율이 5%일 경우 100만원×7.7217=772.17만원이 된다.

예제 3-4

자동차 구입대금을 매년말 1,000만원씩 5년간 지급하는 방안과 현재 현금 3,800만원을 지급하는 방안 중 어느 것이 유리한지 판단하라. 할인율은 현재 시장이자율인 연 10%로 가정한다.

풀이

이 문제는 매년말 1,000만원씩 5년간 지급하는 금액의 현재가치와 현재 현금 3,800만원 가운데 어느 것이 큰 것인지를 묻는 문제이다.

① 매년말 1,000만원씩 5년간 지급하는 금액의 현재가치는 1,000만원 × PVIFA(10%, 5년) = 1,000만원×3.7908 = 37,908,000원이다.

② 현재 현금 3,800만원을 지급하면 그 자체가 현재가치이다.

따라서 1,000만원씩 5년간 지급하는 금액의 현재가치가 현재 현금 3,800만원을 일시불로 지급하는 금액보다 작으므로 할부로 자동차를 구매하는 것이 유리하다.

화폐의 시간가치 응용문제

1. 지금 200만원을 은행에 예금해서 10년후에 500만원을 받는다면 이자율은 몇 %인가?

풀이

은행 이자율을 i라고 하면, 200만원을 $(1+i)$로 10년간 재투자하여 500만원이 되므로 200만원$\times(1+i)^{10}$ = 500만원의 식이 세워진다.

따라서 $(1+i)^{10}$ = 500만원/200만원 = 2.5

$(1+i) = 2.5^{(1/10)}$

= 1.09596이므로 이자율은 9.6%가 된다.

2. 지금 100만원을 연 2% 복리로 몇 년간 저축하면 200만원이 되는가?

풀이

100만원을 (1+0.02)로 n년간 재투자하면 200만원이 되므로 100만원 $\times(1+0.02)^n$ = 200만원의 식이 세워진다.

즉, $(1.02)^n$ = 200만원/100만원 = 2가 된다.

이 문제를 풀기 위해서는 양변에 자연로그를 취해야 한다.

$\ln(1.02)^n = \ln 2$

$n \times \ln(1.02) = \ln 2$

$$n = \frac{\ln 2}{\ln(1.02)}$$

= 0.6931÷0.0198 = 35.0이 된다.

이는 연 2%의 복리로 35년간 예금을 해야 원금의 2배가 된다는 의미이다.

3. 매년 말 1000만원씩 20년간 연금을 받을 경우, 할인율을 연 5%로 가정하면 이 연금의 현재가치는 얼마인가?

풀이

이 문제는 아래와 같이 식을 만들 수 있다.

$$S = \frac{1,000\text{만원}}{1.05} + \frac{1,000\text{만원}}{1.05^2} + \frac{1,000\text{만원}}{1.05^3} + .. + \frac{1,000\text{만원}}{1.05^{20}}$$

따라서 연금의 현재가치 계수표 PVIFA(5%, 20년)를 이용하면 12.462을 구할 수 있으므로 1,000만원×12.462=<u>12,462만원</u>이 된다.

4. 은행으로부터 1억원을 융자기간 3년, 이자율 연 6%로 대출받았을 때, 은행이 1년후부터 매년 원리금 균등상환을 요구할 경우 다음을 계산하라.

(1) 매년말 은행에 지급해야 할 금액

(2) 위의 금액을 매년 이자와 원금으로 구분하고 매년말의 대출잔액을 산출하라.

풀이

(1) 1억원은 현재 대출받는 금액이므로 현재가치는 1억원이며, 1년 후부터 매년 균등상환하는 금액(cash; C)은 미래가치이므로 이를 1억원의 현재가치와 비교하기 위해서는 현재가치로 환산해야 한다.

$$100,000,000 = \frac{C}{(1+i)^1} + \frac{C}{(1+i)^2} + \frac{C}{(1+i)^3}$$

$= C \times$ 연금의 현재가치계수표 PVIFA(6%, 3년)

$= C \times 2.6730$

따라서 C = 100,000,000/2.6730 = <u>3,741.1만원</u>이 된다.

(2) (첫해의 경우)

① 이자 : 100,000,000 × 6% = 600만원

② 원금상환 = 연간 상환액 − 이자금액

= 3,741.1만원 − 600만원 = 3,141.1만원

③ 대출잔액 = 100,000,000 − 원금상환액(3,141.1만원)

= 6,858.9만원

(둘째해의 경우)

① 이자 : 6,858.9만원 × 6% = 411.5만원

② 원금상환 = 3,741.1만원 − 411.5만원 = 3,329.6만원

③ 대출잔액 = 첫해말 대출잔액(6,858.9만원)

− 원금상환액(3,329.6만원)

= 3,529.3만원

(셋째해의 경우)

① 이자 : 3,529.3만원 × 6% = 211.8만원

② 원금상환 = 3,741.1만원 − 211.8만원 = 3,529.3만원

③ 대출잔액 = 둘째해말 대출잔액(3,529.3만원)

− 원금상환액(3,529.3만원)

= 0원이 된다.

제 4 장

채권의 가치평가

일반적으로 기업이 자금을 조달할 때 이용하는 채권발행은 기본적으로 금융기관으로부터 대출을 받는 것과 동일하다. 채권(債券, bond)이란 발행시 정해진 이자율로 매기간 일정한 이자를 지급하고 만기시에 채권의 표면에 적힌 발행금액(額面金額)을 지급하겠다는 유가증권이기 때문이다. 자금을 기업에게 빌려주고 채권을 받은 채권자는 이 채권을 금융시장에서 팔 수 있으니 만기때까지 계속 보유할 필요가 없어 더없이 편리하다. 그런데 도대체 얼마에 파는 것이 적절한지를 모르고 거래한다면 손해를 볼 가능성이 적지 않을 것이다.

이번 장에서는 이렇게 중요한 채권의 가치평가에 대해 알아보고자 하는데, 채권 중에 가장 대표적인 이표채(利票債, coupon bond)를 중심으로 설명해 보겠다.

Ⅰ. 채권의 현재가치

1. 이표채의 개념

이표채(利票債)는 가장 대표적인 채권인데, 과거에 채권에 이자쿠폰(利票, coupon))이 붙어 있는 상태로 발행되었던 데에서 유래되었다. 이 채권을 보유한 사람은 매기간 이 이표를 떼어서 발행자에게 제출하였고, 발행자는 이표에 적혀있는 이자를 지급하였다.[1] 다시 말하면 이표채는 만기(滿期, maturity)까지 매기간(예: 매반기 또는 매년) 발행금액(發行金額, face amount; F)에 발행시 정해진 이자율(發行金利, coupon interest rate; i_{cp})을 곱한 금액을 이자로 지급하고 만기에는 액면금액을 지급받는 채권이다.

발행시 미리 정해진 이자율은 채권의 발행금리(coupon interest rate; i_{cp})라고 하며, 채권 보유자가 매기간 받는 이자수입(coupon interest income; C)은 채권의 발행금액에 채권의 발행금리를 곱하여 산출된다 $\left(C = F \cdot i_{cp}\right)$. 이표채 발행시 미리 정해진 이자율로 매기간 이자를 지급하기 때문에 이표채 보유자는 시장이자율이 아무리 변동하더라도 이미 정해진 이자수입을 얻게 된다.[2] 또한 이표채의 이자수입이 시장이자율의 변동에도 불구하고 보장되기 때문에 이표채를 포함한 채권들은 대표적인 안전자산으로 간주되고 있다. 다만, 여기에서 안전자산이란 말은 미래에 수령하는 채권의 이자금액과 액면금액이 이미 정해져 있다는 것일 뿐, 미래에 수령하는 이자금액과 액면금액의 현재가치는 시장이자율의 등락에 따라 변동한다. 이 점이 채권에 내재된 금융시장

---

1) 최근에는 이표채의 이자가 계좌이체를 통해 지급된다.

2) 여기에서 고정수입(fixed income)이란 용어가 나왔고, 고정수입 자산(fixed income asset)은 곧 채권을 의미하게 되었다.

리스크의 중요한 부분이며, 이번 장에서 우리가 집중적으로 학습할 부문이다.

2. 현재가치 산출과정

이표채의 현금흐름(cash flow; CF)은 매기간 유입되는 이자수입(coupon income; C)과 만기에 수령하는 액면금액(face value; F)으로 구성되어 있다.

- $CF = C + C + C + \cdots\cdots + C + F$

매기에 유입되는 현금은 각각 다른 미래시점에 유입된다. 따라서 미래 각 시점에 유입되는 현금은 채권의 가치를 평가할 때의 시장이자율로 미래시점까지의 기간만큼 할인하여 현재가치를 구한다.

- $PV = \frac{C}{(1+i)^1} + \frac{C}{(1+i)^2} + \frac{C}{(1+i)^3} + \cdots + \frac{C}{(1+i)^n} + \frac{F}{(1+i)^n}$

2.1. 채권 현재가치에 함축된 의미

이표채 현재가치를 산출하는 식으로부터 매우 중요한 의미를 발견할 수 있다.

- $$\begin{aligned} PV &= \frac{C}{(1+i)^1} + \frac{C}{(1+i)^2} + \frac{C}{(1+i)^3} + \cdots + \frac{C}{(1+i)^n} + \frac{F}{(1+i)^n} \\ &= C\left\{\frac{1}{(1+i)^1} + \frac{1}{(1+i)^2} + \frac{1}{(1+3)^3} + \cdots + \frac{C}{(1+i)^n}\right\} + \frac{F}{(1+i)^n} \end{aligned}$$

$$= C \cdot \left[\frac{\frac{1}{(1+i)}\left\{1 - \frac{1}{(1+i)^n}\right\}}{1 - \frac{1}{(1+i)}} \right] + \left\{ \frac{F}{(1+i)^n} \right\}$$

$$= C \cdot \left[\frac{1}{(1+i)} \cdot \frac{(1+i)}{i} \cdot \left\{ 1 - \frac{1}{(1+i)^n} \right\} \right] + \left\{ \frac{F}{(1+i)^n} \right\}$$

$$= \frac{C}{i} \cdot \left\{ 1 - \frac{1}{(1+i)^n} \right\} + \left\{ \frac{F}{(1+i)^n} \right\}$$

여기서 이표채의 발행이자율을 i_{cp}로 표기하면 $i_{cp} = \frac{C}{F}$, $C = F \cdot i_{cp}$가 되므로 채권의 현재가치는 다음과 같이 나타낼 수 있다.

- $$PV = \frac{F \cdot i_{cp}}{i} \cdot \left\{ 1 - \frac{1}{(1+i)^n} \right\} + \frac{F}{(1+i)^n}$$

$$= F \left\{ \frac{i_{cp}}{i} - \frac{i_{cp}}{i} \cdot \frac{1}{(1+i)^n} + \frac{1}{(1+i)^n} \right\}$$

$$= F \left\{ \frac{i_{cp}}{i} + \frac{1}{(1+i)^n} \cdot \left(1 - \frac{i_{cp}}{i} \right) \right\}$$

그런데 만일 $i_{cp} < i$이면, $\frac{i_{cp}}{i} < 1$이고 $\left(1 - \frac{i_{cp}}{i}\right) > 0$이다. 따라서 채권의 만기 n이 길수록 $\frac{1}{(1+i)^n}$이 작아지고 양(+)의 값인 $\frac{1}{(1+i)^n} \cdot \left(1 - \frac{i_{cp}}{i}\right)$이 감소한다. 이는 곧 시장이자율이 채권의 발행금리보다 높은 수준으로 상승하면 채권의 현재가치가 감소하여 채권보유자가 손실을 보게 되며, 현재가치의 감소 속도는 채권의 만기가 길수록 빠르다는 점을 의미한다.

반대로 만일 $i_{cp} > i$이면, $\frac{i_{cp}}{i} > 1$이고 $\left(1 - \frac{i_{cp}}{i}\right) < 0$이다. 따라서 채권의 만기 n이 길수록 $\frac{1}{(1+i)^n}$이 줄어들고 음(−)의 값, 즉 채권 현재가치의

감소규모 $\frac{1}{(1+i)^n} \cdot \left(1-\frac{i_{cp}}{i}\right)$가 감소한다. 이는 곧 시장이자율이 채권의 발행금리보다 낮은 수준으로 하락하면 채권의 현재가치가 증가하여 채권보유자가 이익을 보게 되며, 현재가치의 증가 속도는 채권의 만기가 길수록 빠르게 된다.

만일 $i_{cp} = i$이면, $\frac{i_{cp}}{i} = 1$이고 $\left(1-\frac{i_{cp}}{i}\right) = 0$이다. 따라서 만기의 길고 짧음에 관계없이 $PV = F$가 성립한다. 이는 시장이자율이 채권의 발행이자율과 같아지면 이표채의 현재가치는 채권의 액면금액과 같아짐을 의미한다.

2.2. 채권의 세 가지 이자율

2.2.1. 발행이자율(coupon interest rate; i_{cp})

이표채의 발행이자율은 발행 당시 정해지며 이 이자율은 만기까지 변동 없이 사용된다. 이표채의 보유자는 매기간 액면금액에 발행이자율을 곱한 만큼의 이자수입을 얻는다.($C = F \cdot i_{cp}$)

2.2.2. 만기수익률(yield to maturity; YTM)

만기수익률은 채권을 매입할 때 지불하는 금액과 앞으로 받을 미래의 현금흐름을 현재가치로 환산하여 더한 값을 같도록 일치시키는 이자율이다. 아래의 관계식에서 i가 만기수익률이다.

- $$PV = \frac{C}{(1+i)^1} + \frac{C}{(1+i)^2} + \frac{C}{(1+i)^3} + \cdots + \frac{C}{(1+i)^n} + \frac{F}{(1+i)^n}$$

여기서 위의 등식을 성립시키는 시장이자율(i)는 지금 이 채권의 현재가치만큼 투자하면 만기까지 받는 현금유입의 현재가치 합계로써 $i\%$

의 수익을 올릴 수 있다는 의미에서 만기수익률(yield to maturity; YTM)이라 하며 또한 채권 자체의 현금유입으로부터 얻는 수익률이라 하여 내부수익률(internal rate of return; IRR)이라고도 한다.

또한 만기수익률 i는 이 채권이 시장에서 거래될 때의 가격을 결정하는 이자율로서 이 채권의 유통시장 수익률이 된다. 그런데 모든 이표채는 각각 발행기관의 재무상태 및 신용도에 따라 또한 만기의 장단에 따라 만기수익률이 다른 것이 일반적이다. 따라서 각 이표채의 만기수익률은 시장이자율의 일종이라 하더라도 시장의 전반적인 상황을 나타내는 이자율과는 다른 수준을 보일 수 있음에 유의할 필요가 있다.

한편 만기수익률 i는 매기 유입되는 현금흐름을 현재의 시장이자율 i로 재투자한다는 비현실적인 가정에 기초하여 산출되는 문제점이 있다. 그러나 미래 각 시점에 유입되는 현금흐름을 그 미래시점의 시장이자율로 할인하는 것은 미래시점의 시장이자율을 알 수 없어서 불가능하기 때문에 위와 같은 문제점에도 불구하고 만기수익률을 현재의 방식으로 산출하여 사용한다는 점을 이해할 필요가 있겠다.

2.2.3. 보유기간 수익률(rate of return)

보유기간 수익률은 채권을 매입한 후 다시 매도했을 때까지의 보유기간 동안 채권보유로 인해 얻는 수익률을 의미한다.

보유기간 수익률은 두 가지로 구성된다. 하나는 채권 매입시점의 현재가치와 채권 매도시점의 현재가치 사이의 차이이다. 다른 하나는 채권의 보유기간동안 채권보유자에게 귀속되는 이자수입이다.

먼저 채권의 보유기간의 가격차이는 당연히 매도가격에서 매입가격을 빼면 구할 수 있는데, 이표채의 매입가격과 매도가격은 아래와 같이 산출된다. 여기서 이표채를 t시점에 i_t의 시장이자율로 매입한 후 1년이 경과한 $t+1$시점에 i_{t+1}의 시장이자율로 매도한다고 가정한 것이다.

- 매입가격 : $PV_t = \frac{C}{(1+i_t)^1} + \frac{C}{(1+i_t)^2} + \cdots + \frac{C}{(1+i_t)^n} + \frac{F}{(1+i_t)^n}$
- 매도가격[3] : $PV_{t+1} = \frac{C}{(1+i_{t+1})^1} + \frac{C}{(1+i_{t+1})^2} + \cdots + \frac{C}{(1+i_{t+1})^{n-1}} + \frac{F}{(1+i_{t+1})^{n-1}}$

그리고 이표채 보유기간중의 이자수입(coupon income; C)은 $C = F \cdot i_{cp}$로서 채권 보유자가 갖게 된다. 이표채의 보유기간 수익률은 채권의 보유로 인해 얻는 수입(output)과 채권의 매입에 투입한 비용(input)을 가지고 $\frac{\{(\text{수입, output}) - (\text{비용, input})\}}{(\text{비용, input})} \times 100(\%)$의 식에 의해 산출한다.

수입(output)은 매입한 채권을 다시 매도한 가격(PV_{t+1})에 보유기간중의 이자수입을 더하여 산출하며, 비용은 채권의 매입가격(PV_t)이다. 따라서 이표채의 보유기간 수익률 $= \frac{(PV_{t+1} + C - PV_t)}{PV_t} \times 100 = \left\{ \frac{(PV_{t+1} - PV_t)}{PV_t} + \frac{C}{PV_t} \right\} \times 100$이다.

여기서 i_{t+1}이 i_t보다 낮으면 $(PV_{t+1} - PV_t)$가 양(+)의 값을 가지며 채권 보유자는 자본이득(capital gain)을 얻게 된다. 반면에 i_{t+1}이 i_t보다 높으면 $(PV_{t+1} - PV_t)$가 음(−)의 값을 가지며 채권 보유자는 자본손실(capital loss)을 갖게 된다. 따라서 $(PV_{t+1} - PV_t)/PV_t$는 자본수

3) 보유기간 1년이 경과하였으므로 향후 $(n-1)$번 이자수입을 받는 점을 감안하여 계산한다.

익으로서 자본이득(+) 또는 자본손실(−)을 보여준다.

그러나 이자수입은 시장이자율이 변동하더라도 언제나 만기까지 변동 없이 동일하며, 이를 경상수익(current yield)이라 한다.

예제 4-1

액면가 100,000원, 만기 10년, 쿠폰이자율 5%의 채권을 이자율 8%로 매입하여 1년간 보유한 후 이자율 9%로 매도할 경우 보유기간 수익률을 구하라.

풀이

① 이자율 8%로 매입하는 가격: 향후 10년간 들어오는 현금흐름을 이자율 8%로 할인하여 계산하면 되는데 2가지 방법이 있다.

첫째, 현재가치이자요소표(PVIFA)를 이용하여 계산하는 방법이다. 향후 10년간 매년 쿠폰이자율 5%에 해당하는 5,000원의 현금흐름이 있고 10년 후에 액면금액 100,000원의 현금이 유입된다. 따라서 10년간 매년 5,000원씩 유입되는 쿠폰이자를 이자율 8%로 할인한 현재가치의 합은 5,000×연금의 PVIFA(8%, 10년)=5,000×6.7101=33,550.5원이다. 또한 10년 후에 1번 유입되는 액면금액 100,000원의 현재가치는 100,000×PVIF(8%, 10년)=100,000×0.4632=46,320원이다. 따라서 위의 두 수치를 합하면 33,550.5+46,320=79,870.5≒79,871원이 되며, 이것이 위의 채권을 현재 8%의 이자율로 할인한 매입가격이다.

둘째, 채권의 현재가치 수식을 이용하여 계산하는 방법이다. $PV=F\cdot\left\{\frac{i_{cp}}{i}+\frac{1}{(1+i)^n}\cdot\left(1-\frac{i_{cp}}{i}\right)\right\}$에서 $F=100{,}000$, $i_{cp}=0.05$, $i=0.08$, $(1+i)^n=2.1589$을 대입하여 계산하면 79,869.8≒79,870원이 된다. 약간의 차이는 계산과정상 반올림에 기인한 것이다.

② 1년 보유 후 이자율 9%로 매도하는 가격: 1년간 보유했으므로 향후 9년간 들어오는 현금흐름을 이자율 9%로 할인하여 계산하면 되는데 2가지 방법이 있다.

첫째, 현재가치표를 이용하여 계산하는 방법이다. 향후 9년간 매년 쿠폰이자율 5%에 해당하는 5,000원의 현금흐름이 있고 9년 후에 액면금액 100,000원의 현금이 유입된다. 따라서 9년간 매년 5,000원씩 유입되는 쿠폰이자를 이자율 9%로 할인한 현재가치의 합은 5,000× 연금의 PVIFA(9%, 9년)=5,000×5.9952=29,976원이다. 또한 9년 후에 1번 유입되는 액면금액 100,000원의 현재가치는 100,000×PVIF(9%, 9년)=100,000×0.4604=46,040원이다. 따라서 위의 두 수치를 합하면 29,976+46,040=76,016원이 되며, 이것이 위의 채권을 1년 후 9%의 이자율로 할인한 매도가격이다.

둘째, 채권의 현재가치 수식을 이용하여 계산하는 방법이다.

$PV=F\cdot\left\{\frac{i_{cp}}{i}+\frac{1}{(1+i)^n}\cdot\left(1-\frac{i_{cp}}{i}\right)\right\}$에서 $F=100,000$, $i_{cp}=0.05$, $i=0.09$, $(1+i)^n=2.1719$을 대입하여 계산하면 76,019원이 된다. 약간의 차이는 계산과정상 반올림에 기인한 것이다.

③ 1년 보유기간 동안 발생하는 쿠폰이자 수입은 채권보유자에게 귀속되므로 이 5,000원을 현금유입으로 가산해야 한다.

따라서 보유기간 수익률은 (76,019−79,870+5,000)/79,870=<u>1.44%</u>가 된다.

예제 4-2

액면가 100,000원, 만기 10년, 쿠폰이자율 5%의 채권을 이자율 8%로 매입하여 3년간 보유한 후 이자율 9%로 매도할 경우 보유기간 수익률을 구하라. 위의 (예제 4-1)의 보유기간 1년의 경우와 달리 쿠폰이자 수입의 재투자수익을 감안해야 한다.

풀이

① 향후 10년간 들어오는 현금흐름을 이자율 8%로 할인하여 계산한 값은 앞의 (예제 4-1)에서 이미 79,870원으로 구한 바 있다.

② 3년간 보유했으므로 향후 7년간 들어오는 현금흐름을 이자율 9%로 할인하여 계산하면 되는데 두 가지 방법이 있다.

첫째, 현재가치표를 이용하여 계산하는 방법이다. 7년간 매년 5,000원씩 유입되는 쿠폰이자를 이자율 9%로 할인한 현재가치의 합은 5,000× 연금의 PVIFA (9%, 7년)=5,000×5.0330=25,165원이다. 또한 7년 후에 1번 유입되는 액면금액 100,000원의 현재가치는 100,000×PVIF(9%, 7년)=100,000×0.5470=54,700원이다. 따라서 위의 두 수치를 합하면 25,165+54,700=79,865원이 되며, 이것이 위의 채권을 3년 후 9%의 이자율로 할인한 매도가격이다.

둘째, 채권의 현재가치 수식을 이용하여 계산하는 방법이다. $PV = F \cdot \left\{ \frac{i_{cp}}{i} + \frac{1}{(1+i)^n} \cdot \left(1 - \frac{i_{cp}}{i}\right) \right\}$에서 F=100,000, i_{cp}=0.05, i=0.09, $(1+i)^n$=1.828을 대입하여 계산하면 79,868.2≒79,868원이 된다. 약간의 차이는 계산과정상 반올림에 기인한 것이다.

③ 3년 보유기간동안 발생하는 쿠폰이자 수입은 채권보유자에게 귀속되는데 여기에 매입시의 시장이자율 8%로 이 쿠폰이자 수입을 재투자한다고 가정하면 쿠폰이자 수입의 3년 후 가치는 5,000×1.1664+5,000×1.08+5,000=16,232원이 된다. 15,000원과의 차이인 1,232원이 재투자 효과이다.

따라서 3년간의 보유기간 수익률은 (79,868−79,870+16,232)/79,870=20.32%가 된다. 그런데 수익률은 통상 1년 단위로 계산하기 때문에 이를 1년 단위의 연율로 환산하면 $1.2032^{(1/3)}$=1.0636=<u>6.36%</u>가 된다.

예제 4-3

만일 시장이자율이 중앙은행의 이자율정책의 영향으로 상승할 것으로 예상된다면 채권의 매입은 어떠한 영향을 받게 될 것인가 ?

풀이

① 시장이자율이 한차례 상승한 후 당분간 더 상승할 가능성이 크지 않다고 가정한다면, 이 경우 새로 발행되는 이표채는 상승한 시장이자율을 반영하여 현재보다 높은 이자율로 발행될 것이다. 또한 향후 추가 금리상승 기대가 크지 않으므로 시장이자율이 발행금리보다 높아질 때 발생하는 자본손실의 가능성도 크지 않다. 새로 발행되는 채권을 매입하면 자본손실의 기대 없이 더 높은 이자수입을 얻을 수 있으므로 새로 발행되는 채권에 대한 수요가 커질 것이다.

② 시장이자율이 향후 1~2년 사이에 몇 차례 단계적으로 상승할 것으로 예상된다고 할 경우, 이표채는 매 발행 때마다 새로이 상승한 시장이자율을 반영하여 점점 더 높은 이자율로 발행될 것이다. 발행이자율이 단계적으로 높아지게 되면 현재보다 높은 이자율로 발행된 채권을 매입하더라도 추후에 시장이자율이 그 채권의 발행시점 이자율보다 더욱 높아지면 자본손실(capital loss)이 발생할 수 있다.

③ 이를 다음의 그래프처럼 가정된 예를 가지고 다시 생각해 보면, A는 현재의 상황을 나타내며 시장이자율이 1.5%라고 가정하자.

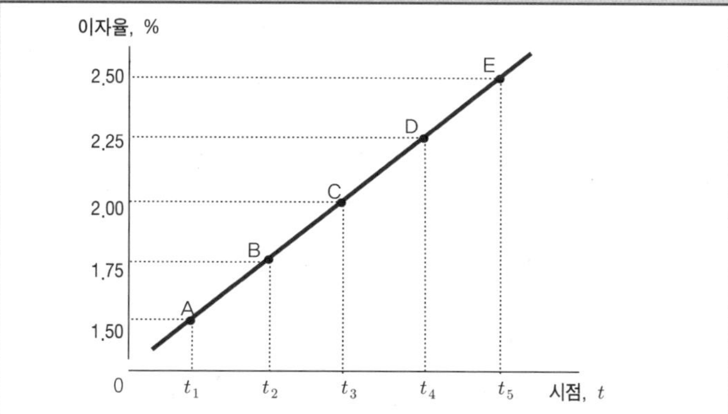

B, C, D, E는 각각 이자율이 매 기간 0.25%p 만큼 오를 것으로 예상되는 상황을 나타낸 것이다. 이표채를 B상황에서 매입하는 경우 발행이자율이 1.75%로서 A의 경우에 비해 0.25%p 높다. 그러나 이 채권을 시장이자율이 E에 이를 때까지 보유한다면 시장이자율은 2.5%가 되어 이 채권의 매입시점 이자율보다 0.75%p 높다. 무시할 수 없는 규모의 자본손실(capital loss)이 발생할 것이다. 따라서 채권의 매입 결정은 그 채권의 발행이자율뿐만 아니라 향후 예상되는 자본이득 또는 자본손실까지도 함께 고려하여 이루어져야 하는 것이다.

특별주제 마이너스 이자율 채권(negative yielding bonds)

채권 매입자는 매기의 이자수입과 만기시 액면금액을 수취하기 위해 채권에 투자한다. 따라서 채권이자율은 양(+)의 값을 갖는 것이 일반적이다. 그런데 2008년 글로벌 금융위기 발발 이후 유럽국가들을 중심으로 중앙은행이 기준금리를 0%보다 낮은 마이너스 금리로 책정하고 실제 채권시장에서 많은 양의 채권들이 마이너스 금리로 거래되고 있다.

2016년 9월 독일의 유명 칼 제조사인 헨켈(Henkel)은 2년 만기 5억 유로의 회사채를 마이너스 0.05%의 이자율로 발행하였으며, 프랑스의 세계적인 제약회사인 사노피(Sanofi)도 3.5년 만기 10억 유로의 회사채를 마이너스 0.05%의 이자율로 발행에 성공하였다. 그렇다면 투자자들이 마이너스 이자율 채권을 사는 이유는 무엇일까?

첫째, 마이너스 이자율 채권의 마이너스 폭(예: −0.05%)이 다른 금융상품의 마이너스 폭보다 작다면 이 마이너스 채권이 상대적으로 매력적일 수 있다. 유로지역의 경우 한 때 은행의 예금금리가 −0.4%까지 내려갔으며 이 경우 −0.05%는 −0.4%보다 이자율면에서 0.35%p 유리하다.

둘째, 비록 소폭의 마이너스 이자율(앞의 예: −0.05%)로 발행된 채권이더라도 앞으로 시장이자율의 추가 하락을 기대할 수 있다면 이 채권에 대한 수요가 합리적일 수 있다. 시장이자율의 마이너스 폭이 더 확대될 경우, 현재 −0.05%의 금리로 발행된 채권은 향후 추가적인 이자율 하락으로 인해 자본이득(capital gain)을 통한 채권가격의 상승을 기대할 수 있기 때문이다. 일부 투자가들은 이와 같이 위에서 언급한 마이너스 이자율 채권의 가격이 시장이자율의 추가 하락으로 인한 자본이득에 의해 추가적으로 상승할 가능성을 기대(speculation of capital gain)하고 이 채권을 매입했을 수 있다.

셋째, 부자들은 자산을 쉽고 간편한 방법으로 후손들에게 물려주고 싶어 한다. 무기명 채권을 통해 거액의 자산을 편리하게 후손들에게 물려줄 수 있다면 이는 부자들이 다소의 비용을 감수하고 마이너스 이자율 채권을 매입하는 동기가 될 수 있다.

3. 채권의 현재가치 기준 가치평가의 한계

3.1. 만기와 실질적 회수기간

이표채의 만기(滿期, maturity)는 채권의 발행금액이 지급되고 채권의 지급채무가 종료되는 시점이다. 그러나 채권 보유자는 만기 이전에 이자를 수취하므로 동일 만기의 채권이라도 만기 이전에 수취하는 금액이 다르면 채권으로부터 회수되는 금액의 실질적 회수기간이라는 측면에서 의미가 다를 수 있다. 이러한 관점에서 듀레이션(duration) 개념이 등장하는데, 이에 대해서는 다음 장에서 살펴볼 것이다.

3.2. 채권가격과 이자율간의 직선관계 가정의 한계

이표채의 현재가치 산출과정에서 이표채의 현금흐름인 매기간 유입되는 이자수입(coupon income; C)과 만기에 수령하는 액면금액(face value; F)을 채권의 가치를 평가할 때의 시장이자율로 미래시점까지의 기간만큼 할인하여 다음과 같이 현재가치를 구하는 것을 살펴보았다. $PV = \frac{C}{(1+i)^1} + \frac{C}{(1+i)^2} + \frac{C}{(1+i)^3} + \cdots + \frac{C}{(1+i)^n} + \frac{F}{(1+i)^n}$에서 $PV \cdot (1+i)^n = C \cdot (1+i)^{(n-1)} + C \cdot (1+i)^{(n-2)} + \cdots + C + F$이 되므로 만기수익률 i가 매기 유입되는 현금흐름을 현재의 시장이자율 i로 재투자한다는 비현실적인 가정에 기초하여 산출되는 문제점이 있음을 의미한다. 이는 곧 이러한 현재가치 관계식으로는 채권의 가격과 이자율간의 실제 관계를 제대로 나타내지 못할 수 있음을 의미한다. 이에 따라 실제 채권가격과 이자율간의 볼록한 곡선형태의 관계를 설명하기 위해 볼록성(convexity)에 대한 이해가 필요하다.

Ⅱ. 듀레이션(duration)

1. 듀레이션의 개념

듀레이션(duration)의 사전(辭典)적 의미는 지속기간이다. 채권시장에서의 듀레이션은 채권의 보유자가 채권대금을 회수하는 데까지 실질적으로 걸리는 시간이다. 여기서 채권회수의 실질적 기간이란 채권회수 기간과 채권회수 금액을 같이 감안한 것으로 채권회수 금액이 앞에 모여 있을수록 채권회수에 필요한 실질적 기간이 짧아진다는 점을 반영한 것이다.

예를 들어가며 보다 자세히 설명하고자 한다.

① 어느 채권이 1년 후 10,000원, 2년 후 10,000원 회수된다고 가정하자. 그러면 전체의 50%가 1년 후에, 나머지 50%가 2년 후에 회수되므로 20,000원이 회수되기까지 필요한 평균기간은 0.5×1년+0.5×2년=1.5년이 될 것이다.

② 어느 채권이 1년 후 5,000원, 2년 후 15,000원 회수된다고 가정하자. 그러면 전체의 1/4이 1년 후에, 나머지 3/4이 2년 후에 회수되므로 20,000원이 회수되기까지 필요한 평균기간은 1/4×1년+3/4×2년=1.75년이라는 계산이 나온다.

여기서 채권대금 중 나중에 회수되는 금액이 클수록 채권대금의 회수에 필요한 실질적인 기간이 길어진다는 점을 알 수 있다. 두 경우 모두 채권대금 20,000원이 전부 회수되기까지 2년이 걸리지만 나중에 회수되는 금액의 비중이 큰 두 번째 사례가 채권대금 회수에 필요한 실질적인 기간이 첫 번째보다 더 길다고 볼 수 있다. 나아가 위의 경우 1년 후와 2년 후에 회수되는 금액을 화폐의 시간가치를 고려하지 않았기 때문에 정밀한 비교라고 할 수 없다.

위의 두 가지 사례를 화폐의 시간가치 개념을 도입하여 평균회수기간을 계산하면 다음과 같다.

① 첫 번째 사례는 채권이 1년 후 10,000원, 2년 후 10,000원 회수된다고 가정하였으므로 그 현재가치를 시장할인율을 연 5%로 가정하고 계산하면, $PV = \frac{10,000}{1.05} + \frac{10,000}{(1.05)^2} = 18,594.1$원이다. 여기서 18,594.1원은 앞부분의 현재가치 $\frac{10,000}{1.05} = 9,523.8$원과 뒷부분의 현재가치 $\frac{10,000}{(1.05)^2} = 9,070.3$원의 합계이다.

따라서 18,594.1원 중 앞부분의 현재가치 비중은 $9,523.8 \div 18,594.1 = 0.512$, 뒷부분의 현재가치 비중은 $9,070.3 \div 18,594.1 = 0.488$이다. 이제 이 각각의 현재가치 비중에 대금이 회수되는 기간을 곱해주면 0.512×1년$+ 0.488 \times 2$년$= 1.488$년이 나온다.

② 두 번째 사례는 채권이 1년 후 5,000원, 2년 후 15,000원 회수된다고 가정하였으므로 그 현재가치를 시장할인률을 연 5%로 가정하고 계산하면, $PV = \frac{5,000}{1.05} + \frac{15,000}{(1.05)^2} = 18,367.3$원이다. 여기서 18,367.3원은 앞부분의 현재가치 $\frac{5,000}{1.05} = 4,761.9$원과 뒷부분의 현재가치 $\frac{15,000}{(1.05)^2} = 13,605.4$원의 합계이다.

따라서 18,367.3원 중 앞부분의 현재가치 비중은 $4,761.9 \div 18,367.3 = 0.259$, 뒷부분의 현재가치 비중은 $13,605.4 \div 18,367.3 = 0.741$이다. 이제 이 각각의 현재가치 비중에 대금이 회수되는 기간을 곱해주면 0.259×1년$+ 0.741 \times 2$년$= 1.741$년이 나온다.

위의 두 경우를 비교하면, 대금회수가 나중에 집중되는 두 번째(1.741년)의 경우가 첫 번째(1.488년)에 비해 대금회수에 소요되는 실질적인 기간인 듀레이션이 더 길다는 점을 발견할 수 있다. 즉, 뒤에 들어오는 현금흐름이 많을수록 채권대금을 실질적으로 회수하는 데 걸리는 기간이 길어지므로 1기, 2기, 3기, … 의 매 기별 유입되는 현금흐름의 현재가치에 그 기간의 수치를 곱해 모두 더한 후 이를 채권의 가격으로 나눈다. 이 수치가 채권대금이 실질적으로 회수되는 데 필요한 기간을 의미하는 것으로 인식하고 이를 듀레이션(duration)으로 부르게 되었다.

위의 두 가지 사례를 일반화하면, 듀레이션은 매기 현금흐름의 현재가치가 전체 현재가치(채권의 가격과 동일) 중 차지하는 비중(가중치, weight, w_t)에 매기의 기간(t)를 곱한 값($w_t \cdot t$)의 합계라는 관계식임을 알 수 있다.

$$\begin{aligned} \bullet\ D &= \frac{CF_1/(1+i)^1}{\sum CF_t/(1+i)^t} \cdot 1 + \frac{CF_2/(1+i)^2}{\sum CF_t/(1+i)^t} \cdot 2 + \cdots \\ &\quad + \frac{CF_n/(1+i)^n}{\sum CF_t/(1+i)^t} \cdot n \\ &= w_1 \cdot 1 + w_2 \cdot 2 + \cdots + w_n \cdot n \\ &= \sum w_t \cdot t \end{aligned}$$

$$\text{여기서, } w_t = \frac{CF_t/(1+i)^t}{CF_1/(1+i)^1 + CF_2/(1+i)^2 + \cdots + CF_n/(1+i)^n} = \frac{CF_t/(1+i)^t}{\sum CF_t/(1+i)^t} = \frac{CF_t/(1+i)^t}{PV}$$

이 개념을 맥컬레이(Macaulay)가 처음 소개하여 맥컬레이 듀레이션(이하 D_{Mac}으로 표기)이라 부른다.

2. 듀레이션의 활용

듀레이션을 이용하여 이자율 변동에 따른 채권가격 변동의 민감도 분석을 할 수 있다.

이를 위해 우선 듀레이션, 채권가격, 이자율의 관계부터 살펴보자.

채권가격(PV, 이하 P)$=\frac{CF_1}{(1+i)^1}+\frac{CF_2}{(1+i)^2}+\cdots+\frac{CF_n}{(1+i)^n}$이다. 이제 채권가격을 이자율에 대해 미분하면 아래와 같다.

- $$\frac{dP}{di}=(\frac{d}{di})\{CF_1\cdot(1+i)^{-1}+CF_2\cdot(1+i)^{-2}+\cdots+CF_n\cdot(1+i)^{-n}\}$$
$$=-1\cdot CF_1\cdot(1+i)^{-2}-2\cdot CF_2\cdot(1+i)^{-3}+\cdots-n\cdot CF_n\cdot(1+i)^{-n-1}$$
$$=-1\cdot(1+i)^{-1}\{1\cdot CF_1\cdot(1+i)^{-1}+2\cdot CF_2\cdot(1+i)^{-2}+\cdots+n\cdot CF_n\cdot(1+i)^{-n}\}$$

그런데, 듀레이션(Macaulay Duration, D_{Mac})이

$D_{Mac}=\left\{\frac{1\cdot CF_1\cdot(1+i)^{-1}+2\cdot CF_2\cdot(1+i)^{-2}+\cdots+n\cdot CF_n\cdot(1+i)^{-n}}{P}\right\}$이므로

$\{1\cdot CF_1\cdot(1+i)^{-1}+2\cdot CF_2\cdot(1+i)^{-2}+\cdots+n\cdot CF_n\cdot(1+i)^{-n}\}=D_{Mac}\cdot P$

이다.

이를 위의 식에 대입하면, $\frac{dP}{di}=-1\cdot(1+i)^{-1}\cdot D_{Mac}\cdot P$,

따라서 $D_{Mac}=-\left(\frac{dP}{di}\right)\cdot\frac{(1+i)}{P}=(1+i)\cdot-\left(\frac{dP}{di}\right)\cdot\left(\frac{1}{P}\right)$이 된다.

위의 식에서 $-\left(\frac{dP}{di}\right)\cdot\left(\frac{1}{P}\right)$는 이자율의 변화에 따른 채권가격의 변화를 채권의 가격으로 나눈 값으로, 채권의 단위가격당 이자율의 변화에 따른 채권가격의 변화를 보여준다. 이 값을 수정 듀레이션(Modified Duration, 이하 D_{Mod})이라 부른다.

따라서 $D_{Mac} = -\left(\frac{dP}{di}\right) \cdot \frac{(1+i)}{P} = (1+i) \cdot D_{Mod}$가 되고, $D_{Mod} = \frac{D_{Mac}}{(1+i)}$가 된다.

예제 4-4

채권의 발행이자율이 5%, 액면금액 100,000원, 남은 만기 4년으로 가정하자. 이 채권에 대해 이자율 변동에 대한 채권가격의 변화를 듀레이션을 이용해 측정하라. 단, 현재 시장이자율은 10%이다.

풀이

문제를 요약하면 아래표와 같다.

	$t=1$	$t=2$	$t=3$	$t=4$	합계
CF	5,000	5,000	5,000	105,000	
$t \cdot CF$	5,000	10,000	15,000	420,000	
$PVIF(10\%)$	0.9091	0.8264	0.7513	0.6830	
$CF \cdot PVIF(10\%)$	4,546	4,132	3,757	71,715	84,150
$t \cdot CF \cdot PVIF(10\%)$	4,546	8,264	11,270	286,860	310,940

여기서 맥컬레이 듀레이션(D_{Mac})과 수정 듀레이션(D_{Mod})을 구하면 각각 다음과 같다.

$$D_{Mac} = \sum\{t \cdot CF \cdot PVIF(10\%)\} / \sum\{CF \cdot PVIF(10\%)\}$$
$$= 310,940/84,150 = 3.6950$$
$$D_{Mod} = D_{Mac}/(1+i) = 3.6950/(1.1) = 3.3591$$

여기서 $D_{Mod} = \frac{D_{Mac}}{(1+i)} = -\left(\frac{dP}{di}\right) \cdot \left(\frac{1}{P}\right) = -\left(\frac{dP}{P}\right) \cdot \left(\frac{1}{di}\right)$ 이므로

$-\left(\frac{dP}{P}\right) = D_{Mod} \cdot (di)$를 이용해 채권의 가치변화를 측정해보면,

$-\left(\frac{dP}{P}\right) = 3.3591 \times 0.01 ≒ 3.36\%$가 된다.

이제 실제 이자율이 1% 변화할 때 채권의 가치변화를 계산하면, 즉 시장이자율이 10%에서 11%로 상승할 경우 채권의 가격은 다음과 같다.

$$\sum\{CF \cdot PVIF(11\%)\} = 5{,}000 \cdot PVIFA(11\%, 4\text{년}) + 100{,}000 \cdot PVIF(11\%, 4\text{년})$$
$$= 5{,}000 \times 3.1025 + 100{,}000 \times 0.6587 = 81{,}382.5$$

시장이자율이 10%일 때의 채권가격 84,150원이 시장이자율이 11%로 상승함에 따라 81,382.5원으로 하락하였고, 따라서 채권가격 변화율은 {(81,382.5−84,150)÷84,150}=−3.29%로서 수정듀레이션을 이용하여 측정한 값 3.36%와 큰 차이가 없음을 알 수 있다.

Ⅲ. 볼록성(convexity)

1. 볼록성의 개념

이자율이 변동할 때 이에 따른 채권가격의 변동을 듀레이션을 이용하여 분석하는 방법은 $-\left(\frac{dP}{P}\right)=D_{Mod}\cdot(di)$의 식이 보여주듯이 이자율의 변화와 채권가격의 변화간에 선형관계가 있음을 전제로 한 것이다. 그러나 실제로 채권가격과 이자율간의 관계는 원점에 대하여 볼록한 형태(convexity)의 비선형관계에 있다.

볼록성은 채권의 가격과 이자율의 관계가 어느 정도 원점에 대해 볼록한지를 나타낸다. 채권의 볼록성을 채권가격의 단위금액당 측정하기 위해 채권가격을 수익률에 대해 2차미분한 값을 채권가격으로 나누어 계산한다.

- $PV(\text{이하 } P)=\frac{CF_1}{(1+i)^1}+\frac{CF_2}{(1+i)^2}+\cdots+\frac{CF_n}{(1+i)^n}$

(1차미분)

$$\frac{dP}{di}=\left(\frac{d}{di}\right)\{CF_1\cdot(1+i)^{-1}+CF_2\cdot(1+i)^{-2}+\ \cdots\ +CF_n\cdot(1+i)^{-n}\}$$

$$=-1\cdot CF_1\cdot(1+i)^{-2}-2\cdot CF_2\cdot(1+i)^{-3}+\ \cdots\ \ -n\cdot CF_n\cdot(1+i)^{-n-1}$$

(2차미분)

$$\frac{d^2P}{di^2}=1\cdot2\cdot CF_1\cdot(1+i)^{-3}+2\cdot3\cdot CF_2\cdot(1+i)^{-4}+\ \cdots+n(n+1)\cdot CF_n\cdot(1+i)^{-(n+2)}$$

$$=\frac{1}{(1+i)^2}\cdot\left\{\frac{2CF_1}{(1+i)}+\frac{6CF_2}{(1+i)^2}+\ \cdots\ \ +\frac{n(n+1)(CF_n)}{(1+i)^n}\right\}$$

채권의 가격과 이자율 간에 볼록성이 있기 때문에 이를 [그림 4.1]과 같은 그래프로 나타낼 수 있다.

그림 4.1 볼록성의 개념

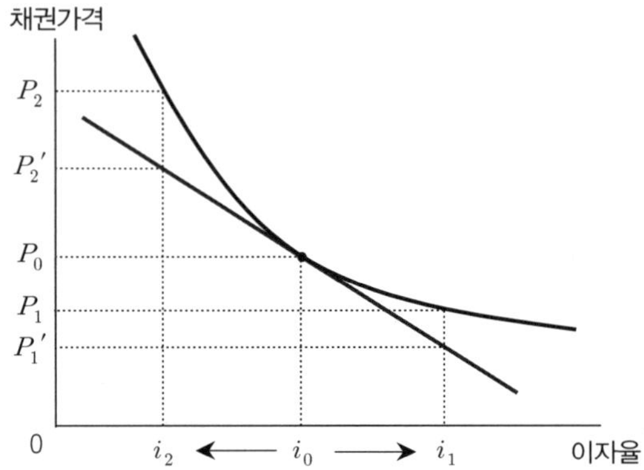

이자율이 i_0에서 i_1으로 상승하는 경우 채권가격의 변동을 보자. 볼록성을 인정하면 채권가격은 P_0에서 P_1으로 하락한다. 그러나 볼록성을 인정하지 않는 듀레이션 분석에 의하면 채권가격은 P_0에서 P_1'로 하락하는 것으로 나타나고, 채권가격은 실제보다 $(P_1 - P_1')$만큼 더 많이 하락하는 것으로 나타난다.

이자율이 i_0에서 i_2로 하락하는 경우 채권가격의 변동을 보자. 볼록성을 인정하면 채권가격은 P_0에서 P_2로 상승한다. 그러나 볼록성을 인정하지 않는 듀레이션 분석에 의하면 채권가격은 P_0에서 P_2'로 상승하는 것으로 나타나서 실제보다 $(P_2 - P_2')$만큼 채권가격이 덜 상승하는 것으로 나타난다.

2. 볼록성의 의미

이자율과 채권가격간의 볼록성에 의해 이자율이 상승할 때는 채권가격의 하락폭이 듀레이션에 의해 측정되는 하락폭보다 작고, 반대로 이자율이 하락할 때는 채권가격의 상승폭이 듀레이션에 의해 측정되는 상승폭보다 더 크다.

따라서 볼록성이 큰 채권에 투자하면 이자율이 상승할 때 발생하는 사본손실(capital loss)보다 이자율이 하락할 때 발생하는 자본이득(capital gain)이 더 커서 볼록성이 작은 채권에 투자하는 경우보다 채권 투자로부터 더 많은 수익을 기대할 수 있다.

그림 4.2 볼록성의 크기와 이자율 하락에 따른 채권가격 상승폭 차이

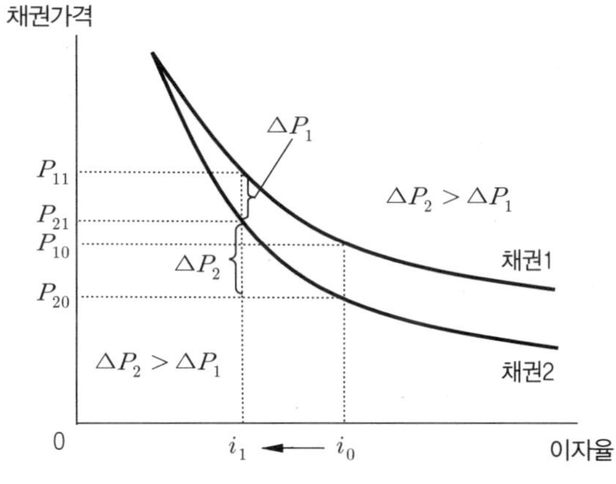

제 5 장

주식의 가치평가

주식은 채권과 더불어 시장에서 가장 빈번히 거래되는 금융자산이다. 그런데 채권시장은 거래규모가 커서(채권은 통상 1억원 단위로 거래된다.) 일반인들이 접근하기 어려운 부분이 있는 반면에 주식시장은 일반인들이 쉽게 접근할 수 있는 소매시장과 같은 느낌이 있다. 그래서 자칫 작고 가볍게 처리할 수 있을 것이라 생각한다면 큰 오산이다. 어쩌면 기업하는 사람에게 주식은 대출이나 채권보다 더 중요할지 모른다. 왜냐하면 주식은 기업의 주인과 관련되기 때문이다. 아마도 재무관리자의 최종적인 임무는 주주의 부를 늘리는 데 있다고 봐도 무방할 것이다. 주주들의 부는 주주들이 보유한 주식의 가치와 연결되어 있으니, 무릇 재무관리자는 주식의 가치평가를 중히 여겨야 하는 것이다.

다행히 주주의 관심은 배당으로 모여지므로 주식의 가치평가는 배당을 중심으로 분석하면 되고, 그 배당은 기업의 수익 혹은 현금흐름에 달려있으니 앞서 공부한 화폐의 시간가치 개념을 이용하면 손쉽게 정복할 수 있을 것이다.

Ⅰ. 주식의 현재가치

1. 주식 배당금의 현재가치 평가모형

투자가가 주식을 소유할 때 매기 배당금을 D_i 수령하고 이 주식을 영원히 보유한다면 주식의 가격은 매기 수령하는 배당금의 현재가치 합계로서 다음과 같이 표시할 수 있다.

$$\blacksquare\ PV = \frac{D_1}{(1+i)^1} + \frac{D_2}{(1+i)^2} + \frac{D_3}{(1+i)^3} + + \cdots$$

그런데 이는 미래에 발생할 매기의 배당금 규모를 알 수 없기 때문에 주식의 가치를 계산할 수 없고 따라서 현실성이 없다고 할 수 있다.

2. 주식 배당금의 제로성장모형

미래의 배당금을 예측할 수 없기 때문에 미래 매기의 배당금이 D로 일정하다고 가정하고 영구연금의 현재가치와 동일한 방식으로 주식의 가격을 추정하는 방법이다.

$$\begin{aligned}
\blacksquare\ PV &= \frac{D_1}{(1+i)^1} + \frac{D_2}{(1+i)^2} + \frac{D_3}{(1+i)^3} + + \cdots \\
&= \frac{D}{(1+i)} \cdot \left\{ 1 + \frac{1}{(1+i)} + \frac{1}{(1+i)^2} + \frac{1}{(1+i)^3} + + \cdots \right\} \\
&= \frac{D}{(1+i)} \cdot \left\{ \frac{1}{1 - \frac{1}{(1+i)}} \right\} \\
&= \frac{D}{(1+i)} \cdot \left\{ \frac{1}{\frac{(1+i-1)}{(1+i)}} \right\}
\end{aligned}$$

$$= \frac{D}{(1+i)} \cdot \left(\frac{1+i}{i}\right)$$

$$= \frac{D}{i}$$

그런데 이 방식은 미래 매기의 배당이 D로 일정하다는 비현실적인 가정에 기초하는 한계가 있다.

3. 주식 배당금의 일정성장모형

기업경영이 제대로 이루어지면 어느 정도 성장하는 것이 일반적이므로 기업의 배당이 매년 일정한 비율로 끝없이 증가한다고 가정하고 주식가치를 평가하는 방법이다.

먼저 배당금이 매기 일정비율(g)로 성장한다고 가정하면 매기의 배당금은 아래와 같이 표시할 수 있다.

- D_1
- $D_2 = D_1(1+g)^1$
- $D_3 = D_2(1+g)^1 = D_1(1+g)^1(1+g)^1 = D_1(1+g)^2$

이제 매기의 배당금을 현재가치로 환산하여 더하면 아래와 같이 주식의 가치를 산출할 수 있다.

- $PV = \frac{D_1}{(1+i)^1} + \frac{D_2}{(1+i)^2} + \frac{D_3}{(1+i)^3} + + \cdots$

$$= \frac{D_1}{(1+i)} + \frac{D_1(1+g)^1}{(1+i)^2} + \frac{D_1(1+g)^2}{(1+i)^3} + + \cdots$$

$$= \frac{D_1}{(1+i)} \cdot \left\{ 1 + \frac{(1+g)^1}{(1+i)^1} + \frac{(1+g)^2}{(1+i)^2} + + \cdots \right\}$$

$$= \frac{D_1}{(1+i)} \cdot \left\{ \frac{1}{1 - \frac{(1+g)}{(1+i)}} \right\}$$

$$= \frac{D_1}{(1+i)} \cdot \left\{ \frac{1}{\frac{(i-g)}{(1+i)}} \right\}$$

$$= \frac{D_1}{(1+i)} \cdot \left\{ \frac{(1+i)}{(i-g)} \right\}$$

$$= \frac{D_1}{(i-g)}$$

이 모형은 정상적인 기업은 통상 매년 어느 정도 성장한다는 점을 인정하면 장기간에 걸쳐 평균적으로 일정비율 배당이 증가할 수도 있다는 점을 인정할 수 있어서 앞의 다른 모형들에 비해 가정이 다소 현실성이 있다. 그러나 역시 일정비율의 배당성장률을 추산하기 어렵다는 한계는 남아있다.

Ⅱ. 기업의 가치평가

기업의 가치는 향후 기업으로 유입될 현금의 현재가치로 평가할 수 있다. 기업을 매수 또는 매도할 때 그 가격은, 향후 그 기업으로부터 어느 정도 현금유입이 예상되고 그 현금유입을 어떤 할인율로 할인하느냐에 의해 결정된다.

다음의 영업이익 및 잉여현금흐름을 이용한 가치평가 예제를 통해 이를 이해할 수 있을 것이다.

예제 5-1

기업의 영업이익이 매년말 1,000억원씩 영구히 발생하고 이 기업의 위험도를 감안한 자본비용(할인율)이 연 5%라고 가정하면 이 기업의 가치는 얼마로 평가할 수 있는가?

풀이

기업의 영업이익이 매년말 1,000억원씩 영구히 발생하기 때문에 매년말 현금유입액 1,000억원을 할인율 5%로 할인하여 현재가치를 산출한 후 이를 더하면 기업의 가치평가액이 된다.
기업가치는 아래 과정을 거쳐 2조원으로 평가된다.

$$
\begin{aligned}
\text{기업가치} &= \frac{1{,}000\text{억원}}{(1+0.05)^1} + \frac{1{,}000\text{억원}}{(1+0.05)^2} + \frac{1{,}000\text{억원}}{(1+0.05)^3} + .. \\
&= \frac{1{,}000\text{억원}}{1.05}\left(1 + \frac{1}{(1.05)^1} + \frac{1}{(1.05)^2} + \cdots\right) \\
&= \frac{1{,}000\text{억원}}{1.05} \times \left(\frac{1}{1-\frac{1}{1.05}}\right) \\
&= \frac{1{,}000\text{억원}}{1.05} \times \frac{1.05}{0.05}
\end{aligned}
$$

$$= \frac{1,000\text{억원}}{0.05}$$
$$= 20,000\text{억원}$$

예제 5-2

기업의 잉여 현금흐름이 향후 5년간 각각 400억원, 500억원, 600억원, 700억원 및 800억원 유입되며 마지막 해의 현금유입은 영구적으로 발생한다고 가정하자. 이 기업의 위험도를 감안한 자본비용(할인율)이 5%라고 가정하고 기업의 가치를 추정하라.

풀이

이 문제는 기업의 잉여현금이 매년 다른 규모로 유입되는 점과 마지막 해의 잉여현금이 영구적으로 유입되는 두 가지 점을 감안해서 풀어야 한다.

① 향후 4년간 해마다 매년말 유입되는 잉여현금흐름의 현재가치는

$$S_1 = \frac{400\text{억원}}{1.05} + \frac{500\text{억원}}{1.05^2} + \frac{600\text{억원}}{1.05^3} + \frac{700\text{억원}}{1.05^4}$$
$$= 381.0\text{억원} + 453.5\text{억원} + 518.3\text{억원} + 575.9\text{억원}$$
$$= 1,928.7\text{억원이 된다.}$$

② 5년후 유입되는 800억원의 현금흐름이 이후 영원히 계속된다고 가정하였으므로 이 금액의 현재가치는

$$S_2 = \frac{800\text{억원}}{1.05^5} + \frac{800\text{억원}}{1.05^6} + \frac{800\text{억원}}{1.05^7} + \cdots$$
$$= \frac{800\text{억원}}{1.05^5} \times \left(1 + \frac{1}{1.05} + \frac{1}{1.05^2} + \cdots\right)$$
$$= \frac{800\text{억원}}{1.05^5} \times \left(\frac{1}{1 - \frac{1}{1.05}}\right)$$

$$= \frac{800억원}{1.05^4} \times \frac{1}{0.05}$$

$= 13,163.2$억원이 된다.

따라서 기업잉여흐름의 현재가치는 $S = S_1 + S_2 =$ 1,928.7억원 + 13,163.2억원 = 15,091.9억원이 된다.

제 6 장

기대수익률과 위험

세상 알 수 없는 것이 운명이다. 1983년 故 이병철 삼성그룹 회장이 반도체에 처음 투자할 때, 주변의 모든 사람이 무모한 투자라며 이를 말렸다고 한다. 당시 삼성그룹의 자금력과 기술력을 감안했을 때 이 분야에 참여하는 것은 너무나 위험한 일로 생각했었을 것이다. 그러나 지금 삼성전자가 세계 최고기업이 되었다.

기업재무는 이러한 위험을 예측하기 위해 확률을 이용한다. 원자재 값이 오를 확률은 얼마나 되나? 금리는 평균적으로 얼마나 오를까? 사업의 성공확률은 얼마인가? 등등. 기업재무는 확률을 이용하여 위험을 보다 체계적으로 예측하기 시작했다. 그 가운데로 걸어 가보자.

I. 개별자산의 기대수익률과 위험

1. 개별자산의 기대수익률

기대수익률은 투자자가 미래에 획득할 것으로 예상하는 수익률을 의미한다. 현시점(t)에서 전기($t-1$)부터 이번 기(t)까지의 기대수익률(R_t)은 전기의 가치(PV_{t-1})와 이번기의 가치(PV_t)의 차이로 구할 수 있다.

- $R_t = \dfrac{(PV_t - PV_{t-1})}{PV_{t-1}}$

그런데 PV_{t-1}은 지난 실적이므로 알 수 있지만 PV_t는 실적이 나올 때까지 알 수 없다. 따라서 PV_t는 현재 이용 가능한 정보에 기초하여 추정할 수 있으며, 이를 기대수익률이라 한다.

이제 이 기대수익률을 확률의 개념을 적용하여 표현하면, 즉 미래시점에 발생 가능한 상황별로 발생 가능한 확률을 반영하여 추정한 확률적 기대수익률을 얻을 수 있다. 현시점(t)에서 각각의 상황이 발생할 확률이 P_i(P_1, P_2, P_3, $\cdots$)이고, 각각의 경우 기대수익률이 R_i(R_1, R_2, R_3, $\cdots$)라고 하면, 개별자산의 확률적 기대수익률 $\{E(R)\}$은 아래와 같이 나타낼 수 있다.

- $E(R) = P_1R_1 + P_2R_2 + P_3R_3 + \cdots + P_nR_n$
  $= \sum P_iR_i$

예제 6-1

향후 경제상황이 호황이 될 확률은 0.8이고 그 때의 예상수익률은 20%에 달하는 반면, 불황일 확률은 0.2이고 그렇게 될 경우에는 수익률이 5%로 떨어질 것으로 예상된다고 한다. 이러한 추정에 기초하여 기대수익률을 구하라.

경제상황	경제상황 발생확률	예상수익률
호황	0.8	20%
불황	0.2	5%

풀이

이 문제는 경제상황이 호황일 때와 불황일 때의 두 경우로 나누어져 있으므로 호황과 불황이 각각 발생할 확률에 그 각각의 예상수익률을 곱한 값을 더하여 기대수익률을 산출하면 된다.

$$\begin{aligned} E(R) &= P_1R_1 + P_2R_2 + P_3R_3 + \cdots + P_nR_n \\ &= 0.8 \times 20\% + 0.2 \times 5\% \\ &= 16\% + 1\% \\ &= \underline{17\%} \end{aligned}$$

예제 6-2

향후 경제상황이 아래표와 같이 예상된다고 한다. 이 표에 기초하여 기대수익률을 구하라.

경제상황	경제상황 발생확률	예상수익률
호황	0.3	30%
예년수준	0.5	10%
불황	0.2	−5%

풀이

이 문제는 경제상황 시나리오가 3가지로 확장되었을 뿐 문제의 성격은 (예제 6-1)과 동일하므로 (예제 6-1)과 마찬가지로 각각의 시나리오가 발생할 확률에 그 각각의 예상수익률을 곱한 값을 더하여 기대수익률을 산출하면 된다.

$$\begin{aligned} E(R) &= P_1R_1 + P_2R_2 + P_3R_3 + .. + P_nR_n \\ &= 0.3\times30\% + 0.5\times10\% + 0.2\times(-5\%) \\ &= 9\% + 5\% - 1\% \\ &= \underline{13\%} \end{aligned}$$

2. 개별자산의 미래 기대수익률에 대한 위험의 추정

재무에서 위험(risk)이란 미래가치가 증가할지 또는 감소할지 그 변화의 방향과 크기를 알 수 없는 불확실성(uncertainty)을 의미한다. 미래 기대수익률의 위험을 측정한다는 것은 현시점에서 바라본 미래의 기대수익률이 실제 수익률보다 높을 수도 있고 낮을 수도 있는데[1] 그 벗어나는 차이를 통계적으로 추정하는 것을 말한다.

따라서 위험은 미래의 수익률이 기대수익률로부터 얼마나 차이가 나는지, 얼마나 흩어져 있는지를 측정하기 때문에 이를 분산(分散)이라고 한다.[2] 수익률이 기대수익률로부터 분산되는 경우는 기대수익률보다 높은 경우도 있고 낮은 경우도 있어서 그 차이 $\langle R_i - E(R)\rangle$는 (+)값을 가질 수도 있고 (−)값을 가질 수도 있다. 이들을 단순히 더하면 경우에 따라 (+)값과 (−)값이 상쇄되어 그 값이 0 또는 0에 가까워서 수익률이 기대수익률로부터 흩어져 있지 않은 것처럼 오인될 수도 있다. 이러한

1) 여기서 미래의 수익률이 기대수익률보다 높은 경우는 문제가 되지 않는다고 생각하고 미래의 수익률이 기대수익률보다 낮은 경우만 리스크로 인식하는 방법도 있다. 이렇게 측정하는 리스크를 하방위험(downside risk)이라고 한다.

2) 분산은 영어로 variance이고, 이의 약자 Var로 표기한다.

단점을 예방하기 위해 위험을 측정할 때에는 수익률과 기대수익률간 차이의 제곱을 더하여 산출하며 이를 분산이라고 부른다.

- $Var(R) = P_1\{R_1 - E(R)\}^2 + P_2\{R_2 - E(R)\}^2 + \cdots + P_n\{R_n - E(R)\}^2$
  $= \Sigma P_i\{R_i - E(R)\}^2$

위의 식에서 수익률과 기대수익률과의 차이(단위: %)를 제곱하여 분산을 구하면 분산의 단위가 $\%^2$이 된다. 따라서 수익률(단위: %)과 분산(단위: $\%^2$)으로 측정한 위험을 같은 단위로 비교할 수 없다. 이에 따라 분산의 제곱근을 구하여 위험의 단위를 %로 만들어 수익률과 같은 %단위로 비교하는데 이렇게 산출된 분산의 제곱근($\sqrt{Var(R)}$)을 표준편차(standard deviation)라고 하고, S_d 또는 σ로 표기한다.

예제 6-3

향후 경제상황이 앞의 (예제 6-1)과 같을 때 기대위험을 구하라.

경제상황	경제상황 발생확률	예상수익률
호황	0.8	20%
불황	0.2	5%

풀이

이 문제는 기대수익률을 먼저 구하고 이를 이용하여 기대위험을 구해야 한다. 그런데 기대수익률은 (예제 6-1)에서 17%로 이미 구하였으므로 이를 이용한다.
위험은 경제가 호황일 때와 불황일 때 각각의 경우 수익률과 기대수익률과의 차이를 제곱한 후 여기에 그 확률을 곱하여 산출하면 된다.

먼저 분산은,

$$Var(R) = P_1\{R_1 - E(R)\}^2 + P_2\{R_2 - E(R)\}^2$$

$$= 0.8\times(20\%-17\%)^2 + 0.2\times(5\%-17\%)^2$$
$$= 0.8\times9\%^2 + 0.2\times144\%^2$$
$$= 7.2\%^2 + 28.8\%^2 = \underline{36\%^2}$$

이제 이 분산의 제곱근을 구하면 표준편차가 된다.

$$\sigma = \sqrt{36\%^2} = \underline{6\%}$$

예제 6-4

향후 경제상황이 (예제 6-2)와 같을 때 기대위험을 구하라.

경제상황	경제상황 발생확률	예상수익률
호황	0.3	30%
예년수준	0.5	10%
불황	0.2	−5%

풀이

이 문제는 경제상황 시나리오가 3가지로 확장되었을 뿐 문제의 성격은 동일하므로 (예제 6-3)과 마찬가지로 기대수익률을 먼저 구하고 이를 이용하여 기대위험을 구해야 한다. 기대수익률은 (예제 6-2)에서 이미 13%로 구하였으므로 이를 이용한다.

기대위험은 (예제 6-3)에서 말한 바와 같이 시나리오별로 각각의 경우 수익률과 기대수익률과의 차이를 제곱한 후 여기에 그 확률을 곱하여 분산을 산출한 후 이의 제곱근을 구하면 된다.

$$Var(R) = P_1\{R_1 - E(R)\}^2 + P_2\{R_2 - E(R)\}^2 + P_3\{R_3 - E(R)\}^2$$
$$= 0.3\times(30\%-13\%)^2 + 0.5\times(10\%-13\%)^2 + 0.2\times(-5\%-13\%)^2$$
$$= 0.3\times289\%^2 + 0.5\times9\%^2 + 0.2\times324\%^2$$
$$= \underline{156\%^2}$$

$$\sigma = \sqrt{156\%^2} = \underline{12.5\%}$$

3. 위험 프리미엄(risk premium)

위험자산에 투자를 유치하기 위해서는 위험자산 투자로 인해 향후 감내해야 할 불확실성에 대해 안전자산에 투자하는 경우보다 더 높은 수익률을 보상해야만 할 것이다. 이 경우 위험자산과 안전자산의 수익률 차이를 위험 프리미엄이라 한다.

일반적으로 안전자산 수익률로는 단기국채 수익률을 사용하고 있으며 시장에서는 이를 무위험수익률(risk - free rate of return)이라 한다. 여기서 무위험수익률의 무위험의 의미는 부도가 발생할 가능성 즉, 신용리스크가 거의 없다는 의미이다. 이자율의 변동으로 인한 채권가치의 변동가능성은 여전히 남아 있음에 유의해야 한다.

II. 포트폴리오의 기대수익률과 위험

1. 포트폴리오의 기대수익률

포트폴리오란 여러 개의 자산으로 결합된 자산의 집합을 말한다. 기업재무에서 포트폴리오는 주로 금융자산을 여러 가지 증권에 분산투자하는 것을 의미하는데 그 이유는 이러한 분산투자를 통해 기대수익을 떨어뜨리지 않으면서도 기대수익의 위험은 감축할 수 있기 때문이다.

포트폴리오의 기대수익률은 개별자산의 기대수익률을 구할 때와 같은데, 각 자산의 기대수익률에 각 자산의 가중치를 곱한 값을 더하면 된다.

예제 6-5

경제상황별 주식A와 주식B의 기대수익률이 아래와 같을 때, 이 포트폴리오의 기대수익률을 구하라.(단, 주식A의 투자가중치는 60%이고 주식B는 40%이다.)

경제상황	경제상황 발생확률	주식A의 수익률	주식B의 수익률
호황	0.6	20%	8%
불황	0.4	10%	15%

풀이

이 문제는 우선 주식A의 기대수익률 $E(R_A)$과 주식B의 기대수익률 $E(R_B)$을 먼저 구하고 여기에 각각의 가중치를 곱하여 포트폴리오의 기대수익률 $E(R_p)$을 구하면 된다.

$$E(R_A) = 0.6 \times 20\% + 0.4 \times 10\%$$
$$= 12\% + 4\% = 16\%$$

$$E(R_B) = 0.6 \times 8\% + 0.4 \times 15\%$$
$$= 4.8\% + 6\% = 10.8\%$$

$$E(R_p) = 0.6 \times 16\% + 0.4 \times 10.8\%$$
$$= \underline{13.9\%}$$

2. 포트폴리오의 위험

포트폴리오의 위험은 개별자산의 경우와 마찬가지로 포트폴리오 기대수익률의 분산(%^{2}) 또는 표준편차(%)로 측정한다. 그런데 포트폴리오는 여러 개의 자산으로 구성되었기 때문에 포트폴리오의 분산을 구하기 위해서는 각 자산들 상호간 공분산과 상관계수의 개념을 이해해야 한다.

우선 자산이 두 개로 구성된 포트폴리오의 위험을 측정해보자. (자산의 개수가 늘어나면 동일한 원리를 적용하면 될 것이다.) 두 자산 A, B에 각각 W_A, W_B의 가중치로 투자된 포트폴리오의 분산은 아래와 같이 나타낼 수 있다.

- $Var(W_A \times A + W_B \times B)$
$$= E\{W_A \times A + W_B \times B - E(W_A \times A + W_B \times B)\}^2$$
$$= E\{W_A \times A - E(W_A \times A) + W_B \times B - E(W_B \times B)\}^2$$
$$= E\{W_A \times \{A - E(A)\} + W_B \times \{B - E(B)\}\}^2$$
$$= E\{W_A^2\{A - E(A)\}^2 + W_B^2\{B - E(B)\}^2$$
$$+ 2\{W_A\{A - E(A)\}\}\{W_B\{B - R(B)\}\}\}$$

$$= W_A^2 \times E\{A - E(A)\}^2 + W_B^2 \times E\{B - E(B)\}^2$$
$$+ 2W_A W_B \times E\{A - E(A)\}\{B - E(B)\}$$
$$= W_A^2 \times Var(A) + W_B^2 \times Var(B) + 2W_A W_B \times Cov(A, B)$$
$$= W_A^2 \times Var(A) + W_B^2 \times Var(B) + 2W_A W_B \times \rho_{AB}\sigma_A\sigma_B$$

여기서, $Var(A)$는 자산A의 분산, $Var(B)$는 자산B의 분산,
$Cov(A, B)$는 자산A와 자산B의 공분산,
ρ_{AB}는 자산A와 자산B의 상관계수,
σ_A는 자산A의 표준편차, σ_B는 자산B의 표준편차

공분산$\{Cov(A, B)\}$ 즉, $E\{A - E(A)\}\{B - E(B)\}$는 두 자산 A, B의 수익률이 각각 그 자산의 기대수익률에 비해 증가(+) 방향 또는 감소(−) 방향의 어느 방향으로 벗어나 있는지를 보여준다.

$E\{A - E(A)\}\{B - E(B)\}$에서 $E\{A - E(A)\}$와 $E\{B - E(B)\}$는 각각 (+)와 (−)값을 가질 수 있기 때문에 그 곱의 값 역시 (+) 또는 (−)의 두 가지의 부호를 가질 수 있다.

$E\{A - E(A)\}\{B - E(B)\}$의 값이 (+)라는 것은 $E\{A - E(A)\}$와 $E\{B - E(B)\}$의 값이 모두 (+)이거나 모두 (−)임을 의미하므로 두 자산의 수익률이 기대수익률에 비해 같이 높아지거나 같이 낮아짐으로써 같은 방향으로 움직인다는 것을 의미한다.

$E\{A - E(A)\}\{B - E(B)\}$의 값이 (−)라는 것은 $E\{A - E(A)\}$와 $E\{B - E(B)\}$의 부호가 하나가 (+)이면 다른 하나는 (−), 또는 그 반대의 경우로서 서로 반대임을 의미한다. 이는 곧 한 자산의 수익률이 기대수익률보다 높아지면 다른 자산의 수익률은 기대수익률보다 낮아짐으로써 서로 반대 방향으로 움직인다는 것이다.

공분산은 두 자산 A, B의 수익률이 각각 기대수익률에 비해 증가 방향 또는 감소 방향의 어느 방향으로 벗어나 있는지를 보여준다. 그러

나 여러 개의 공분산 수치가 있을 경우 그 공분산을 산출하는 변수들의 단위가 다르면(예: 원, 달러, %, km, kg 등) 그 공분산의 수치만으로 증가 또는 감소 방향의 상대적 크기를 비교할 수 없는 한계가 있다. 이러한 점을 해소하고자 공분산을 두 변수의 표준편차로 나눈 상관계수를 이용한다. 상관계수는 $-1 \sim +1$의 범위에서 값을 갖기 때문에 두 변수들간의 관계의 상대적 크기를 비교할 수 있다.

- $\rho_{AB} = \dfrac{Cov(A, B)}{\sigma_A \cdot \sigma_B}$

따라서 공분산은 두 자산의 상관계수와 표준편차의 곱으로 나타낼 수 있다.

- $Cov(A, B) = \rho_{AB} \cdot \sigma_A \cdot \sigma_B$

이상의 내용을 이용하면 포트폴리오의 위험으로서 포트폴리오의 분산을 아래와 같이 간단하게 표시할 수 있다.

- $$\begin{aligned} \sigma_P^2 &= w_1^2 (\sigma_A)^2 + w_2^2 (\sigma_B)^2 + 2 w_1 w_2 \cdot Cov(A, B) \\ &= w_1^2 (\sigma_A)^2 + w_2^2 (\sigma_B)^2 + 2 w_1 w_2 \cdot \rho_{AB} \cdot \sigma_A \cdot \sigma_B \end{aligned}$$

예제 6-6

향후 경제상황이 (예제 6-5)와 같을 때 포트폴리오의 위험을 측정하라.

경제상황	경제상황 발생확률	주식A의 수익률	주식B의 수익률
호황	0.6	20%	8%
불황	0.4	10%	15%

풀이

이 문제는 주식A의 분산〈$Var(A)$, 또는 $(\sigma_A)^2$〉, 주식B의 분산〈$Var(B)$, 또는 $(\sigma_B)^2$〉 그리고 주식A와 주식B의 공분산〈$Cov(A, B)$〉를 각각 구한 후 이들을 이용하여 포트폴리오의 분산을 구하는 문제이다.

(예제 6-5)의 풀이에서 A의 기대수익률 16%, B의 기대수익률 10.8%, 포트폴리오의 기대수익률 13.92%는 이미 구한 바 있다.

① 주식A의 분산 $(\sigma_A)^2 = (20\%-16\%)^2 \times 0.6 + (10\%-16\%)^2 \times 0.4$
$= 16\%^2 \times 0.6 + 36\%^2 \times 0.4$
$= 24\%^2$

따라서 주식A의 표준편차$(\sigma_A) = \sqrt{24\%^2} = 4.9\%$

② 주식B의 분산 $(\sigma_B)^2 = (8\%-10.8\%)^2 \times 0.6 + (15\%-10.8\%)^2 \times 0.4$
$= 7.84\%^2 \times 0.6 + 17.64\%^2 \times 0.4$
$= 11.8\%^2$

따라서 주식B의 표준편차$(\sigma_B) = \sqrt{11.8\%^2} = 3.4\%$

③ 두 주식 A와 B의 공분산 $\{Cov(A, B)\}$
$= E\{R_A - E(R_A)\} \cdot E\{R_B - E(R_B)\}$
$= (20\%-16\%)(8\%-10.8\%) \times 0.6 + (10\%-16\%)(15\%-10.8\%) \times 0.4$
$= -6.72\%^2 + (-10.08\%^2) = -16.8\%^2$

④ 포트폴리오의 분산 $Var(W_A \cdot R_A + W_B \cdot R_B)$
$= W_A^2 \cdot Var(A) + W_B^2 \cdot Var(B) + 2 W_A W_B \cdot Cov(A, B)$
$= 0.6^2 \cdot 24\%^2 + 0.4^2 \cdot 11.8\%^2 + 2 \cdot 0.6 \cdot 0.4 \cdot (-16.8\%^2)$
$= \underline{2.46\%^2}$

따라서 포트폴리오의 표준편차 $(\sigma_p) = \sqrt{2.457\%^2} = \underline{1.6\%}$

참고로 두 주식 A, B간의 상관계수를 구해보면,

$\rho_{AB} = \frac{Cov(A, B)}{\sigma_A \cdot \sigma_B} = \frac{-16.8}{4.9 \times 3.4} = -1.0$이 된다.

문제의 조건에서 주식A의 예상수익률은 호황일 경우 높고 불황일 경우 낮은 반면, 주식B의 예상수익률은 호황일 경우 낮고 불황일 경우 높아서 경기상황에 따라 주식A와 주식B의 예상수익률이 각각 기대수익률에 비해 높아지거나 낮아지는 방향이 반대방향임을 알 수 있는데 이를 상관계수 −1이 명확하게 보여주고 있다.

예제 6-7

포트폴리오의 조건이 아래와 같을 때 기대위험을 구하라.

구분	주식A	주식B
투자가중치	0.6	0.4
기대수익률	24.0%	12.0%
표준편차	8.0%	5.0%
상관계수	0.4	

풀이

이 문제는 주식A와 주식B의 표준편차와 상관계수가 주어졌기 때문에 아래와 같이 포트폴리오의 분산과 표준편차를 산출할 수 있다.

$$\begin{aligned}\sigma_p^2 &= w_A^2(\sigma_A)^2 + w_B^2(\sigma_B)^2 + 2w_A w_B \cdot Cov(A, B)\\ &= w_A^2(\sigma_A)^2 + w_B^2(\sigma_B)^2 + 2w_A w_B \cdot \rho_{A,B} \cdot \sigma_A \cdot \sigma_B\\ &= 0.6^2(8\%)^2 + 0.4^2(5\%)^2 + 2\times 0.6\times 0.4\times 0.4\times 8\%\times 5\%\\ &= 34.7\%^2\end{aligned}$$

$$\rho_p = \sqrt{34.7\%^2} = 5.9\%$$

3. 포트폴리오의 분산투자효과

포트폴리오는 여러 개의 자산으로 구성되어서 분산투자 효과로 인해 위험을 감축할 수 있다. 여기서 포트폴리오의 위험은 포트폴리오에 내재된 총위험이며 이 총위험은 체계적 위험과 비체계적 위험으로 구분될 수 있다.

체계적 위험(systematic risk)은 증권시장 전체[3]를 의미하는 시스템(system)에 관한 위험(risk)이란 뜻에서 유래되었다. 예를 들어 오일쇼크로 인해 전세계적으로 유가가 급등하거나, 글로벌 금융위기의 여파로 세계경제가 전반적으로 후퇴하는 경우 등의 포트폴리오의 가치 하락은 증권시장 전체(system)가 영향을 받는 것으로 systematic risk[4]의 일종이다. 여기서 이 system이 '체계'로 번역되면서 systematic risk가 체계적 위험으로 이해되고 있다.

비체계적 위험(unsystematic risk)은 개별기업에 관한 리스크로서 개별기업의 기술력, 노사관계, 네트워크 등 여러 요인들이 주가 하락에 영향을 미칠 리스크를 말한다. 이러한 리스크 요인들은 각 기업마다 독특하기 때문에 동일한 요인이라 할지라도 이 요인이 어느 기업의 주가에는 상승요인으로 작용하고 다른 어느 기업의 주가에는 하락요인으로 작용할 수 있다. 따라서 여러 기업의 주식을 섞어서 투자하는

---

3) 체계적 위험은 증권시장 전체에 걸친 위험이라는 뜻에서 시장위험(market risk)이라고도 한다.

4) 거시경제학에서도 시스템 리스크(system risk)라는 용어를 사용하지만 기업재무에서 사용하는 체계적 위험(systematic risk)과는 의미가 다르다. 거시경제학에서의 system risk란 개별 금융기관의 부도가 연쇄적으로 다른 금융기관의 부도로 이어짐으로써 금융시스템(financial system) 전체가 부도 위기(default risk)에 직면하고 결제기능이 와해될 가능성을 의미한다. 이 경우 중앙은행은 발권력을 동원하여 부도위기에 직면한 금융기관을 지원함으로써 금융시스템 전체의 와해위기를 예방할 수 있는데, 이를 중앙은행의 최종대부자(the lender of the last resort) 기능이라고 부른다.

경우 특정요인에 대해 서로 다른 성격을 가진 기업들의 주가가 상승 또는 하락으로 반응하는 방향이나 정도가 달라서 리스크를 감축할 수 있으며 리스크 감축효과는 분산투자하는 주식의 수가 증가할수록, 또한 주식들간 예상수익률의 상관관계가 작을수록 커진다.

체계적 위험은 시장 전체에 관련된 위험으로서 분산투자에 의해서도 감축할 수 없는 위험이다. 그런데 증권시장이란 증권들의 총체적 집합을 의미하므로 시장 전체의 체계적 위험도 결국 개별증권의 체계적 위험이 모여서 이루어진 것이며 각 증권이 증권시장에서 차지하는 중요도가 클수록 이 증권의 체계적 위험이 시장 전체의 체계적 위험에서 차지하는 중요도도 커진다. 이러한 관점에서 개별증권의 수익률이 시장 전체의 수익률에 얼마나 민감하게 반응하는지를 나타내는 민감도(sensitivity) 지수가 개발되었는데, 이 지수는 개별증권의 수익률과 시장수익률간의 공분산이 시장전체 수익률의 분산에서 차지하는 비중으로 산출하며 이를 베타(β)라고 부른다.

▪ $$\beta_i = \frac{Cov(R_i, R_M)}{\sigma_M^2} = \frac{\rho(i, M) \cdot \sigma_i \cdot \sigma_M}{\sigma_M^2} = \rho(i, M) \cdot \frac{\sigma_i}{\sigma_M}$$

위의 식에서 보듯이 개별주식의 예상수익률과 시장의 예상수익률간의 상관계수가 클수록, 또한 개별주식 예상수익률의 위험이 시장 예상수익률의 위험에서 차지하는 중요도가 클수록 개별주식의 베타는 커진다. 개별주식의 베타가 크다는 것은 시장수익률이 변동할 때 이 주식 수익률의 변동성이 크다는 것을 의미한다. 만일 어느 주식의 $\beta=1$이면, 증권시장 전체(예: KOSPI)의 평균수익률이 1% 상승하면 이 주식의 수익률도 1% 상승한다는 의미이다. 만일 어느 주식의 $\beta=2$이면, 증권시장 전체의 평균수익률이 1% 상승하면 이 주식의 수익률은 2% 상승한다는 의미이다. 또 만일 어느 주식의 $\beta = -1$이면, 증권시장 전체의 평균수익률이 1% 상승하면 이 주식의 수익률은 1% 하락한다는 의미이다.

한편 포트폴리오의 베타는 포트폴리오를 구성하는 각 주식의 베타를 가중평균하여 산출한다. 예를 들어 증권A와 증권B에 각각 50%씩 분산 투자한 경우 A의 베타(β_A)가 0.8이고 B의 베타(β_B)가 1.8이라면, 포트폴리오의 베타(β_p)는 아래와 같이 산출한다.

$$\begin{aligned}\beta_p &= 0.5\times\beta_A + 0.5\times\beta_B \\ &= 0.5\times0.8 + 0.5\times1.8 = 1.3\end{aligned}$$

4. 자본시장에서의 최적 투자선택

4.1. 자본시장의 포트폴리오와 자본시장선

자본시장에는 무위험자산(risk free asset)과 위험자산(risky asset)이 존재하며 투자자는 본인의 위험 선호도(risk preference)에 따라 무위험자산과 위험자산의 구성을 달리하여 포트폴리오를 구성한다.

[그림 6.1]을 이용하여 자본시장의 포트폴리오를 이해해보자.
그래프의 가로방향 횡축은 자본시장 포트폴리오 전체 수익률의 위험, $\sigma(R_p)$을 나타내고 있다. $\sigma(R_p)$에서 σ는 위험을 나타내는 표준편차를, R은 수익률을 의미하며, R_p의 아래첨자 p는 포트폴리오(portfolio)를 의미한다.
그래프의 세로방향 종축은 자본시장 포트폴리오 전체의 기대수익률, $E(R_p)$을 나타내고 있다. $E(R_p)$에서 E는 expected value로서 수학적

그림 6.1 자본시장선

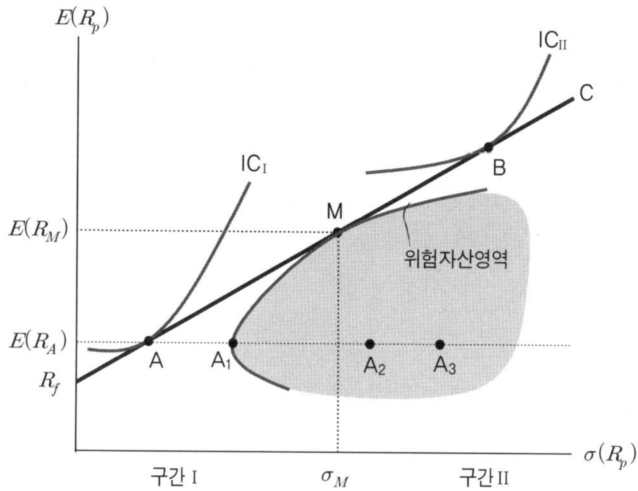

기대치를 의미한다. 종축의 절편에 위치한 R_f는 무위험자산[5]의 기대수익률과 위험 수준을 나타낸다. 위험자산의 영역에는 수많은 위험자산이 존재하며 이들 자산 사이에는 동일한 위험조건에서는 기대수익이 높은 자산을, 동일한 기대수익 조건에서는 위험이 낮은 자산을 선택하게 된다.[6]

M에서는 포트폴리오의 위험이 시장위험 σ_M이고, 기대수익이 시장의 기대수익 $E(R_M)$임을 의미한다. 소첨자 M은 market으로 시장전체를 의미한다. 따라서 M은 위험자산으로 구성된 시장 포트폴리오를 의미

5) 여기서 무위험자산이란 어느 자산의 예상수익률(R)이 미래 시장상황이 변하여도 통계적으로 기대수익률 $E(R)$로부터 벗어날 가능성이 없다는 것을 의미하며, 확정된 이자율로 이자를 지급하는 정기예금을 그 예로 들 수 있다. 통상적으로 무위험자산의 대용변수로 예시되고 있는 국채는 시장금리의 등락에 따라 가치변동 가능성에 항상 열려 있어서 예상수익률이 기대수익률로부터 벗어날 수 있다.

6) 기업재무에서는 이를 지배원리라고 부른다.

하며, 이 M에서 시장 포트폴리오의 위험이 σ_M이고 시장 포트폴리오의 기대이익은 $E(R_M)$이다.

R_f와 M을 연결하면 무위험자산과 위험자산으로 최적의 시장 포트폴리오를 구성할 수 있다. 그 이유는 위의 그림에서 R_fMC선 아래의 어느 점에서도 동일한 위험 $\sigma(R_p)$를 부담하면서, R_fMC선상의 점보다 더 높은 기대수익 $E(R_p)$을 기대할 수 없기 때문이다. R_fMC선을 자본시장선이라 부르는데 자본시장에서의 효율적 투자상태를 연결한 선이라는 의미이다

구간I에서 투자자는 M에 비해 낮은 수익을 기대하는 대신 위험도 작게 부담한다. 따라서 구간I의 투자자는 방어적 투자자에 해당한다. 이를 투자자의 위험과 기대수익에 대한 무차별곡선을 이용하여 설명할 수 있다. 방어적 투자자의 무차별곡선은 가파르게 우상향하는 곡선형태이다. 왜냐하면 방어적 투자자의 경우 부담해야 할 위험이 조금만 증가하더라도 이를 보상하기 위해 기대수익률이 크게 높아져야 하기 때문이다. 이처럼 가파르게 우상향하는 무차별곡선은 구간I에서, 예를 들어 점A에서 R_fMC선과 접할 수 있으나, 구간II에서는 R_fMC선과 접하지 않는다. 이러한 방어적 투자자는 투자자금을 무위험자산과 위험자산에 분산투자한다. 이에 따라 방어적 투자자의 포트폴리오는 기대수익률과 위험이 자산을 모두 위험자산에 투자하는 시장 포트폴리오(M)의 경우에 비해 낮다.

구간II에서 투자자는 M에 비해 더 높은 수익을 기대하면서 위험도 더 크게 부담한다. 따라서 구간II의 투자자는 공격적 투자자에 해당된다고 하겠다. 공격적 투자자의 무차별곡선은 완만하게 우상향하는 곡선형태인데, 이는 공격적 투자자의 경우 기대수익이 조금만 증가하여

그림 6.2 두 가지 무차별곡선

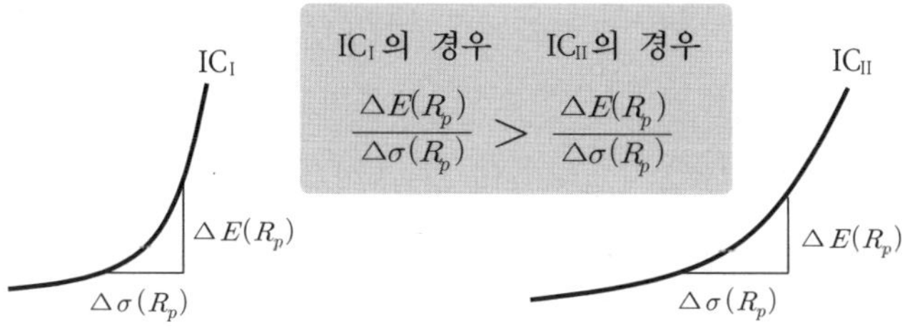

도 위험을 더 크게 부담할 의지가 있기 때문이다. 이처럼 완만하게 우상향하는 무차별곡선은 구간II에서, 예를 들어 점B에서 R_fMC선과 접할 수 있으나, 구간I에서는 R_fMC선과 접하지 않는다. 이러한 공격적 투자자는 위험자산에 점M의 경우보다 더 많이 투자해서 더 높은 수익을 기대하면서 더 큰 위험을 부담한다. 이는 곧 무위험자산을 차입해서 기대수익과 위험이 더 높은 위험자산에 투자한다는 의미이다.

R_fMC선은 무위험자산(R_f)과 위험자산의 효율적인 시장 포트폴리오(M)을 연결한 선이다. R_fMC선은 무위험자산과 위험자산으로 구성된 자본시장에서 효율적인 투자기회를 나타내는 선이라는 의미에서 자본시장선(capital market line; CML)으로 부른다. 이 선의 식을 수학적으로 표현하면 다음과 같다.

- $$E(R_p) = R_f + \left\{ \frac{E(R_M) - R_f}{\sigma_M} \right\} \cdot \sigma(R_p)$$

여기서 $E(R_p)$: 포트폴리오의 기대수익률,
R_f : 무위험 이자율(차입, 대출시 같은 이자율 전제),
$E(R_M)$: 시장 포트폴리오 M의 기대수익률,
σ_M : 시장 포트폴리오 M의 수익률의 위험(표준편차),
$\sigma(R_p)$: 개별 포트폴리오 수익률의 위험(표준편차)

위의 식은 R_fMC선이 직선이므로 $y = a + bx$의 1차함수식으로 나타낼 수 있다. 여기서 y는 종축의 값으로서 $E(R_p)$에 해당하며 x는 횡축으로서 $\sigma(R_p)$에 해당한다. a는 종축의 절편이므로 R_f에 해당하고 b는 1차함수의 기울기이므로 (△종축의 값/△횡축의 값)이다. R_f에서 M까지의 구간에서 △종축의 값은 $\langle E(R_M) - R_f \rangle$이고 △횡축의 값은 σ_M이므로 기울기는 $\frac{E(R_M) - R_f}{\sigma_M}$이 된다.

자본시장선의 기울기 $\frac{E(R_M) - R_f}{\sigma_M}$은 시장 포트폴리오에 투자하여 무위험자산($R_f$)에 비해 얻을 수 있는 초과수익 $\langle E(R_M) - R_f \rangle$을 시장 포트폴리오 수익률의 위험 σ_M으로 나눈 값이다. 이는 곧 시장 포트폴리오에 투자해서 위험을 1단위 추가로 부담함으로써 얻을 수 있는 초과수익을 의미한다. 효율적인 투자자들은 동일한 기대수익하에서는 위험부담을 최소화하려고 한다. 이 경우 위험자산에 투자하도록 하려면 그 투자로 인해 추가로 부담하는 위험을 보상할 수 있는 추가적인 기대수익을 제공해야만 할 것이다. 이러한 의미에서 자본시장선의 기울기인 $\frac{E(R_M) - R_f}{\sigma_M}$을 재무관리에서는 위험 보상비율 또는 위험 프리미엄(risk premium)이라고 부른다.

자본시장선 R_fMC는 무위험자산과 효율적 위험자산 포트폴리오를 결합한 R_fMC선 아래에 있는 비효율적 포트폴리오(예: [그림 6.1]의 A_1, A_2, A_3, …)의 균형가격 결정에 대해서는 설명하지 못한다. 그 이유는 자본시장선에서는 위험의 척도로서 위험 포트폴리오 전체의 총위험 $\sigma(R_p)$를 사용하고 있는데 R_fMC선 아래에 있는 비효율적 포트폴리오, 예를 들어 A_1, A_2, A_3, … 등은 기대수익률은 모두 $E(R_A)$로 같지만 위험이 각기 다르기 때문이다. 이러한 한계를 극복하기 위해 자본시장선에서 다루는 위험자산의 효율적 포트폴리오뿐만 아니라 비효율적 포트폴리오까지 포함하여 모든 개별 투자자산의 체계적 위험(베타, β)을 이용하여 기대수익률과 위험의 관계를 설명하는 증권시장선이 도입되었다.

4.2. 증권시장선

증권시장선(security market line; SML)은 모든 개별 투자자산의 기대수익을 각 자산의 체계적 위험과의 직선관계로 아래와 같이 설명한다.

▪ $E(R_i) = R_f + \{E(R_M) - R_f\}\times \beta_i$

여기서 $E(R_i)$: 증권 i의 기대수익률,
R_f : 무위험 이자율(차입, 대출시 같은 이자율 전제),
$E(R_M)$: 위험자산으로 구성된 시장 포트폴리오 M의 기대수익률,
β_i : i증권의 베타계수

위의 식은 다음과 같이 설명할 수 있다. SML은 직선이므로 $y = a + bx$의 1차함수식으로 나타낼 수 있다. 여기서 y는 종축의 값으로서 $E(R_i)$에 해당하며 x는 횡축으로서 β_i에 해당한다. a는 종축의 절편이므로 R_f에 해당하고 b는 1차함수의 기울기이므로 (△종축의 값/△횡축의 값)이다. R_f에서 M까지의 구간에서 △종축의 값은 $\langle E(R_M) - R_f \rangle$이고 △횡축의 값은 β_M으로서 시장 포트폴리오의 베타이다. 그런데 시장 포트폴리오의 베타는 시장 포트폴리오 전체의 체계적 위험으로서 전체를 의미하는 값인 1[7]로 정의된다. 따라서 SML선의 기울기 값은 (△종축

7) 각 자산의 체계적 위험인 β_i는 각 자산의 수익률이 시장 포트폴리오 전체 수익률 변동에 얼마나 민감하게 반응하는지를 나타내는 민감도(sensitivity) 지수이며, 여기서 시장 포트폴리오 전체의 위험이 기준이므로 β_M은 1로 정의된다.

의 값/△횡축의 값) $= \frac{E(R_M) - R_f}{1} = \{E(R_M) - R_f\}$가 되고, 구하는 직선의 식은 $E(R_i) = R_f + \{E(R_M) - R_f\} \times \beta_i$가 된다.

여기서 각 자산의 체계적위험인 β_i만을 고려하는 이유는 각 자산의 비체계적 위험은 여러 증권으로 포트폴리오를 구성할 때 증권의 종목수를 늘려 분산투자하면 제거할 수 있기 때문이다.

증권시장선은 특정 개별증권 i의 기대수익률인 $E(R_i)$와 체계적 위험인 β_i의 균형상태를 나타낸다. 따라서 만일 특정 개별증권의 기대수익률이 증권시장선상에 있지 않다면, 이 주식의 가격은 기대수익률과 체계적 위험의 균형상태에 있지 않다는 의미이다. 예를 들어 [그림 6.3]에서 만일 A주식이 A'에 위치한다면 이는 이 주식의 기대수익률이 체계적 위험에 상응한 균형상태(증권시장선 상의 A)보다 높은 상태로서 이 주식의 균형가격이 높은 기대수익률에 비해 저평가된 상태(underpriced)에 있음을 의미한다. 이에 따라 투자자들은 이 주식의 매입을 늘리게 되고 이에 따른 주가상승으로 이 주식의 기대수익률이

그림 6.3 CML과 SML의 비교

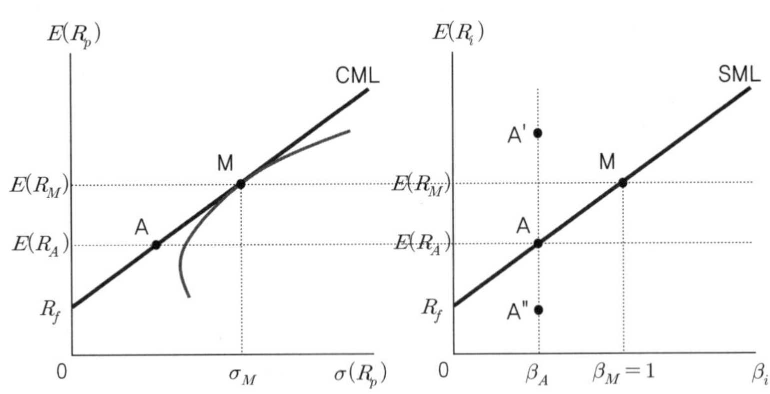

점차 낮아져서 장기적으로는 균형점 A로 수렴하게 된다. 만일 A주식이 A"에 위치한다면 이는 이 주식의 기대수익률이 체계적 위험에 상응한 균형상태(증권시장선 상의 A)보다 낮은 상태로서 이 주식의 균형가격이 높은 기대수익률에 비해 고평가된 상태(overpriced)에 있음을 의미한다. 이에 따라 투자자들은 이 주식의 매도를 늘리게 되고 이에 따른 주가하락으로 이 주식의 기대수익률이 점차 높아져서 장기적으로는 균형점 A로 수렴하게 된다.

증권시장선은 재무관리에서 여러 방면으로 응용이 가능하다.

응용 1 투자안의 요구수익률 산출

증권시장선은 개별주식의 기대수익률인 $E(R_i)$와 체계적 위험인 β_i의 균형상태를 의미하므로 주식투자자 입장에서는 투자한 개별증권의 수익률이 이 수준은 되어야 한다는 요구수익률을 의미한다. 기업입장에서는 주식을 발행하여 조달한 자금으로 시설투자를 할 경우 이 수준의 수익은 내야 한다는 요구수익률을 의미할 수 있다. 따라서 투자안의 기대수익률이 이 증권투자선이 나타내는 요구수익률보다 높을 경우 그 투자안은 채택해도 좋다는 의미가 된다.

예를 들어 무위험이자율 $R_f = 2\%$, 시장 포트폴리오의 기대수익률 $E(R_M) = 5\%$라고 할 때, 3종류의 주식A, B, C의 개별 기대수익률 $E(R_i)$와 베타계수 β_i가 각각 다음과 같다면 이 주식들은 투자가치가 있는지 여부를 평가해 보자.

	주식A	주식B	주식C
기대수익률 $E(R_i)$	8%	6%	4%
베타계수 β_i	2.0	1.0	0.8

각 주식의 요구수익률을 $R_i = R_f + \{E(R_M) - R_f\} \times \beta_i$로 산출한 후 주어진 기대수익률과 비교하여 투자여부를 판단하면 된다.

① $R_A = R_f + \{E(R_M) - R_f\} \times \beta_A$

$= 2\% + (5\% - 2\%) \times 2.0 = 8\%$

→ 주식A는 요구수익률 8%가 기대수익률 8%와 같은 수준이므로 이 주식을 매입하면 이익이나 손실을 기대할 것이 없다.

② $R_B = R_f + \{E(R_M) - R_f\} \times \beta_B$

$= 2\% + (5\% - 2\%) \times 1.0 = 5\%$

→ 주식B의 요구수익률은 5%이고 기대수익률이 6%로 보다 높으므로 이 주식은 매입가치가 있다고 하겠다.

③ $R_C = R_f + \{E(R_M) - R_f\} \times \beta_C$

$= 2\% + (5\% - 2\%) \times 0.8 = 4.4\%$

→ 주식C는 요구수익률 4.4.%에 비해 기대수익률 4%가 낮으므로 이 주식은 매입할 가치가 없다.

응용 2 주식가치의 과대평가 또는 과소평가 여부 판별

특정주식의 과거 자료로부터 추정한 기대수익률과 베타계수를 이용하여 이 증권의 과대평가 또는 과소평가 여부를 판별할 수 있다. 예를 들어 살펴보자. A주식의 과거 자료로부터 추정한 기대수익률 $E(R_A)=$ 9%, 베타계수 $\beta_A=0.7$, 무위험이자율 $R_f=3\%$, 시장 포트폴리오의 기대수익률$E(R_M)=6\%$ 라고 가정하자.

이 경우 A주식의 요구수익률은 $R_A = R_f + \{E(R_M) - R_f\}\times\beta_A$로부터 3% + (6%−3%)×0.7 = 5.1%임을 알 수 있다.

그런데 A주식의 과거 자료로부터 추정한 기대수익률 $E(R_A)=9\%$가 요구수익률 5.1%보다 높으므로 이 주식은 증권시장선의 균형상태에 비해 3.9%p 높고 또한 그만큼 저평가되어 있으므로 투자가치가 있다고 하겠다.

응용 3 위험부채의 베타 추정

① 위험조정 할인율의 산출

특정기업이 발행한 채무인 회사채는 유통시장에서 할인형식으로 거래되며 이 할인율은 아래와 같이 이 채권을 매입할 때의 만기이자율 i로 결정된다.

- 매입가격 $PV_t=\dfrac{C}{(1+i_t)^1}+\dfrac{C}{(1+i_t)^2}+\dfrac{C}{(1+i_t)^3}+\cdots$

$$+\frac{C}{(1+i_t)^n}+\frac{F}{(1+i_t)^n}$$

예를 들어 만일 A기업이 발행한 회사채가 액면가 1,000만원, 3년간 매년말 100만원씩 이자를 지급하는데 현재 시장가격이 952만원에 형성되어 있다고 할 때, 이 회사채의 이자율(i)은 아래의 산식을 만족시키는 12%가 될 것이다.

$$952\text{만원} = \frac{100\text{만원}}{(1+i)^1} + \frac{100\text{만원}}{(1+i)^2} + \frac{100\text{만원}}{(1+i)^3} + \frac{1{,}000\text{만원}}{(1+i)^3}$$

그런데 만일 이 기업의 부도 가능성이 증가하여 이로 인한 손실 가능성을 감안하면 만기때 회수할 금액이 1,000만원이 아니라 950만원으로 감소할 것으로 추정된다고 가정하자. 이 경우 이자율(i)은 10.5%로 계산된다.

현재 952만원을 투자하면 향후 3년간 매년말 100만원, 100만원, 100만원의 이자와 3년후 채권대금으로 1,000만원이 아닌 950만원이 유입될 때 그 현재가치를 합하여 수익률을 계산하면 기대수익률이 10.5%가 된다는 의미이다. 이 10.5%가 이 기업의 부도 가능성을 감안할 때의 위험조정 할인율이 된다.

② 위험조정 할인율을 이용한 기업의 베타 추정

위에서 구한 위험조정 할인율 10.5%를 기대수익률로 이용해서 기업부채의 위험을 감안한 베타를 추정할 수 있다.

R_f가 8%, $E(R_M)$이 14%라면, $E(R_i) = R_f + \{E(R_M) - R_f\} \times \beta_i$에서

$$\beta_i = \frac{\{E(R_i) - R_f\}}{\{E(R_M) - R_f\}} = \frac{(10.5\% - 8\%)}{(14\% - 8\%)} = 0.4\text{가 된다.}$$

응용 4 자기자본비용의 추정

증권시장선을 이용하여 기업의 자기자본비용을 추정할 수 있다.

$$E(R_i) = k_i^e = R_f + \{E(R_M) - R_f\} \times \beta_i^e \text{ 에서}$$ [8]

만일 $R_f = 3\%$, $E(R_M) = 5\%$, $\beta_i^e = 1.4$라면, i 기업의 자기자본비용 추정치 k_i^e는 5.8%임을 알 수 있다.

$$E(R_i) = k_i^e = 3\% + (5\% - 3\%) \times 1.4 = 5.8\%$$

응용 5 위험자산의 가치평가

신규 투자안에 대한 투자결정시 적용되는 할인율은 위험수준에 따라 달라진다.

① 위험이 전혀 없는 투자안의 경우에는 무위험 이자율을 적용한다.

② 위험의 성격이 기업 총위험과 같고 신규 투자안의 자본조달이 기존 자본구조와 동일한 경우에는 가중평균 자본비용을 적용한다. 가중평균 자본비용(weighted average cost of capital; WACC)은 부채와 자기자본의 구성비율을 가중치로 사용하여 평균한 자본비용이다.

$$WACC = k_d(1-t) \times \frac{D}{D+E} + k_e \times \frac{E}{D+E}$$

여기서, k_d : 부채의 자본비용, k_e : 자기자본의 자본비용,
D: 부채(debt), E: 자기자본(equity), t : 세율

---

8) 위첨자 e는 추정치(expected value)라는 의미이다.

WACC는 기업의 기회자본비용이므로 자본예산 투자안의 순현재가치 측정시에도 할인율로 이용된다.

예를 들어 살펴보자. A기업의 영업이익(EBIT)이 매년 50억원, 이자지급액(interest; I)이 매년 5억원, 주주의 요구수익률(k_e)이 15%, 이자율이 5%라고 가정하고 아래 사항을 계산해보자.

1) 자기자본가치 :

$$E=(EBIT-I)/k_e=(50\text{억원}-5\text{억원})/0.15 = 300\text{억원}$$

2) 부채가치 :

$$D=I/k_d = 5\text{억원}/0.05 = 100\text{억원}$$

3) 가중평균자본비용 :

$$WACC = k_d(1-t)\times\frac{D}{D+E}+k_e\times\frac{E}{D+E}$$

$$=0.05\times\frac{100}{100+300}+0.15\times\frac{300}{100+300}$$

$= 12.5\%$가 된다.(세금은 없는 것으로 가정했다.)[9]

9) 세금의 효과에 대해서는 제8장 140쪽의 〈법인세가 있을 경우의 부채사용과 기업가치〉 파트에서 자세히 살펴볼 것이다.

제 7 장

프로젝트의 타당성 평가

앞서 기업재무의 가장 기초적인 개념인 금융자산의 가치평가와 위험이 얼마나 중요한지에 대해 알아보았다. 이제 이러한 기초개념을 실제 적용하는 연습을 할 차례가 되었다.

우리 앞에 어떤 사업 프로젝트가 놓여 있다. 우리는 이 사업을 수행할지 말지 결정을 내려야 한다. 그렇다면 우리는 우리에게 주어진 모든 정보를 활용하여, 이 프로젝트가 중도에 좌초하지 않고 완결될 수 있을지, 완성되고 난 뒤에 수익을 낼 수 있을지, 수익이 나더라도 우리가 투자한 비용을 초과하는지 여부 등을 미리 판단하여야만 한다.

이제 이번 장에서는 사업 프로젝트의 구체적인 평가방식에 대해 공부할 것이다. 짐작하다시피 기업재무는 상상 속의 학문이 아니라, 실상에서 맞부딪치는 문제를 해결하는 무기이다.

I. 프로젝트의 타당성 평가방법

기업은 신규사업을 추진하기에 앞서 그 사업추진의 경제적 타당성을 먼저 평가하게 된다. 사업추진의 경제적 타당성 평가란 그 사업의 추진을 위해 투입되는 자본과 비용의 현재가치보다 그 사업으로부터 유입되는 현금흐름의 현재가치가 큰지를 평가하는 것이 핵심이다.

1. 순현재가치법

순현재가치법(net present value; NPV)은 사업수행 후 유입이 예상되는 현금흐름의 현재가치에서 사업에 소요되는 자본 또는 비용의 현재가치를 차감한 순현재가치가 양(+)인 경우 그 사업을 추진할 가치가 있다고 평가하는 방법이다.

▪ $$NPV = \frac{\sum CI_t}{(1+i)^t} - \frac{\sum CO_t}{(1+i)^t}$$

여기서, CI_t : cash inflow at t, t기에 유입되는 현금흐름,
$(1+i)^t$: 현금흐름을 t기까지 i의 할인율로 할인하는 할인계수,
CO_t : cash outflow at t, t기에 유출되는 현금흐름

여기서 가장 중요한 것은 매기의 현금흐름을 추정하는 것과 이들 현금흐름을 할인하는 적정할인율을 결정하는 것이다. 사업전망이 불투명하거나 사업의 리스크가 큰 경우에는 할인율을 더 높게 책정해야 하는데, 어느 정도가 적절한 할인율인지 결정하는 것은 쉽지 않다. 적정할인율은 신규사업에 투자할 경우 최소한 이 투자자금 조달의 기회비용 정도의 수익은 내야 한다는 의미에서 자본의 기회비용이자 요구수익률의 의미를 가지며, 또한 위험도가 큰 경우 이를 합리적으로

반영하여 위험 프리미엄만큼 할인율을 높게 책정해야 한다는 의미에서 위험조정수익률의 의미를 가진다고 하겠다.

예제 7-1

회사A의 프로젝트의 현금흐름이 아래와 같을 것으로 예상될 때 이 프로젝트를 시행할지 여부를 결정하라.(단, 할인율은 20%이다.)

기간	현재	1년말	2년말	3년말
현금흐름	−11,000	4,980	4,980	6,980

풀이

위의 가정에 의해 순현재가치를 산출하면,

$$
\begin{aligned}
NPV &= \frac{\Sigma CI_t}{(1+i)^t} - \frac{\Sigma CO_t}{(1+i)^t} \\
&= -11,000 + \frac{4,980}{(1+0.2)^1} + \frac{4,980}{(1+0.2)^2} + \frac{6,980}{(1+0.2)^3} \\
&= -11,000 + 4,150.0 + 3,458.3 + 4,039.4 \\
&= 647.7
\end{aligned}
$$

NPV는 648로서 양(+)의 값이 나온다. 이는 이 프로젝트를 채택하면 투입되는 자본이나 비용의 현재가치보다 유입되는 현금흐름의 현재가치가 크다는 의미이고 따라서 이 프로젝트는 채택해도 좋다는 의미이다.

2. 내부수익률법(internal rate of return; IRR)

내부수익률이란 프로젝트 수행의 순현재가치(NPV)를 0으로 만드는 할인율을 말하며 채권가격 결정시 학습한 만기수익률(yield to maturity; YTM)과 동일한 개념이다.

내부수익률은 투입되는 자본과 비용의 현재가치와 유입되는 현금흐름의 현재가치를 같게 만드는 할인율이기 때문에 아래의 두 식을 만족시키는 이자율 i의 값이 곧 내부수익률이 된다.

- $PV = \frac{CI_1}{(1+i)^1} + \frac{CI_2}{(1+i)^2} + \frac{CI_3}{(1+i)^3} + .. + \frac{CI_n}{(1+i)^n}$

  또는

- $NPV = -PV + \frac{CI_1}{(1+i)^1} + \frac{CI_2}{(1+i)^2} + \frac{CI_3}{(1+i)^3} + .. + \frac{CI_n}{(1+i)^n} = 0$

내부수익률은 프로젝트 수행의 순현재가치(NPV)를 0으로 만드는 할인율이다. 따라서 내부수익률보다 높은 이자율로 향후 유입되는 현금흐름을 할인하면 그 현재가치는 내부수익률로 할인하는 것보다 작기 때문에 순현재가치가 음수(−)가 되고, 내부수익률보다 낮은 이자율로 할인하면 순현재가치는 양수(+)가 된다. 즉, 기업이 내부수익률보다 낮은 이자율(자본비용)으로 자본을 조달할 수 있다면 향후 유입되는 현금흐름의 순현재가치가 양수(+)가 되므로 이 사업은 수행할 가치가 있다고 하겠다. 그러나 기업이 내부수익률보다 높은 이자율(자본비용)으로 자본을 조달해야 한다면 이 사업은 수행할 가치가 없다고 평가할 수 있다.

내부수익률은 excel을 이용하여 쉽게 산출할 수 있다. 예를 들어 프로젝트 수행에 현재 100이 소요되고 향후 5년간 25씩 현금이 유입된다고 가정하면 아래와 같이 excel을 이용하여 내부수익률을 구할 수 있다.

$100 = \frac{25}{(1+i)^1} + \frac{25}{(1+i)^2} + \frac{25}{(1+i)^3} + \frac{25}{(1+i)^4} + \frac{25}{(1+i)^5}$ 의 식이 성립하므로 이를 excel에 입력한다. excel에서는 처음에 들어가는 비용을

−100으로, 다음에 해마다 매기에 유입되는 현금을 각각 +25씩 5회에 걸쳐 excel의 cell에 세로로 입력한다. 그 다음, 수식에서 IRR을 선택하고 −100, 25, 25, 25, 25, 25의 6개의 세로 수치를 드래그하여 범위를 정한 후 enter를 치면 IRR값이 산출된다. 실제로 해보면 IRR값은 7.9%가 나온다.

예제 7-2

회사A의 프로젝트 현금흐름이 (예제 7-1)과 같을 때 이 프로젝트의 수행여부를 내부수익률법을 이용하여 판단하라.(할인율은 계속 20%로 가정한다.)

기간	현재	1년말	2년말	3년말
현금흐름	−11,000	4,980	4,980	6,980

풀이

$11,000 = \frac{4,980}{(1+i)^1} + \frac{4,980}{(1+i)^2} + \frac{6,980}{(1+i)^3}$ 에서, 이 식을 앞에서 설명한 excel을 이용한 방법으로 풀면 내부수익률 i = 23.5%가 나온다. 그런데 할인율이 20%로 주어졌으므로 내부수익률(23.5%)보다 낮은 20%로 이 3개년의 현금흐름을 할인하면 그 현재가치가 11,647.7로서 현재 투입되는 자본 및 비용 11,000보다 크다. 따라서 이 프로젝트는 수행할 가치가 있다.

3. 수익성지수법

수익성지수(profitability index; PI)는 프로젝트로부터 발생하게 될 미래 현금유입의 현재가치를 프로젝트에 소요될 미래 현금유출의 현재가치로 나눈 비율을 의미한다. 즉, PI는 아래 산식으로 나타낼 수 있다.

- $PI = \left\{ \dfrac{\Sigma CI_t}{(1+i)^t} \right\} \div \left\{ \dfrac{\Sigma CO_t}{(1+i)^t} \right\}$

수익성지수가 1 이상이면 향후 유입되는 현금흐름의 현재가치가 투입되는 자본 및 비용의 현재가치보다 크기 때문에 이 프로젝트는 채택해도 좋다. 반면에 수익성지수가 1보다 작으면 향후 유입되는 현금흐름의 현재가치가 투입되는 자본 및 비용의 현재가치보다 작기 때문에 이 프로젝트는 채택할 가치가 없다고 하겠다.

예제 7-3

회사A의 프로젝트 현금흐름이 (예제 7-1)과 같을 때 이 프로젝트의 수행여부를 수익성지수법을 이용하여 판단하라.(할인율은 계속 20%로 가정한다.)

기간	현재	1년말	2년말	3년말
현금흐름	−11,000	4,980	4,980	6,980

풀이

위의 예제의 PI를 계산하면 1.06로 1보다 크다.

$$PI = \left\{ \frac{\Sigma CI_t}{(1+i)^t} \right\} \div \left\{ \frac{\Sigma CO_t}{(1+i)^t} \right\}$$
$$= \left(\frac{4,980}{1.2} + \frac{4,980}{1.2^2} + \frac{6,980}{1.2^3} \right) \div 11,000$$
$$= 1.06$$

이는 곧 유입되는 현금흐름의 현재가치가 투입되는 자본이나 비용의 현재가치보다 크다는 것을 위미하므로 이 프로젝트는 채택해도 좋다.

II. 프로젝트의 타당성 평가방법 비교

1. 순현재가치법(NPV)의 장단점

순현재가치법은 아래와 같은 장단점이 있다.

장점

① 화폐의 시간가치를 반영하여 순현재가치 기준으로 사업의 타당성을 평가할 수 있다.

② 개별 투자안의 NPV를 더하여 여러 투자안의 NPV 합을 산출해도 동일한 결론을 얻을 수 있으며 그만큼 기업가치가 증가함을 의미한다.

단점

순현재가치를 구하기 위해 사용되는 할인율(자본비용)을 추정해야 하는데 추진할 사업의 특성이나 위험도 등을 감안하여 최적의 할인율을 추정하는 것이 쉽지 않다. 특히 향후 사업추진으로 인해 유입될 현금흐름의 추정과 연관하여 최적의 할인율을 추정하는 것은 미래의 경제와 사업전망을 얼마나 정확하게 예측할 수 있는가의 문제로서, 주관적인 요소가 가미되며 최적의 할인율 추정치라는 것을 입증하기 어렵다.

2. 내부수익률법(IRR)의 장단점

장점

화폐의 시간가치를 반영하여 프로젝트에 소요되는 비용과 수익의 손익분기점이 되는 이자율을 보여준다.

단점

① 투자기간 동안 투자수익이 손익분기 이자율인 내부수익률로 재투자됨을 전제로 하는데 이 가정은 현실성이 부족하다.[1)]

② 내부수익률은 고차방정식을 풀었을 때의 값을 의미하므로 하나가 아닌 여러 개의 이자율 값이 나올 수 있고, 방정식의 풀이가 되는 이자율 값이 없을 수도 있다.[2)]

3. 수익성지수법(PI)의 장단점

장점

수익성지수법은 프로젝트로 유입되는 수익의 현재가치를 프로젝트에 소요되는 자본과 비용을 현재가치로 나누어 이 비율이 1보다 큰지 여부로 프로젝트의 수행여부를 결정한다.
따라서 단순히 순현재가치의 금액만으로는 그 사업의 상대적 가치를 비교할 수 없는 한계[3)]를 극복하고, 수익성지수가 1보다 얼마나 큰지 여부를 가지고 특정사업들 간에 사업수행의 상대적 가치를 비교할 수 있다.

---

1) 순현재가치법은 현 시점에서 순현재가치를 0으로 하는 이자율로 투자수익이 투자기간 동안 재투자됨을 전제로 한다.

2) 순현재가치법은 투입자본이나 비용의 현재가치와 수익의 현재가치를 현재 예상하는 수익률로 할인하여 그 차이를 구하기 때문에 단 하나의 금액으로 값이 존재한다. 따라서 여러 개의 프로젝트 순현재가치를 더해서 전체 프로젝트들의 순현재가치로 사용하여 프로젝트의 수행여부를 결정할 수 있다.

3) 사업규모가 10억원인 경우의 순현재가치 1억원과 사업규모가 100억원인 경우의 순 현재가치 5억원의 경우, 순현재가치는 단순히 순현재가치 1억원과 5억원만 제시한다.

단점

수익성지수법은 상대적으로 투자규모가 작은 투자안이 수익성지수면에서 유리한 경우, 이 안에 투자할 때 남은 유휴자금을 수익성지수만큼 투자할 수 없음으로써 발생하는 기회비용을 설명하지 못한다. 예를 들어 투자안 I은 투자금액의 현재가치가 100만원이고 투자수익의 현재가치가 101만원, 투자안 II는 투자금액의 현재가치가 10만원이고 투자수익의 현재가치가 10.5만원이며 이로 인해 남은 조달금액 90만원은 적절한 투자처를 찾기 어렵다고 가정하자. 단순히 수익성지수만을 산출하면, 투자안 I의 경우 수익성지수는 1.01, 투자안 II의 경우 수익성지수는 1.05가 되어 투자안 II가 상대적으로 우수하다.
이제 투자안 II의 경우 투자되지 못한 90만원을 차입금리로 재투자한다고 가정하면, 10만원은 수익성지수가 1.05이고 90만원은 수익성지수가 1.00이므로 이들을 가중평균한 수익성지수는 $1.05 \times 0.1 + 1.00 \times 0.9 = 1.005$가 되어 투자안 I의 수익성지수 1.01보다 낮다.

따라서 수익성지수법을 사용할 경우에는 이처럼 조달한 자금을 투자하지 못할 때 발생할 수 있는 기회비용까지 감안하여 가중평균수익성지수(weighted average profitability index; WAPI)를 산출하여 그 사업의 수행여부를 결정하는 것이 바람직하다.

III. 프로젝트의 손익분기점 평가

프로젝트의 타당성 평가는 여러 가지 방법에 의해 가능함을 살펴보았다. 이제 만일 이러한 프로젝트를 수행하면 적어도 몇 개의 제품을 판매해야 회계적으로 손익분기점이 되는지를 평가해보려고 한다.

회계적 손익분기점은 매출로 인한 수익에서 변동비용, 고정비용 및 감가상가비를 제외하고 또한 세금을 납부한 후의 순이익이 0이 되는 매출수량을 의미한다.

▪ 순이익 = (매출액 − 변동비용 − 고정비용 − 감가상각비) × (1 − T)

$$= (S - VC - FC - D) \times (1 - T)$$

$$= (P \cdot Q - V \cdot Q - FC - D) \times (1 - T)$$

여기서, S : sales, 매출액, VC : variable cost, 변동비용,
FC : fixed cost, 고정비용, D : depreciation, 감가상각비,
T : taxes, 세금, V : 단위당 변동비용,
Q : quantity, 판매량, P : price, 판매가

이 식에서 회계적 손익분기점 산출량을 계산하기 위해서는 손익이 0이 되도록 한 뒤 양변을 $(1 - T)$로 나누고 이 식을 Q를 기준으로 정리하면 된다. 즉,

▪ 순이익 = $(P \cdot Q - V \cdot Q - FC - D) \times (1 - T) = 0$

$$(P \cdot Q - V \cdot Q - FC - D) = 0$$

$$Q \cdot (P - V) = FC + D$$

$$Q = \frac{(FC + D)}{(P - V)}$$

따라서 손익분기 매출량은 $\frac{(FC + D)}{(P - V)}$ 로 산출이 가능하다.

예제 7-4

어느 기업이 신규 프로젝트를 검토하는데 프로젝트 수행에 필요한 비용 및 제품 판매수익의 예상치가 아래와 같다고 할 때 회계적 손익분기점을 산출하라.

제품의 개당 판매가	8천만원
생산단가(가변비용)	대당 5천만원
고정비용	연 10억원
설비투자비용(비유동자산 투자비용)	200억원

단, i) 비유동자산의 수명은 10년이고 정액법으로 감가상각한다.(10년 후의 잔존가치는 0원)

ii) 이 프로젝트의 자본비용(할인율)은 연 10%이다.

iii) 이 프로젝트로 생산하는 제품은 향후 10년간 매년 200개가 팔릴 것으로 전망된다.

iv) 세금은 없는 것으로 가정한다.

풀이

이 문제는 프로젝트 수행으로 인한 영업현금흐름을 추정하고 이를 통해 이 프로젝트의 순현재가치(NPV)를 산출한 다음 회계적 손익분기점을 단계적으로 산출해야 한다.

① 영업현금흐름: 매해의 영업현금흐름을 아래와 같이 산출한다.

영업현금흐름 = 영업이익(매출액−가변비용−고정비용−감가상각비) + 감가상각비−법인세
= 매출액−가변비용−고정비용−법인세
= 0.8억원×200개−0.5억원×200개−10억원−0원
= 50억원

② 순현재가치 산출: 매해 유입되는 영업현금흐름의 현재가치를 계산하고 총설비투자금액을 차감하여 순현재가치를 산출한다.

$$NPV = \frac{\Sigma CI_t}{(1+i)^t} - \frac{\Sigma CO_t}{(1+i)^t}$$

$$= -200\text{억원} + \frac{50\text{억원}}{1.1} + \frac{50\text{억원}}{1.1^2} + .. + \frac{50\text{억원}}{1.1^{10}}$$

= −200억원 + 50억원×PVIFA(10%, 10년)

= −200억원 + 50억원×6.1446

= −200억원 + 307.2억원

= 107.2억원

NPV는 107.2억원으로 0보다 크므로 이 프로젝트는 채택해도 좋다.

③ 회계적 손익분기점 계산: $Q = \frac{(FC + D)}{(P - V)}$ 식에 의해 손익분기점을 산출한다.

$$Q = \frac{(FC + D)}{(P - V)}$$

= (10억원+20억원[4])÷(0.8억원−0.5억원)

= 30억원 ÷ 0.3억원

= 100대

따라서 회계적 순익분기점을 맞추는 매출량은 100대이다.

---

4) 감가상각비는 총설비투자금액 200억원을 10년간 정액법으로 감가상각하며 잔존가액이 없으므로 200억원을 10년간 균등하게 분할하여 감가상각비로 처리한다. 따라서 매년 감가상각비는 200억원÷10년=20억원이 된다.

제 8 장
자본구조정책

1997년말 우리나라는 IMF사태(위기 극복과정에서 국제통화기금(IMF)이 경제정책의 전권을 휘둘렀던 것을 기억하고 있는 많은 국민들은 이를 IMF사태라고 부른다.)라는 전대미문의 경제위기를 겪었다. 수많은 기업이 파산했고 많은 시민들이 일자리에서 쫓겨났다. 이 위기의 원인 중의 하나로 당시 우리나라 기업들의 과잉설비투자가 지목되곤 한다. 그도 그럴 것이 당시 대다수 기업들은 엄청난 돈을 빌려서 투자를 하였던 것이 사실이었기 때문이다. 예를 들어 자기자본 900억원에 불과하던 한보(지금까지도 유명세를 떨치고 있는 대치동 은마아파트를 지은 기업이다.)는 물경 5조 7,000억원의 부채를 조달하여 철강업에 진출하였다가 부도를 맞았다. 사실 당시 이석채 대통령 경제수석비서관의 '부실은행에 대한 한은 특융이 불가능하다.'라는 발언이 IMF사태의 tipping point였을 가능성이 높다. 왜냐하면 기업부실을 뒷받쳐주고 있는 은행이 부실에 빠질 경우 정부가 이를 구제해주지 않겠다는 최고위 정부당국자의 발언은 이 책에서 공부했던 기업가치 평가의 기본이 되는 할인율을 뒤흔드는 것이기 때문이다. 정부가 기업의 부채상환을 보장해 주겠다는 무언의 정책이 더 이상 유효하지 않을 수도 있다는 선언으로 이해한 외국계 금융기관들이 한국기업에 대해 신규대출은 물론 기존대출의 연장도 거부함에 따라 IMF사태가 터진 것이다.

앞서 프로젝트를 추진할지 여부를 가늠하는 기준에 대해 알아보았다면, 그렇게 결정된 사업을 추진할 자금은 과연 어떻게 조달할지, 즉 부채로 조달할지 주식을 발행하여 자기자본으로 조달하는 것이 유리할지에 대해 알아보고자 한다. 이를 통해 기업경영에 현실적으로 가장 큰 문제인 세금문제가 깊숙이 개입되어 있음을 알 수 있을 것이다.

I. 자본구조의 의미

기업의 재무구조라는 것은 기업이 어떻게 자금을 조달하느냐에 대한 것으로 재무상태표의 대변 항목의 구성을 의미한다. 그러나 일반적으로 재무구조라는 용어는 단기적으로 차입한 자금은 배제하고 장기적으로 조달한 자금에만 적용된다고 이해해도 좋다. 쉽게 말하면, 기업이 특정사업을 추진하기 위해 공장을 짓고 기계를 구입하는 데 필요한 장기자금과 관련된다.[1] 그런데 이러한 장기조달 자금은 크게 두 가지가 있다. 주주의 지분을 나타내는 자기자본(equity)과 금융기관 등으로부터 차입한 타인자본(debt)이 그것이다. 이 두 가지 자금을 어떠한 비율로 조달하는 것이 기업의 입장에서 가장 유익한 것인지를 찾는 것이 이번 장의 목표가 되겠다.

기업재무의 최종목표는 기업의 가치를 극대화하는 것이다. 기업의 가치는 곧 주주의 이익과 직결된다. 그런데 기업의 주인인 주주의 입장에서 생각해 보면 주주들은 늘 두 가지 위험을 고민하고 있다는 것을 알 수 있다. 하나는 사업이 잘 진행되는가, 그래서 제대로 이익이 발생해서 배당금이나 혹은 주가가 상승할 수 있을 지를 근심하는 것이고, 또 하나는 배당금을 주기는커녕 사업이 예상대로 진행되지 않아서 빚을 갚지 못하는 것 아닌가 하는 부도 걱정이다. 앞의 걱정이 사업위험(business risk)이고, 뒤의 근심이 재무위험(financial risk)이다. 사업위험은 기업이 어떤 사업을 추진하는가 하는 투자결정에 달려있어서 결국은 재무상태표의 차변에 해당하는 자산구성과 관련이 깊다고 할 수 있고, 재무위험은 재무상태표의 대변항목인 부채와 자기자본의 구성과

---

1) 경우에 따라서는 기업이 단기자금을 조달하여 장기사업을 추진할 수도 있겠으나, 특별한 경우이기 때문에 논의에서 배제한다.

밀접한 관련이 있게 된다. 일반적으로 부채를 많이 사용할수록 주주에게 돌아갈 수익이 크게 변동하는데 이에 대해 보다 자세히 알아보겠다.

Ⅱ. 부채와 기업가치

부채를 많이 이용하게 되면 아무래도 채무불이행 위험이 높아질 수밖에 없을 것이다. 기업이 부도가 난다는 것은 부채를 갚지 못하면 발생하는 것이기 때문이다. 따라서 기업이 자기 돈(자기자본)으로만 사업을 한다면 부도 걱정을 하지 않아도 될 것이다. 그러나 수많은 기업이 다른 사람의 돈을 빌려서 사업을 하고 있는 것이 사실이고, 그런 기업은 어쩔 수 없이 위험에 노출되기 때문에, 그만큼 기업의 가치가 영향을 받게 된다. 이론적으로 말하면 재무위험에 노출된 만큼 (자본)비용이 든다는 것이다. 여기서 자본비용이란 우리가 앞서 여러 차례 살펴보았던 사업평가 할인율과 완전히 동일한 개념이다. 다시 말하지만 자본비용은 적정할인율로 나타나는데, 위험도가 큰 사업인 경우 위험 프리미엄만큼 더 높은 할인율을 책정한다. 자본비용이 들게 되면 사업의 수익성은 줄어들기 마련이고, 따라서 기업의 가치 역시 줄어드는 것을 피할 수 없다. (예제)를 풀어 보면서 이를 좀 더 자세히 설명해 보겠다.

예제 8-1

회사A가 구상하고 있는 프로젝트의 현금흐름이 아래와 같을 것으로 예상된다. 즉 지금 1,000억원을 투자하면 경기가 좋을 경우에 1년 후 1,300억원의 수익을 거둘 것이지만, 경기가 안 좋을 경우에는 1,120억원에 그칠 것으로 예상된다. 경기 호불황의 확률은 각각 50%이고, 무위험이자율은 2%, 이 프로젝트에 대한 위험프리미엄은 8%로 추정된다고 한다. 회사A는 이 프로젝트를 추진하여야 하는지를 판단하라.

경기예상	확률	초기투자자금	1년 후 수익
호황	50%	1,000	1,300
불황	50%		1,120

풀이

프로젝트 추진여부를 판단하기 위해 순현재가치법(NPV)을 적용하면 된다. 이 프로젝트에 들어가는 초기자금은 1,000억원인데, 이에 따른 미래현금흐름 기댓값은 1,210억원(=1,300억원×0.5 + 1,120억원×0.5)이 된다. 그리고 적정할인율은 무위험이자율(2%)에 위험프리미엄(8%)을 합한 10%가 될 것이다. 문제에서 주어진 전제조건을 가공한 1차 데이터를 제7장에서 배운 NPV 공식에 넣어 구하면 이 프로젝트의 순현재가치(NPV)는 아래와 같이 100억원이 된다.

$$NPV = \frac{\Sigma CI_t}{(1+i)^t} - \frac{\Sigma CO_t}{(1+i)^t}$$
$$= -1{,}000 + \frac{1{,}210}{(1+0.1)^1} = -1{,}000 + 1{,}100$$
$$= 100\text{억원}$$

NPV가 100억원으로서 양(+)의 값이 나온다는 것은 이 프로젝트를 채택하면 투입되는 비용보다 유입되는 현금흐름의 현재가치가 더 크다는 의미이므로 이 프로젝트는 추진해도 좋다.

예제 8-2

(예제 8-1)의 회사A가 필요로 하는 프로젝트 자금을 모두 주식발행을 통해 조달할 계획이라고 한다. 이 회사 주주들이 이 프로젝트 추진을 통해 기대할 수 있는 수익률을 구하라.

풀이

이 프로젝트로부터 발생하는 미래의 현금흐름 기댓값(미래가치 기준)은 앞의 (예제 8-1)에서 구한 바와 같이 1,210억원이다. 그런데 이 프로젝트에 필요한 사업자금을 모두 주식발행으로 조달한다고 했으므로 이 사업을 통한 수익은 모두 주주에게 귀속될 것이다. 다만 수익은 미래현금흐름이므로 적정할인율로 현재가치를 구할 필요가 있는데, 현재가치 계산에 필수적인 적정할인율은 (예제 8-1)에서 구한 10%가 될 것이다. 따라서 발행주식의 현재가치는 1,100억원(=1,210억원÷1.1)이 되고, 회사A의 주주들은 이 1,100억원을 새롭게 투자하게 될 것이다.
여기서 경기가 호황이면 1,300억원의 수익이 발생하고, 불황이면 1,120억원의 수익이 발생한다고 했으므로, 회사A의 주주들이 올릴 수 있는 수익률은 호황시 18%[=(1,300억원−1,100억원)/1,100억원], 불황시 1.8%[=(1,120억원−1,100억원)/1,100억원]이 될 것이다.

예제 8-3

(예제 8-1)의 프로젝트에 필요한 자금의 50%를 부채로 조달하고 나머지 50%에 대해서만 주식발행을 통해 조달할 계획이라고 한다. 이 회사 주주들이 올릴 수 있는 기대수익률을 구하라.

풀이

이 프로젝트로부터 발생하는 미래 현금흐름 기댓값의 현재가치는 앞의

(예제 8-1)에서 구한 바와 같이 1,100억원이 될 것이다. 이 중에서 50%를 부채로 조달한다고 했으므로 부채규모는 550억원이 된다. 나머지 550억원은 주주들이 새롭게 투자해야 할 몫이다. 그런데 향후 불황이 되더라도 1년후 유입이 예상되는 현금흐름은 1,120억원에 달하기 때문에 조달할 부채규모(550억원)를 훨씬 상회하므로 회사A는 부채 550억원을 무위험이자율 2%로 차입할 수 있다. 따라서 회사A가 1년후 상환해야 할 원금과 이자는 561억원(=550억원 + 550억원×2%)이 될 것이다. 이때 주주에게 발생할 현금흐름은 경제가 호황이면 739억원(=1,300억원−561억원)이고, 불황이면 649억원(=1,210억원−561억원)이 될 것이다. 회사A의 주주들은 이 프로젝트에 참여함으로써 올릴 수 있는 기대수익률은 (예제 8-2)에서 사용한 적정할인율 10%를 적용하여 계산하면 호황시 34.3%[=(739억원−550억원)/550억원], 불황시 18%[=(649억원−550억원)/550억원]가 될 것이다.

이상의 (예제)에서 간파할 수 있듯이 주주들은 새로운 프로젝트를 추진할 때 부채를 활용할수록 더 높은 수익률을 올릴 수 있었다. (예제 8-2)에서 필요자금을 모두 주식발행으로 조달하였을 경우에 호황시 18%, 불황시 1.8%에 불과하던 기대수익률이 (예제 8-3)에서 필요자금의 50%를 부채로 조달하였을 때에는 호황시 34.3%, 불황시 18%로 높아졌다. 이렇게 부채를 많이 이용할수록 기대수익이 높아지는 것을 leverage effect라고 한다.[2)]

그런데 조금 이상하지 않은가? 이 단원을 시작할 때, 부채를 이용하여 사업을 할 경우에는 재무위험에 노출된다는 점에서 기업의 가치가 줄어든다고 했는데, 이 (예제)들은 반대로 부채를 사용할수록 기업가치가 높아진다는 것은 서로 모순되는 내용이 아닐 수 없다.

---

2) 이에 대해서는 제1장 35쪽의 〈레버리지 분석〉 파트에서 이미 언급한 바 있다.

사실 (예제 8-3)에서 필요자금의 50%를 부채로 조달한 경우 주식의 가치를 구하기 위해 10%의 할인율을 적용하였는데[3], 여기에 문제가 있다. 왜냐하면 위험도가 큰 사업인 경우 위험 프리미엄만큼 더 높은 할인율을 책정해야 하는데, (예제)에서 주어진 위험 프리미엄(8%)은 사업 추진에 따른 사업위험(business risk)일 뿐 부채 조달에 따른 재무위험(financial risk)은 반영되지 않은 것이다. 따라서 기업가치를 정확히 산정하기 위해서는 재무위험을 반영한 적정할인율로 다시 조정할 필요가 있다고 하겠다.

IMF 사태 이전에 우리나라 대기업들 중에는 대마불사(大馬不死, too big to fail)라는 믿음을 바탕으로 경영하는 경우가 많았는데, 과거의 우리나라 대기업들은 과도한 부채를 이용하면서도 위험에 대한 인식이 부족하였다. 정부가 금융기관 등을 통해 이들 대기업이 부도가 나지 않도록 해줄 것처럼 인식되어 있었기 때문이었다. 덕분에 이들 대기업은 마치 (예제 8-3)의 풀이처럼 낮은 할인율을 적용받아 높은 평가를 받았다. 그 덕에 더 많은 빚을 더 싸게 차입하여 사업을 영위할 수 있었고, 거품은 더더욱 쌓였던 것이었다. 그러던 어느 날 이들 기업들의 가치산정에 종전과는 비교할 수 없이 높은 적정할인율이 적용되었고, 이들 기업은 더 이상 차입경영이 불가능해졌다. 이로써 빚에 의존하였던 대기업들은 파산하였고, 경제는 핏줄처럼 얽혀있으니 온 나라가 나락으로 떨어지게 된 것이다. IMF 사태를 극복하는 과정에서 가장 우선적으로 시행했던 정책이 기업들의 신용도를 평가하는 신용평가회사가 제 기능을 찾도록 하는 것이었다는 점에서도 기업평가 혹은 적정할인율이 얼마나 중요한 것인지를 알 수 있다.

---

3) (예제 8-3)의 밑줄친 부분이다.

이처럼 적정할인율이 적용되지 않을 때 기업가치가 제대로 평가되지 않는 것처럼, 기업가치가 다르게 평가받는 경우가 있다. 그 대표적인 것이 세금이다. 기업을 경영함에 있어 세금이 어떻게 적용되느냐에 따라 필요 자금을 부채로 조달할 것인지 아니면 주식발행으로 조달할 것인지가 결정될 정도이다. 이에 대해 알아보기 전에 차익거래가 존재하지 않는 완전경쟁 자본시장 하에서의 기업가치 평가에 대해 알아볼 필요가 있다.

1. 완전경쟁시장 하에서의 부채사용과 기업가치(無차익거래)

일찍이 1958년에 Modigliani와 Miller는 완전경쟁 자본시장 하에서 기업의 자본구조는 기업가치와 무관하다고 주장하였다.[4] 그 유명한 MM명제이다. 즉, 자본시장이 완전경쟁적이어서 ① 수많은 참여자가 있어 차익거래가 없으며, ② 법인세와 같은 어떤 형태의 거래비용도 없고, ③ 모든 정보가 동시에 공유되는 경우에는 자본을 부채로 조달하거나 주식발행으로 조달하거나 기업의 가치에는 영향을 주지 않는다는 것이다.

이 주장의 핵심은 완전경쟁시장에서는 누구나 자금을 차입하여 다른 기업의 주식을 매입할 수 있기 때문에, 부채나 주식발행을 이용한 서로 다른 투자전략이 결국에는 같은 효과를 거두게 된다는 것이다. 예를 들어 보겠다. 자본시장이 완전경쟁적이며, 자본구조를 제외한 모든 것이 똑같은 두 기업 D와 E가 있다고 하자. 기업D는 소요자금을

4) Modigliani, F., and M. Miller(1958), "The Cost of Capital, Corporation Finance and the Theory of Investment," American Economic Review, 261-297.

전부 부채(debt)로 조달하여 운영하는 기업이고, 기업E는 소요자금을 전부를 자기자본(equity)으로 조달하는 기업이다.
어떤 투자자가 ① 기업D의 주식 100%를 매입할 경우 투자비용은 기업D의 자기자본이 될 것이다. 이때 이 투자자에게 매년 발생하는 현금흐름은 기업D의 영업이익에서 부채에 대한 원리금 지급을 제외한 나머지가 될 것이다. 즉, 〈기업D의 영업이익－기업D의 차입비용〉이다. 그런데 이 현금흐름은 ② 기업E의 주식 100%를 매입함과 동시에 기업D가 조달한 부채와 동일한 조건으로 대출을 받는 경우의 현금흐름과 완전히 동일하다. 왜냐하면 이 경우의 현금흐름은 기업E의 영업이익에서 대출비용을 제외한 〈기업E의 영업이익－차입비용〉이 되는데, 전제조건에서 기업E와 기업D는 자본구조를 제외한 모든 것이 동일한 기업이라고 했으므로 영업이익이 동일하고(기업E의 영업이익＝기업D의 영업이익) 대출비용은 기업D와 동일한 조건으로 차입하였다고(차입비용＝기업D의 차입비용) 했기 때문이다. 즉, ①과 ②의 현금흐름은 같게 된다. 이렇게 두 투자전략의 수익이 같다는 것은 부채를 사용하지 않는 기업이나 부채만을 사용하는 기업이나 기업가치에는 차이가 없다는 것을 의미한다. 다시 말해 완전경쟁 자본시장 하에서 기업의 가치는 그 기업의 자본구조와 무관하다는 것이다.

하지만 현실의 자본시장은 완전경쟁시장이 아니고, 따라서 조달하는 부채에 따라 기업가치가 변화할 수 있다. 다시 한번 강조하지만, 부채를 늘려 기업가치를 높이고자 하는 시도는 재무위험(financial risk)을 자극하여 자본비용이 상승하므로 결과적으로 기업가치는 큰 변동이 없게 된다. 그렇기 때문에 이러한 점을 잘 알고 있는 증권 애널리스트들은 개별기업을 분석할 때 부채사용에 영향을 받는 PER 보다는 영업이익

에 바탕을 둔 EBITDA비율 등을 주로 활용하고 있는 것이다.[5)]

2. 법인세가 있을 경우의 부채사용과 기업가치

앞서 설명한 이론은 기업이 벌어들이는 소득에 대한 법인세가 없다고 가정한 것이었다. 그런데 현실에서는 세금이 존재하므로 이를 감안하였을 경우를 살펴보고자 한다.[6)]

미리 말하지만 세금의 영향은 실로 막대하다. 왜냐하면 기업이 법인세를 납부할 때 부채차입에 따른 지급이자가 비용으로 공제되어 과세대상에서 제외되기 때문이다. 부채를 전혀 사용하지 않는 기업은 공제할 이자비용이 없으니 상대적으로 더 많은 세금을 낼 수밖에 없고, 따라서 이 기업의 주주에게 돌아오는 현금흐름(배당)은 부채사용기업에 비해 상대적으로 적게 될 것이다.

이제 부채 사용으로 기업가치가 얼마나 변하는지를 알아보기 위해 이자율 i로 D만큼의 부채를 사용한 기업이 있다고 가정하자. 그러면 이 기업은 매년 이자비용에 법인세율을 곱한 만큼의 감세효과를 거둘 수 있다.[7)]

- 이자의 감세효과 = 법인세율 × 이자비용
  = 법인세율(τ) × 이자율(i) × 부채규모(D)

5) PER(price earnings ration: 주가순이익비율)는 이 책 42쪽에서 밝혔듯이 〈순이익/주가〉로 구해지는데 순이익은 이자비용을 감안하기 때문에 부채에 영향을 받는 반면 EBITDA (earnings before interest, taxes, depreciation and amortization)는 이자비용은 물론 세금과 감가상각까지도 고려하지 않은 영업이익을 이용하기 때문에 부채효과가 제외된다.

6) Modigliani, F., and M. Miller(1963), "Corporate Income Tax and the Cost of Capital: A Correction," American Economic Review, 433-442.

7) 이를 이자의 감세효과(interest tax shield)라고 한다.

이 기업이 부채사용에 따라 얻게 되는 기업가치의 변화분은 부채 사용기간 동안 발생하는 수익의 현재가치(PV)를 구하면 될 것이다. 이의 의미를 보다 명료하게 하기 위해 부채사용기간이 영구히 계속될 것이라고 가정한다면, 이자 감세효과의 현재가치는 아래와 같이 법인세율에 부채규모를 곱한 값이 될 것이다. 이는 법인세율이 높을수록, 부채가 클수록, 부채 사용기간이 길수록 기업가치는 더 커진다는 것을 의미한다.

$$\begin{aligned} \cdot\ PV &= \sum \frac{\tau \times i \times D}{(1+i)^t} \\ &= \frac{\tau \times i \times D}{i} \\ &= \tau \times D \end{aligned}$$

다시 말해 법인세가 존재할 경우 부채를 사용하는 기업의 가치는 부채를 사용하지 않는 기업에 비해 이자 감세효과의 현재가치만큼 크게 된다. 물론 이렇다고 해서 무한히 커지는 것은 아니고, 부채사용에 따른 재무위험 만큼 위험 프리미엄이 상승하고 기업가치는 적절하게 조정될 것이다. 그렇다고 해서 부채사용의 이점을 완전히 없애지는 못한다는 점에서, 기업은 가급적 부채를 이용하려 한다는 것을 이해할 수 있을 것이다.

예제 8-4

회사A는 아래와 같은 실적과 현금흐름이 영원히 반복한다고 가정한다. 이제 이 회사가 400억원의 부채를 5%의 이자율로 차입하여 영구히 이용할 계획을 세우고 있다. 이 경우 회사A의 부채비용, 이자 감세효과와 기업가치를 구하라(단, 이 회사 주주들의 요구수익률은 10%라고 한다).

(단위: 억원)

	기업A
영업이익	200
이자비용	0
세전순이익	200
법인세(세율 25%)	50
세후순이익	150

풀이

회사A의 대출계획을 반영하여 손익계산서를 작성하여 본래의 실적과 비교하면 아래와 같다.

(단위: 억원)

	기업A	기업A(조정후)
영업이익	200	200
이자비용	0	20
세전순이익	200	180
법인세(세율 25%)	50	45
세후순이익	150	135

① 회사A의 이자비용은 조달부채규모에 연 이자율을 곱하여 구하는데 20억원(=400억원×5%)이 된다.

② 이자감세효과는 〈법인세율×부채규모〉로 구할 수 있으므로 100억원(=0.25×400억원)이다.

③ 기업가치는 조정전 즉, 부채가 없는 상태의 주주앞 배당(세후순이익)의 현재가치와 부채차입에 따른 이자의 감세효과의 현재가치가 영원히 반복되는 경우를 가정하여 산출한 값이 된다. 이때 현재가치를 구하기 위한 할인율은 주주들의 요구수익률(10%)이 될 것이다. 따라서 회사A의 기업가치는 2,500억원($=\frac{150\text{억원}+0.25\times 400\text{억원}}{0.1}$)이 된다.

이상의 (예제)에서 보았듯이 부채를 사용하게 되면 이자 감세효과만큼 기업의 가치가 상승하게 된다. 현실세계에서 왜 부채가 없는 기업이 거의 없는지 알 수 있을 것이다. 이러한 논의의 연장선에서 새로운 기술을 적용하여 사업을 하는 신생기업은 왜 부채비율이 낮은지 짐작할 수 있다. 신생기업은 성장성은 높을지 몰라도 아직 수익을 올리는 경우는 많지 않기에 영업이익이 적자(−)이거나 적은 수준에 머물 것이다. 그런데 이자의 감세효과는 법인세를 낼 수 있는 기업, 즉 영업이익을 올려서 세금을 낼 수 있는 기업이 택하는 전략이라는 점에서 영업이익이 없는 신생기업은 감세효과는 없거나 크지 않고 재무위험만 높이게 되므로 부채 조달전략보다는 주식발생을 통한 장기자금 조달전략을 선호할 가능성이 높은 것이다.

제 9 장

배당정책

사업가가 어떤 프로젝트의 사업성을 평가한 결과 쏠쏠한 수익을 올릴 것으로 판단하여 그 사업을 추진하기로 하였다. 이제 그 사업가는 사업수행만큼이나 중요한 사항을 결정하여야 하는데, 바로 사업자금 조달이 그것이다. 사업자금을 모두 자신의 돈으로 할 것인지, 아니면 다른 사람의 돈을 빌려서 할 것인지, 그도 아니라면 다른 사람의 투자를 받을 것인지를 결정해야만 한다. 앞 장에서 살펴보았던 이른바 자본구조 문제와 맞닥뜨리게 되는 것이다. 기업의 전체 자산은 변동시키지 않으면서도 부채와 자기자본의 비중을 바꾸는 자본구조 문제가 중요한 이유는 사업가(또는 재무책임자)가 사업수행과는 별도로 수익을 더 올릴 수도, 덜 올릴 수도 있기 때문이다.

그리고 이 자본구조 문제의 한 가운데에 주주에 대한 배당정책이 있다. 배당을 어떻게 할 것인가에 따라 투자자(즉 자기자본)를 모을 수 있는지가 결정되고, 동시에 그 사업에 대한 시장의 평가가 이루어지기 때문이다. 즉 배당이라고 하는 재무적 결정은 그 기업가치와 사업 추진 비용에 결정적인 영향을 미치는 것이다.

Ⅰ. 배당정책의 의의

배당정책이란 기업이 각고의 노력 끝에 거둔 이익을 주주들에게 현금으로 배당할 것인지 아니면 내부자금으로 유보하여 또 다른 투자기회에 이용할 것인지를 결정하는 것이다. 따라서 배당정책은 순이익을 사내유보이익과 배당금으로 나누는 의사결정으로서, 순이익 중 얼만큼을 배당금으로 지급하는가 하는 배당성향에 대한 의사결정이라고 할 것이다.

통상적으로 기업은 연 1회 정기적으로 현금배당을 실시한다. 그 절차는 회계기간의 말에 주주명부를 확정하고 그 주주들이 배당청구권을 행사하게 된다. 기업의 이익이 비정상적으로 많거나 현금흐름이 풍부할 경우에는 기업은 추가배당을 지급할 수 있다. 또한 아주 특별한 경우 정상적인 배당지급시기가 아니더라도 임시주총의 의결을 거쳐 특별배당금을 지급할 수 있다. 물론 기업이 청산될 경우 만일 잔여재산이 남으면 청산배당을 실시할 수도 있다.

이러한 주주에 대한 현금배당과 관련하여 우리가 알고 있어야 할 주요 지표로는 기업의 입장에서 본 배당성향, 배당률, 그리고 투자자(특히 주식시장을 통한 투자자)에게 중요한 배당수익률 등이 있다. 배당수익률은 마치 채권수익률과 마찬가지로 투자금에 대한 이자의 성격을 지니고 있는데, 투자자로서는 주식의 자본이득(capital gain) 외에도 높은 배당수익률을 노릴 수 있는 기업을 선호하는 것은 당연할 것이다. 다만 이러한 지표들을 검토함에 있어 동일 산업 내에서의 비교나 기간별 보유목적 등 투자환경 변화에 따라 다르게 분석될 수 있음에 유의하여야 할 것이다.

- 배당성향 = 배당금 / 순이익
- 배당률 = 주당배당금 / 주식 액면가
- 배당수익률 = 주식배당금 / 주식 시가

Ⅱ. 배당 결정요인

1. 저배당 유발요인

배당금이 많은 것이 항상 좋은 것은 아니다. 아래에서 보다 자세히 살펴보겠지만, 기업은 세금 주식발행비용 투자기회 등을 감안하여 주주들에게 배당금을 가급적 적게 지급하거나 심하면 전혀 지급하지 않을 수도 있다.

① 우리나라의 경우 주주가 받는 배당소득에 대해 세금이 부과되지만 주가차액인 자본이득에는 세금이 부과되지 않는다. 이 경우 주주는 세금이 많은 배당을 적게 받는 대신 수익성이 높은 다른 사업기회에 재투자하여 주가가 상승하는 것이 유리하므로 저배당정책을 선호할 수 있다.

② 만일 주식발행비용이 클 경우, 주식발행이 늘어나게 되면 발행비용의 증가를 가져오고 이는 유보이익의 감소를 통해 주가 하락요인이 된다.

③ 기업이 배당금을 많이 지급하면 고수익사업에의 투자재원이 부족하게 되고 이는 장기적으로 기업가치를 증대시킬 기회를 놓치게 되는 것이다.

2. 고배당 유발요인

동일한 조건에서 배당을 많이 주는 것을 싫어할 투자자는 없을 것이다. 다만 투자환경에 따라, 예를 들어 이자율이라든가 세금 등의 영향으로 아래와 같이 보다 높은 배당을 선호할 계제가 충분하다.

① 배당은 확실한 현재의 소득이고, 향후 주가차액으로부터 얻게 될 자본이득은 미래의 기대수익이므로 불확실성이 있다. 따라서 위험회피 성향의 투자자들은 확실한 현재의 배당소득을 선호할 수 있다. 이 경우 배당금이 적은 대신 자본이득이 큰 저배당정책보다는 배당금이 많은 대신 자본이득이 낮은 고배당정책을 선호할 수 있다. 이러한 부류의 사람들로는 연금으로 생활하는 퇴직자 등을 들 수 있다.

② 만일 배당소득에 대해 세금혜택이 크면 고배당정책을 선호하는 유인이 될 수 있다. 예를 들어 미국의 경우 주식을 보유하면 그 주식으로부터 나오는 배당소득중 70% 이상을 비용으로 처리할 수 있는데, 이는 고배당을 선호하는 요인이 될 수 있다.[1]

③ 기업이 안정적으로 고배당을 계속하면 외부투자가의 입장에서 그 기업의 미래수익성이 안정적으로 유지될 수 있다는 기대를 갖게 될 수 있다.

---

1) 그러나 우리나라의 경우 개인투자가에게 부과되는 배당소득세율이 자본이득에 부과되는 세율보다 더 높기 때문에 납세 후 소득면에서 자본이득이 유리하다.

3. 현실적인 배당정책 수립

잔여배당정책이란 적정의 부채비율을 유지하면서 필요한 사업자금을 내부유보로 남겨 놓은 후 나머지를 배당으로 지급하는 정책을 말한다. 수익성이 높은 투자기회가 많은 기업들은 이익 중에서 내부유보를 크게 하는 대신 배당을 적게 하는 반면, 투자기회가 적은 기업들은 내부유보를 작게 하고 배당을 크게 하는 경향이 있다. 실제로 설립된지 얼마 안 되는 신생기업이나 성장률이 높은 기업은 배당성향이 낮은 반면에 성숙기의 기업이나 성장률이 낮은 기업은 배당성향이 높은 경향이 있다.

일반적으로 기업과 주주들은 다음과 같은 이유로 안정배당정책을 선호한다.

① 많은 투자자들, 예를 들어 퇴직자나 연기금 생활자들은 그들의 생활을 영위하기 위하여 안정적인 배당소득을 선호한다.

② 기업의 경영자들은 배당이 불확실할 경우 투자자들에게 기업경영의 실패라는 오해를 줄 수 있기 때문에 안정적인 배당을 선호한다.

③ 기관투자가들은 배당의 변동성이 크거나 배당이 감소세를 보이는 기업을 투자제한종목으로 간주하는 등 안정적인 배당을 선호하는 경향이 있다.

한편 기업이 자기 회사의 주식을 증권시장에서 매입하는 자사주 매입도 현금배당의 대체수단으로 활용되고 있다. 기업들이 자사주를 매입하는 방법에는 두 가지가 있는데 하나는 주식시장에서 시장가격으로 직접 매입하여 소각하는 방법이고, 다른 하나는 공개매수(tender offer) 방법으로서 기업이 매수희망 주식수, 매수가격, 매수기간을 공시하여 이에 응한 주주들로부터 자사주를 매입하여 소각하는 것이다. 현금배당의 효과를 얻고자 자사주를 매입하는 경우에는 보통 시장가격보다 높은 매수가격을 제시하여 자사주를 공개 매수한다. 또한 기업의 지배주주들이 그들의 경영권 보호나 주가관리를 위해 자사주 매입을 단행하기도 하는데, 이를 통해 주식시장에서 유통되는 주식을 줄임으로써 본인의 회사지배권도 높이고 주가 하락도 저지할 수 있다.

제 10 장

재고관리

사업을 추진함에 있어 어느 것 하나 중요하지 않은 것이 없겠지만, 간과하기 쉬운 분야가 재고관리이다. 망하는 기업의 결정적인 요인은 대부분은 재고 문제일 가능성이 높다. 즉 기업이 망하는 전형적인 예는 호황에 대비하여 자금을 더 조달하여 시설투자를 늘리고 공장을 계속 가동하여 제품을 많이 만들어 냈으나, 그 제품이 기대만큼 팔리지 않게 될 경우 발생한다. 기업이 막대한 비용을 견디지 못하고 부도가 나는 것이다. 물론 반대의 경우도 있다. 제품이 그렇게 인기를 끌지 예상하지 못하여 재고를 가지고 있지 않았는데 소위 말해서 대박이 터지면, 제대로 수익을 올릴 수도 없고 다른 기업이 진출하기라도 한다면 결과적으로 위기를 맞고 마는 것이다.

재고관리는 수요와 공급간의 시간적 간격을 메워줌으로써 사업이 끊기지 않고 계속될 수 있도록 하는, 지속가능한 경영을 위한 토대라고 할 것이다. 한번 하고 말 사업이 아니라면 재고관리는 기업의 가장 기본적인 영역이다.

Ⅰ. 재고관리의 의의

기업의 재고관리란 기업의 생산부터 판매까지의 과정 중에 필요한 재고자산[1]을 최적수준으로 보유·관리하는 것을 말한다. 이는 곧 재고를 지나치게 적게 보유함에 따르는 리스크와 재고를 지나치게 많게 보유함에 따르는 비용간에 최적의 선택을 찾아내는 것을 의미한다. 기업이 재고를 과소 보유하는 경우 고객의 신규 대량주문에 응하지 못하여 수익기회를 놓치고 고객마저 잃을 가능성이 있다.
반면에 기업이 재고를 과다 보유하는 경우 여러 방면에서 비용이 발생할 수 있다. 재고의 대량 보유에 따라 대규모 자금이 묶이기 때문에 금융비용이 커진다. 또한 재고의 관리비용이 증가한다. 재고를 적정 환경과 조건에서 유지해야 생산에 투입할 수 있기 때문에 온도 습도 등의 환경유지를 위한 설비비용이라든지 전기료와 같은 비용이 증가한다. 그리고 매출부진으로 재고를 처분해야 하는 경우 적정가격보다 저렴한 가격으로 처분이 불가피할 수 있는데, 이러한 경우는 식자재 등과 같이 변질이 쉬운 물품은 가격면에서 손실을 입을 가능성이 더욱 커진다.

안전재고(safety stock)란 기업이 불확실성에 대비하여 보유하고 있는 재고를 말한다. 즉 수요가 갑자기 증가할 때 생산량을 늘리는 데 시간이 걸리므로 이에 대비한 여유분으로 제품재고를 보유한다. 생산공정상의 문제나 재료구입상의 문제에 대비하여 재료 재공품 완제품의 여유분으로 재고를 보유하기도 한다. 안전재고를 보유하고 있으면 적

1) 기업의 재고자산에는 석탄, 철광석과 같은 원재료(原材料), 원재료가 투입된 후 제품제조 공정 중에 있는 미완성 제품인 재공품(在工品), 그리고 제품이 완성된 완제품(完製品)의 세 가지 형태가 있다.

어도 재고부족에 따른 원가 상승을 막을 수 있다. 여기서 재고부족원가(stock out cost)란 기업이 재고부족으로 판매기회를 놓쳐서 입는 손실의 총칭이다.

재료를 다량으로 구입하거나 제품을 다량으로 한꺼번에 생산함에 따라 비용이 발생할 수 있는데, 이를 재고유지원가(inventory carrying cost)라고 한다. 짐작하다시피 재고에 따라 보관관리비용과 자금비용이 발생한다. 물론 재고가 파손되거나 유행과 기술의 변화로 가치가 떨어질 수 있는 비용요인이 발생하기도 한다. 재고유지원가를 낮출 요량으로 재료를 소량으로 자주 주문하기도 하는데 이에 따라 발생하는 원가를 주문원가(ordering cost)라고 한다.

Ⅱ. 경제적 주문량 모형

경제적 주문량(economic order quantity; EOQ) 모형이란 재고유지원가와 주문원가의 합을 최소화하는 최적의 재고수준을 계산하는 모형이다. 이 모형은 도소매업에서 상품구입 주문당 최적량 또는 제조기업에서 재료구입 주문당 최적량 계산에 사용된다.
모형설정의 단순화를 위해 아래와 같은 가정을 설정한다.

① 재료사용의 수요를 미리 알고 있고 이 수요는 기간내내 일정하게 발생한다. 따라서 불확실성에 의한 안전재고와 재고부족원가는 고려하지 않는다.
② 재료취득 원가는 주문량과 무관하게 일정하다. 주문량이 많으면 구입가격 할인이 있거나 운송비가 절감될 수 있으나, 이를 고려하지 않는다.
③ 주문원가는 주문횟수에 따라 비례적으로 증가한다. 즉, 주문건당 주문원가는 일정하다고 가정한다.
④ 재고유지원가는 재고수준에 따라 비례적으로 증가한다.

위의 가정을 사용하여, 재고관련 총원가를 〈총주문원가 + 총재고유지원가〉로 나타내고 이를 다시 〈주문당 주문원가 × 주문횟수 + 재고단위당 연간유지원가 × 평균재고수준〉으로 표현할 수 있다. 이를 정리하면 다음과 같다.

- $$TC = P \times \frac{D}{Q} + C \times \frac{Q}{2}$$

여기서, TC : 재고관련 총원가, P : 주문당 주문원가,
D : 연간 총수요, Q : 1회 주문량,
C : 재고단위당 연간유지원가

재고관련 총원가(TC)를 주문량(Q)에 대해 1차미분한 값을 0으로 놓고 이를 Q를 기준으로 정리하면 아래와 같이 총원가를 최소화하는 경제적 주문량을 산출할 수 있다.

- $\frac{d(TC)}{d(Q)} = (-1)\frac{PD}{Q^2} + \frac{C}{2} = 0$

$$\frac{PD}{Q^2} = \frac{C}{2}$$

$$Q^2 = \frac{2PD}{C}$$

$$Q = \sqrt{\frac{2PD}{C}}$$

예제 10-1

기업이 아래와 같은 조건일 때 적정 주문량을 계산하라.

구분	실적
P (주문당 주문원가)	100,000원/회
D (연간 총수요)	5,000,000톤
C (재고단위당 연간유지원가)	2,000원/톤

풀이

경제적 주문량 모형 $Q = \sqrt{\frac{2PD}{C}}$ 을 이용하여, 각각의 조건을 대입하여 구하면 된다.

즉, 적정주문량 $EOQ = \sqrt{\frac{2 \times 100,000 \times 5,000,000}{2,000}}$

$= \underline{22,360.7\text{톤}}$이다.

예제 10-2

기업A는 연간 800개의 부품을 사용하고 있으며, 1회당 주문비용은 40원이고, 재고유지비용은 10,000원인 단위가격의 0.05%이다. 이 경우 비용을 최소화하기 위한 최적주문량을 구하라.

풀이

문제에 P(주문당 주문원가)=40원, D(수요)=800개, C(재고단위당 연간유지원가)=10,000원×0.0005가 주어져 있다.

이를 모형식 $EOQ = \sqrt{\frac{2PD}{C}}$ 에 대입하면, 최적주문량은 113.1개임을 알 수 있다.

$$EOQ = \sqrt{\frac{2 \times 40 \times 800}{10{,}000 \times 0.0005}}$$
$$= \sqrt{12{,}800} = \underline{113.1\text{개}}$$

제 11 장

국제재무 I

오늘날 무역을 빼놓고는 경영을 논할 수 없을 정도로 외국과의 거래는 보편적인 일이 되었다. 사실상 우리 모두는 다른 나라와 어떠한 형식으로든 연관을 맺고 있다. 모든 기업은, 비록 그 기업이 수출과 전혀 관련이 없다고 할지라도, 국제적인 경쟁을 피할 수 없다. global value chain이라는 말이 흔한 용어가 된 것처럼 세계적인 기업은 수익을 최대한으로 끌어올리기 위해 세계적인 차원에서 자원관리와 투자를 하고 있다. 이를 테면 세계에서 가장 이자가 싼 곳에서 자금을 조달하여, 임금이 가장 싼 곳에 공장을 짓고, 연구인력이 충분한 곳에 R&D 센터를 운영하는 식이다. 이러한 기업운영방식은 이미 상식이 되었고, 그러니 우리가 세계화를 벗어날 방법이 없는 것이다.

그런데 이러한 세계화의 가장 핵심적인 요소를 꼽으라면 단연 환율이다. 이제는 환율을 빼놓고서는 어떠한 경제현상도 분석할 수 없다. 모든 국제거래에는 환율이 필연적으로 매개되어 있으며, 따라서 기업의 성과에 직접적이고 막대한 영향을 미치고 있다. 상황이 이러하니 기업재무를 공부함에 있어 국제분야가 매우 중요해질 수밖에 없고, 환율은 핵심중의 핵심이 되었다.

이번 장에서는 환율에 대한 이해와 결정요인들을 살펴보면서 현실의 기업재무로 한 발자국 더 들어가 보도록 하겠다.

Ⅰ. 환율의 종류

환율(exchange rate)이란 우리나라 돈과 외국의 돈이 거래될 때 적용되는 가격을 말한다. 그런데 그 거래되는 시장을 외환시장(foreign exchange market; FX market)이라고 하는데, 외환시장과 환율은 여러 개가 존재한다.

1. 현물환율과 선물환율

외환시장은 현물환 시장(spot FX market)과 선물환 시장(forward FX market)으로 구분해서 볼 수 있다. 현물환시장에서 적용되는 환율을 현물환율이라고 하며, 선물환시장에서는 당연히 선물환율이 적용된다.

현물환(現物換)이란 외환매매의 계약과 외환의 인수 또는 인도(delivery)가 동시(現)에 이루어진다는 의미이다. 그런데 외환매매의 계약과 외환의 인수 또는 인도가 동시에 이루어지는 것은 현실적으로 불가능하다. 왜냐하면 외환거래는 서로 다른 나라의 시장참가자간에 이루어지는 경우가 많기 때문에 시차를 감안할 필요가 있다. 또한 은행간 거래의 경우 거액 거래가 많은데 서로 상대방의 거래 요청에 대한 진위여부 등을 확인하는데 시간이 소요되기 때문이다. 따라서 은행간 현물환 거래의 결제는 별도의 특약이 없는 한 거래계약 후 2영업일에 이루어지고 있으며 이는 시장의 관행으로 받아들여지고 있다.[1)]

선물환이란 외환매매의 계약이 외환의 인수 또는 인도보다 먼저(先)

---

1) 그러나 특별한 경우에는 은행간 현물환 거래대금의 결제가 거래당일 또는 거래 후 1영업일에도 가능하다. 이 경우 결제가 시장의 관행에 비해 먼저 이루어지기 때문에 이를 결제의 선행으로 인식하고, 그 앞선 기간에 해당하는 이자를 차감한 금액이 결제된다.

이루어진다는 의미이다. 통상 선물환시장은 외환의 매매거래 후 그 결제가 거래일로부터 2영업일이 경과한 후, 즉 거래 후 3영업일부터 결제가 이루어지는 시장이다. 따라서 선물환율은 결제가 지연됨에 따른 이자를 가산하여 결정되는데, 이 이자를 스왑포인트(swap point)라고 한다. 그러니까 선물환율은 현물환율 + 스왑포인트가 된다. 여기서 스왑포인트는 외환시장에서 현물환을 매입(매도)하고 그 반대 방향으로 선물환을 매도(매입)하는 두 개의 거래를 하나로 묶어서 거래하는 외환스왑의 거래가격인데, 알기 쉽게 결제 지연에 따른 이자라고 생각하면 될 것이다.

2. 재정환율과 교차환율

우리나라의 경우 원화와 일본 엔화가 직접 교환되는 외환시장이 없다. 그런데 일본과의 교역 등에서 원화와 엔화의 환율은 꼭 필요하다. 이런 상황을 해결하기 위해 두 통화에 공통적으로 달러화를 개재시켜, 즉, 〈(원/달러)/(엔/달러)=원/엔〉을 통해 원/엔 환율을 구할 수 있다. 여기서 상호 교차(cross)되어진 원/달러 환율과 엔/달러 환율을 교차환율(cross exchange rate)이라고 하고, 이렇게 구해진 원/엔 환율을 재정환율(arbitrage exchange rate)이라고 한다.

그런데 재정환율은 때에 따라 외환시장을 왜곡하는 효과(distortion effect)를 초래할 수 있음에 유의해야 한다. 〈원/엔=(원/달러)/(엔/달러)〉의 관계식을 이용하여 이 문제를 살펴보자.

만일 엔/달러 환율이 상승하고 원/달러 환율에 변동이 없다면 재정환율로 계산되는 원/엔 환율이 하락한다. 분자는 그대로인데 분모의 상승

(엔/달러)↑으로 재정환율의 값이 하락 $\frac{(\text{원/달러})}{(\text{엔/달러})\uparrow}$↓하기 때문이다. 원화의 가치는 달러화에 대해 변동이 없는 상황에서, 엔화가 예를 들어 소위 아베노믹스에 의해 달러화에 대해 약세가 됨에 따라 원화의 가치가 엔화에 비해 상승하는 결과가 초래되는 것이다. 다시 말해 만일 원화와 엔화가 직접 거래되는 시장이 존재한다면 원화의 가치가 재정환율의 메커니즘에 의해 엔화에 비해 불필요하게 상승하는 현상은 없을 것이다.

3. 명목환율과 실질환율

우리가 일상생활에서 말하는 환율은 특별히 다른 조건이 없으면 명목환율(nominal exchange rate)을 의미한다. 명목환율은 아래와 같이 표시한다.

- $E = Won/Dollar$ 또는 $Dollar/Euro$

미 달러화(또는 달러)는 세계의 기축통화이다. 따라서 다른 나라 통화의 가치는 기축통화인 1달러를 얻기 위해 그 나라 통화를 몇 단위 줘야 하는 지로 표시된다. 통상 환율을 표시할 때 달러화가 분모에 위치하는 이유이다. 다만, 예외적으로 유로화와 영국의 파운드화는 분모에 위치하며 달러화를 분자에 놓는 것이 시장의 관행이다.

한편 실질환율(real exchange rate)은 명목환율을 물가로 나누어 구하기 때문에 아래와 같이 표시할 수 있다.

- $RE = (Won/P_{Won})/(Dollar/P_{Dollar})$

  여기서, P_{Won}: 한국물가, P_{Dollar} : 미국물가

4. 실효환율과 실효환율지수

환율은 한 나라의 순수출(=수출-수입)에 중요한 영향을 미친다. 이러한 관점에서 우리나라 원화와 우리나라 주요 교역상대국 통화들과의 환율을 종합적으로 감안한 수치를 산출하여 우리나라 교역여건을 분석할 수 있다. 먼저 명목실효환율(nominal effective exchange rate)은 원화와 우리나라 주요 교역상대국들 통화와의 명목환율을 기준으로 산출되며, 실질실효환율(real effective exchange rate)은 원화와 우리나라 주요 교역상대국들 통화와의 실질환율을 기준으로 산출된다.

환율을 나타낼 때, 일반적으로 달러화를 분모에 그리고 다른 통화들을 분자에 표시한다는 사실은 앞서 말한 바 있다. 그래서 원/달러 환율이 상승하면 달러화의 가치는 상승을, 원화의 가치는 하락을 의미하는 것이다. 따라서 달러화와 원화의 가치 변화 추이를 하나의 그래프 안에서 같은 방향으로 분석하기 위해서는 원화의 실효환율수치를 계산할 때 원화를 분모에, 다른 통화를 분자에 위치시키면 된다. 이렇게 하면 달러지수의 상승이 달러화의 가치 상승을 보여주듯이 원화의 실효환율수치 상승도 원화의 가치 상승을 보여주기 때문에 달러화와 원화의 가치변동을 같은 방향으로 분석할 수 있다. 원화를 분모에 위치시킨 실효환율수치의 출발점을 100으로 놓으면 그 수치가 100보다 높을 때 원화의 가치가 기준시점보다 상승한 것이고, 그 수치가 100보다 낮을 때 원화의 가치가 기준시점보다 하락한 것이다. 이를 실효환율지수(effective exchange rate index)라고 한다. 수시로 변동하는 이 지수의 상승은 원화가치의 상승을, 이 지수의 하락은 원화가치의 하락을 의미한다. 여기서 원화와 우리나라 주요 교역상대국들 통화와의 명목환율에 이들 국가와의 교역가중치를 주어 산출한 것을 명목실효환율지수(nominal effective exchange rate index; $NEERI$), 명목실효환율지수를 구매력평가지수(purchasing power parity index; PPI)로 나누어 산출한 것을 실질실효환율지수(real effective exchange rate index; $REERI$)라고 한다.

- $$NEERI = \frac{\Pi(ER_{it}/ER_{io})^{W_{it}}}{(KER_t/KER_o)} \times 100$$
$$= \Pi(WER_{it}/WER_{io})^{W_{it}} \times 100$$

- $$REERI = \frac{NEERI}{PPI} \times 100$$

여기서, W_i : i 국가의 교역가중치,
ER_i: i 국가 통화의 대미달러 환율,
KER : 원화의 대미달러 환율,
WER : i 국가 통화의 원화 대비 환율,
PPI : 구매력평가지수,
아래첨자 t : 비교시점,
아래첨자 o : 기준시점

5. 달러지수

현실적으로 세상의 중심 화폐인 달러의 가치에 대해서는 전세계적으로 관심이 높을 수밖에 없다. 외환시장에서는 달러화의 가치가 얼마나 변동하는지를 매일 매시간 관측하고 있는데, 여기에 이용되는 것이 달러지수(dollar index)이다. 구체적으로 달러지수 값은 주요 교역상대

그림 11.1 달러지수

국 통화에 대한 달러의 가치를 각각의 가중치[2]로 기하평균하여 구한다. 달러지수는 1973년 3월수치를 100으로 하여 이 지수가 상승하면 달러화 가치가 기준시점 대비 상승하였음을, 즉 기준시점보다 달러가 강세임을 의미한다.

2) 달러지수 산출에 사용되는 통화들의 가중치는 유로화 57.6%, 엔화 13.6%, 파운드화 11.9%, 캐나다 달러화 9.1% 등이다.

Ⅱ. 환율 변동에 따른 통화가치 평가

1. 명목환율 변동

만일 원/달러 환율이 1,000원에서 1,001원으로 1원 상승하였다면 1달러를 얻기 위해 종전에 비해 1원이 더 필요하다는 말이 되고, 이는 원화가치가 1원 만큼 하락(depreciation)하였다는 의미이다. 이렇게 우리가 평소에 사용하는 환율이 변동하는 것은 경제학의 기본원리인 수요와 공급의 법칙에 따른 당연한 결과이다.

2. 실질환율 변동

평소에 우리가 사용하고 있는 원/달러 환율이 상승하면 1달러를 매입하기 위해 더 많은 원화를 지불해야 한다는 의미라는 것은 앞서 설명한 바 있다. 그런데 이러한 환율을 각국의 물가수준으로 나누어 구하는 실질환율이 변동한 경우는 어떤 의미를 갖는 것일까?

만일 원/달러 실질환율 〈$(Won/P_{Won})/(Dollar/P_{Dollar})$〉이 상승하였다면, 이는 달러화의 실질가치가 상승한 것이고 동시에 원화의 실질가치가 하락한 것이다. 이의 의미는 한국에서 제조된 동일품질 제품의 원화표시 가격이 미국 달러화 기준으로 더욱 저렴해졌다는 것이다. 이는 곧 그 제품을 미국에서 더 싸게 팔 수 있다는 것이고, 결과적으로 그 제품의 수출경쟁력이 개선되었음을 의미한다. 이렇게 실질환율의 변동은 제품의 수출경쟁력을 측정하는 중요한 요인이 되기 때문에 기업경영에 자주 이용되고 있다.[3)]

---

3) 실질환율은 해당 한 제품에만 적용되는 것이 아니라 한 국가의 모든 수출입에 동일하게 적용되기 때문에 국가경제 분석시에 자주 이용된다.

이렇게 실질환율이 중요하지만 명목환율과는 달리 손쉽게 접할 수 없다는 단점이 있다. 이를 보완하기 위해 실질환율을 명목환율과 물가를 이용하여 간단히 나타내고자 한다.

원화의 미 달러화에 대한 실질환율(real exchange rate; RE)은 다음과 같이 표시된다.

- $RE = \dfrac{(Won/P_{Won})}{(Dollar/P_{Dollar})} = \dfrac{(Won/Dollar)}{(P_{Won}/P_{Dollar})}$

여기서 $won/dollar$는 명목환율(E)이므로 실질환율은 다음과 같이 나타낼 수 있다.

- $RE = \dfrac{E}{(P_{Won}/P_{Dollar})} = E \cdot (P_{Dollar}/P_{Won})$

이를 시간에 대해 미분하여 실질환율의 변동율을 구하면, 아래와 같이 명목환율 변동율에 외국(미국)물가상승률을 더하고 우리나라의 물가상승률을 빼는 간단한 형태로 나타낼 수 있다.

- $\dot{RE} = \dot{E} + \dot{P}_{Dollar} - \dot{P}_{Won}$

예제 11-1

만일 원/달러의 명목환율이 2% 상승하고 미국의 인플레이션이 3%이며 한국의 인플레이션이 5%이면, 즉, 한국의 인플레이션이 미국의 인플레이션에 비해 2%p 높을 때 원/달러의 명목환율이 2% 상승하면 어떤 결과가 초래되는가?

풀이

한국의 인플레이션이 미국의 인플레이션에 비해 2%p 높았지만, 원화의 명목가치가 달러화에 비해 그만큼 하락하였으므로 (원/달러 명목환율 2% 상승) 원/달러 실질환율은 변동이 없다. 따라서 양국의 통화는 서로 다른 인플레이션 발생 후에도 동일한 구매력을 유지하게 된다.

위의 예제와 같이 물가차이를 반영하여 구매력이 동일해진 경우를 상대적 구매력평가가 성립한다(The relative purchasing power parity holds)고 한다.[4] 한국과 미국이 동질의 제품A를 생산한다고 가정하고, 수치를 사용하여 구체적인 예를 들어 보자.

t 년도 원/달러의 명목환율 $E(=Won/Dollar)$가 1,000이다. 재화A의 한국가격이 1,000Won($P_{A,Korea}$ =1,000Won), 재화A의 미국가격이 1 Dollar($P_{A,USA}$ =1Dollar)라고 하자.

$$E=1{,}000$$
$$P_{A,Korea}=1{,}000\text{Won}$$
$$P_{A,USA}=1\text{Dollar}$$

$t+1$ 년도에 원/달러의 명목환율(E)이 1,020($E=1{,}020$), 재화A의 한국

4) 구매력평가(purchasing power parity)는 절대적 구매력평가와 상대적 구매력평가가 있다. 절대적 구매력평가(absolute purchasing power parity)는 한 시점에서 양국 통화의 구매력이 같으려면 일물일가의 법칙에 따라 물가가 높은 국가 통화의 환율이 그만큼 높아야 한다는 것이다. 예를 들어 동일재화A의 한국가격이 1,000원이고 미국 가격이 1달러이면, 동일재화의 가격을 나타내는 1000원과 1달러는 같은 가치를 나타낸다. 따라서 양국 통화의 교환비율인 명목환율은 1,000원일 때 절대적 구매력평가가 성립하는 것이다.
상대적 구매력평가(relative purchasing power parity)는 일정기간 양국의 인플레이션이 서로 다를 때, 양국 통화의 구매력이 같으려면 일물일가의 법칙에 의해 물가가 많이 상승한 국가 통화의 명목환율이 그만큼 높아져야 한다는 것이다.

가격이 1,050Won($P_{A,Korea}$=1,050Won), 재화A의 미국가격이 1.03 Dollar($P_{A,USA}$= 1.03Dollar)라고 하자.

$$E = 1{,}020$$
$$P_{A,Korea} = 1{,}050\text{Won}$$
$$P_{A,USA} = 1.03\text{Dollar}$$

재화A의 한국가격을 미 달러 기준으로 전환하면 $P_{A,Korea}$=1,050Won =1,050/1,020=1.03Dollar로서 미국의 가격과 일치한다. 따라서 상대적 구매력평가가 성립하고 재화A의 한국 가격은 미국 가격과 동일하다.

예제 11-2

만일 원/달러 명목환율이 5% 상승하고 미국의 인플레이션이 3%이며 한국의 인플레이션이 5%이면, 즉 한국의 인플레이션이 미국에 비해 2%p 높을 때 원/달러 명목환율이 5% 상승하면 어떻게 되는가?

풀이

이 경우는 원/달러 명목환율의 상승폭 5%가 한국과 미국의 인플레이션 차이 2%p보다 3%p 크다. 상대적 구매력평가가 성립하는 조건은 원/달러 명목환율이 양국의 인플레이션 차이 2%만큼 상승하는 것이다. 그런데 실제로 원/달러 명목환율은 양국의 인플레이션 차이 2%p보다 3%p 더 큰 5%로 상승한 것이다. 따라서 원/달러 실질환율이 3% 상승하게 된다.($\dot{RE} = \dot{E} + \dot{P}_{Dollar} - \dot{P}_{Won} = 5\% - 2\% = 3\%$) 달러화의 실질가치가 3% 높아졌고 원화의 실질가치가 3% 낮아진 것이다. 이는 곧 한국재화의 가격경쟁력이 3% 높아진 것을 의미한다.

한국과 미국이 동질의 제품 A를 생산한다고 가정하고, 수치를 사용하여 구체적인 예를 들어 보자.

t년도(Y_t)에 원/달러의 명목환율($Won/Dollar$)이 1,000이다. 재화 A의 한국가격이 1,000Won($P_{A,Korea}$=1,000 Won), 재화 A의 미국가격이 1Dollar($P_{A,USA}$=1Dollar)이다.

$$E=1{,}000$$
$$P_{A,Korea}=1{,}000\text{Won}$$
$$P_{A,USA}=1\text{Dollar}$$

$t+1$년도(Y_{t+1})에 원/달러의 명목환율($Won/Dollar$)이 1,050(E= 1,050), 재화 A의 한국가격이 1,050Won($P_{A,Korea}$=1,050Won), 재화 A의 미국가격이 1.03Dollar($P_{A,USA}$= 1.03Dollar)이다.

$$E=1{,}050$$
$$P_{A,Korea}=1{,}050\text{Won}$$
$$P_{A,USA}=1.03\text{Dollar}$$

재화 A의 한국가격을 미 달러 기준으로 전환하면 $P_{A,Korea}$=1,050Won =1,050/1,050=1.00Dollar이다. 재화 A의 한국가격 1.00달러가 재화 A의 미국가격 1.03달러에 비해 3% 저렴해졌다. 원/달러의 실질환율이 3% 상승함으로써 원화의 실질가치가 3% 하락하고, 이는 곧 달러화의 실질가치가 3% 상승한 것을 의미하며 한국 재화의 가격경쟁력이 3% 높아진 것을 의미한다.

예제 11-3

만일 원/달러 명목환율이 1% 상승하고 미국의 인플레이션이 3%

이며 한국의 인플레이션이 5%이면, 즉 한국의 인플레이션이 미국에 비해 2%p 높은데 원/달러 명목환율이 1% 상승하는 데 그친다면 어떤 결과가 초래될까?

풀이

이 경우는 원/달러 명목환율의 상승폭 1%가 한국과 미국의 인플레이션 차이 2%p보다 1%p 작다. 상대적 구매력평가가 성립하는 조건은 원/달러 명목환율이 양국의 인플레이션 차이 2%p만큼 상승하는 것이다. 그런데 실제로 원/달러 명목환율은 양국의 인플레이션 차이 2%p보다 1%p 더 작게 1% 상승하였다. 따라서 원/달러 실질환율이 1% 하락했다. 달러화의 실질가치가 1% 낮아졌고 원화의 실질가치가 1% 높아진 것이다.

한국과 미국이 동질의 제품 A를 생산한다고 가정하고, 수치를 사용하여 구체적인 예를 들어 보자.

t년도(Y_t)에 원/달러의 명목환율($Won/Dollar$)이 1,000이다. 재화 A의 한국가격이 1,000Won($P_{A,Korea}=1{,}000$ Won), 재화 A의 미국가격이 1Dollar($P_{A,USA}=1$Dollar)이다.

$$E=1{,}000$$
$$P_{A,Korea}=1{,}000\text{Won}$$
$$P_{A,USA}=1\text{Dollar}$$

$t+1$년도(Y_{t+1})에 원/달러의 명목환율($Won/Dollar$)이 1,010($E=1{,}010$), 재화 A의 한국가격이 1,050Won($P_{A,Korea}=1{,}050$Won), 재화 A의 미국가격이 1.03Dollar($P_{A,USA}=1.03$Dollar)이다.

$E = 1{,}010$

$P_{A, Korea} = 1{,}050\text{Won}$

$P_{A, USA} = \ 1.03\text{Dollar}$

재화 A의 한국가격을 미 달러 기준으로 전환하면 $P_{A, Korea} = 1{,}050\ \text{Won} = 1{,}050/1{,}010 = 1.04\text{Dollar}$이다. 재화 A의 한국가격 1.04달러가 재화 A의 미국가격 1.03달러에 비해 1% 비싸졌다. 원/달러의 실질환율이 1% 하락함으로써 원화의 실질가치가 1% 상승하고 이는 곧 달러화의 실질가치가 1% 하락한 것을 의미하며 한국 재화의 가격경쟁력이 1% 낮아진 것을 의미한다.

이상에서 우리는 명목환율과 실질환율의 변동에 대해 다음과 같은 시사점을 얻을 수 있다.

① 원/달러 명목환율이 상승(appreciation)하더라도 양국의 물가수준을 감안한 원/달러 실질환율은 하락(depreciation)할 수 있다. 따라서 환율자료를 이용해서 한 나라 경제의 수출경쟁력 등을 분석할 경우 명목환율이 상승하였다고 해서 항상 그 나라의 수출경쟁력이 개선되는 것은 아니라는 점을 유의해야 한다. 그렇기 때문에 데이터의 습득[5]이 가능한 한 실질환율을 이용한 분석을 함께 할 필요가 있다.

---

5) 명목환율은 실시간 관찰이 가능하지만 실질환율은 명목환율을 물가상승률로 조정해야 산출이 가능하다. 이 경우 어떤 물가를 지표로 삼느냐에 따라 학자들 간에 차이가 있다. 또한 물가지표를 습득하는 데에도 상당한 시차가 있다. 따라서 과거의 데이터를 가지고 환율을 분석할 때에는 실질환율에 의해 분석이 가능하지만, 그때그때의 적시성 있는 외환시장 분석을 할 때에는 실질환율을 실시간으로 산출할 수 없는 한계가 있어서 명목환율을 이용한다. 따라서 이 경우에 해석에 신중을 기할 필요가 있다.

② 원/달러 명목환율의 상승과 실질환율의 상승은 그 의미하는 바가 다르다. 명목환율의 상승은 원화의 가치가 하락하는 것을 의미한다. 한편 실질환율의 상승은 한국과 미국에서 제조되는 동일한 품질의 제품 중 한국에서 제조되는 제품의 달러표시 가격이 하락하여 수출 경쟁력이 높아지는 것을 의미하는 것이다.

Ⅲ. 환율 결정요인

환율이 앞으로 어떻게 변동할지는 귀신도 모른다고 한다. 아무리 뛰어난 전문가도 환율을 자신있게 전망하지 못하며, 부득이 환율을 전망할 때면 여러 전제조건을 다는 것을 종종 볼 수 있다. 그만큼 환율을 전망하기가 어렵다는 것이고, 환율변동을 초래하는 요인이 많다는 뜻이기도 하다. 그렇지만 학계에서는 대체로 통화량 인플레이션 경제성장률 내외금리차 국제수지 등을 환율의 주요 결정요인으로 보고 있다.

1. 통화량과 인플레이션

한 나라의 통화량이 생산량에 비해 더 빠르게 증가하면 이 나라의 물가수준이 상승한다. 그리고 이로 인한 인플레이션만큼 이 나라 통화의 구매력이 하락한다. 이는 곧 이 나라 통화의 명목환율이 상승하는 가치 하락(depreciation)을 의미한다.

만일 명목환율의 상승(가치하락, depreciation) 폭이 인플레이션 폭보다 작으면 이 나라 통화가치는 실질환율 기준으로 상승(appreciation)함을 앞에서 살펴본 바 있다.

2. 경제성장률

GDP는 가장 중요한 거시경제 변수이다. 따라서 GDP 통계가 발표되면 환율이 즉각적으로 반응한다. GDP 데이터의 발표에 따른 환율의 반응은 3단계로 분석하고 이해할 필요가 있는데, 여기서 3단계란 긍정적인 데이터, 새로운 정보, 위험선호 또는 위험회피(RO–RO, risk on – risk off)의 단계를 말한다. 미국의 GDP 데이터 발표 이후 달러화 가치의 반응을 예로 들어서 설명하겠다.

〈1단계〉 긍정적 데이터

양호한 미국의 GDP 데이터는 미 달러화의 강세를 유발할 것으로 생각할 수 있다. 미국의 GDP 데이터가 좋으면 미국 자산의 가치상승이 기대되고, 이에 따른 미국자산에 대한 수요증가로 미 달러화에 대한 수요증가가 예상되기 때문이다.

그러나 이러한 추론이 항상 성립하는 것은 아니다. 그 이유는 시장변수들은 현시점의 경제 데이터 자체에 반응하는 것이 아니라, 그 데이터가 함축하고 있는 향후의 기대에 반응하기 때문이다. 다시 말하면 시장변수들은 새로운 정보(news)에 반응하지 기존의 이미 알려진 정보에는 반응하지 않는다는 것이다.

〈2단계〉 새로운 정보

시장변수들은 새로운 정보에 반응한다. 이미 공개된 정보(public information)는 시장변수들에 이미 반영되어 있기 때문이다.

만일 미국의 GDP 데이터가 양호하고 동시에 기존의 기대치를 상회한 것으로 발표된다면, 시장참가자들은 미국 경제에 대해 보다 낙관적인 평가를 하게 되고, 이에 따라 미국자산에 대한 매입 수요는 더욱 늘어날 것이다. 미국 자산의 매입에 필요한 미 달러화의 수요증가로 인해 미 달러화 가치는 상승하게 된다.

만일 미국의 GDP 데이터가 양호한 수준이기는 하지만 기존의 기대치보다 낮은 경우에는 시장참가자들이 향후 미국 경제에 대해 비관적인 태도를 보이면서 미국 자산을 매도하게 될 것이다. 이 경우 달러화에 대한 수요의 상대적인 감소에 따라 미 달러화 가치는 하락하게 된다.

〈3단계〉 시장의 전반적인 위험선호 또는 위험회피(risk-on & risk-off)

2008년에 발발한 글로벌 금융위기 이후 시장참가자들은 경제변수들에 대해 새로운 행태의 반응을 보이게 되었는데, 금융시장에서는 이를 〈risk-on & risk-off〉로 부르게 되었다.

글로벌 금융위기 이후 시장참가자들은 세계경제가 언제쯤 회복을 시작할지에 대해 관심을 집중하였다. 이러한 상황에서 세계 주요국들의 경제지표가 호전되고, 이어서 미국의 경제지표도 호전되는 양상을 보였다. 이에 시장참가자들은 세계경제가 위기에서 벗어나기 시작하는 것으로 기대하면서 안전통화인 미 달러화를 팔고 상대적으로 고수익이 기대되는 호주달러화 등을 샀다. 즉, 미국 GDP 성장률이 예상보다 양호한 경우인데도 미 달러화를 팔아서 미 달러화가 약세를 보인 것이다. 전통적인 경제학 이론과는 반대되는 이러한 현상이 수차례 나타나면서 시장에서는 이를 시장참가자들이 개별국가의 경제지표보다는 시장 전체적인 리스크에 우선 반응하여 리스크 자산을 취하는 행태인 risk-on으로 이해하게 되었다. 물론 반대의 경우는 risk-off로 이해되었다.[6)]

---

6) 최근에는 risk-on과 risk-off와 함께 great rotation도 시장용어(market jargon)로 자주 사용되는데, great rotation이란 risk-off에서 risk-on로 변하는 경우를 뜻하며, 이와 반대방향으로의 변화는 reverse great rotation이라고 한다.

3. 이자율 차이

한 나라의 이자율이 상승할 때 다른 나라들의 이자율이 종전 수준을 유지하면, 이자율 차이(국내이자율 i − 해외이자율 i^*)가 확대된다. 이러한 이자율 차이의 확대 효과는 채권시장 경로와 주식시장 경로의 양면으로 살펴야 한다.

3.1. 채권시장 경로

채권시장에서 이자율의 상승은 두 가지 다른 효과를 가져온다. 첫째는 채권이 새로 발행될 때 상승한 이자율을 반영할 것이므로 기존의 채권에 비해 이자수입(coupon interest income)이 증가한다. 둘째는 기존에 발행된 채권의 경우 발행금리보다 앞으로의 시장금리가 높아질 것이므로 이들 채권 보유자들은 잠재적으로 자본손실의 가능성(potential capital loss possibility)을 갖게 된다. 따라서 채권투자 전략은 향후 이자율의 상승 가능성이 1회에 그칠 것으로 예상되는 경우와 수차례 인상이 예상되는 경우 달라야 할 것이다.

이자율이 당분간 1회 상승에 그칠 것으로 예상되는 경우에는 새로 발행되는 채권이 이자율 상승을 반영하여 기존의 채권보다 높은 이자를 지급할 것이다. 또한 당분간 추가적인 금리 상승이 예상되지 않으므로 이 채권을 매입할 경우 자본손실의 가능성을 우려할 필요가 없다. 따라서 이 채권에 대한 수요 증가로 인해 채권시장으로의 자본유입이 예상된다. 이는 곧 우리나라 채권의 매입을 위한 외화유입의 증가를 의미하고, 이에 따른 외화 공급의 증가는 원화가치의 상승, 즉 원/달러 환율의 하락요인으로 작용하게 된다.

이자율이 일정 기간 동안 수차례 상승할 것으로 예상되는 경우에는 다음의 두 가지를 함께 고려해야 한다. 첫째는 새로이 발행되는 채권의 이자수입이 종전의 채권에 비해 커진다는 긍정적인 측면이다. 둘째는 향후 이자율이 추가적으로 상승할 경우 이 채권들이 자본손실의 가능성을 가지고 있다는 부정적인 측면이다. 따라서 채권투자가들은 이러한 긍정적인 측면과 부정적인 측면을 모두 고려하여 어느 효과가 클 것인지를 잘 살펴야 할 것이다.

3.2. 주식시장 경로

주식시장에서는 이자율의 상승이 두 가지 다른 신호로 해석될 수 있다. 첫째는 이자율의 상승으로 기업의 향후 자금조달 비용이 상승하는 부정적인 효과이다. 둘째는 이자율의 상승이 이 나라 경제에 대한 긍정적인 신호로 해석될 수 있다는 것이다.

먼저 이자율 상승으로 기업들의 향후 차입비용이 증가할 경우에는 기업 투자가 감소할 가능성이 크고 따라서 경제성장이 둔화될 수 있다. 이에 따라 외국인이 우리나라 주식투자를 줄이면 그 회수자금을 달러화로 바꾸어 나갈 것이고(역송금, repatriation), 결과적으로 원/달러 환율은 상승할 것이다.

그러나 외국인들이 우리나라 이자율의 상승을 우리 경제에 대한 긍정적인 신호로 해석할 경우에는 오히려 우리나라 주식을 더욱 매입할 것이고 이에 따른 외화 유입으로 원/달러 환율은 하락할 수 있다. 이러한 상황은 특히 우리나라 중앙은행인 한국은행이 통화긴축을 위해 기준금리를 인상하는 경우, 외국인들이 이를 한국은행이 우리 경제의 회복에 대한 확신을 기초로 통화긴축 조치를 했다고 판단할 때 가능하다. 이 경우 외국인들은 우리나라 경제가 회복할 것이라는 기대를 더욱 확신하게 되고 이를 바탕으로 우리나라 주식을 매입할 것이다. 이에 따른 외화유입으로 원화의 가치는 상승하게 된다.

이자율의 하락이 주가에 미치는 영향도 역시 시장참가자의 반응에 따라 달라질 수 있다. 우선, 이자율의 하락이 기업들의 향후 차입비용 감소요인임을 중시하면 이는 곧 기업 투자의 증가요인이고 경제성장의 촉진요인이다. 예를 들어 외국인이 국내 주식투자를 늘리면 국내 외환시장에 달러화의 유입이 증가하고 원/달러 환율은 하락하게 된다. 그러나 외국인들이 우리나라 이자율의 하락을 경제부진이 심각한 신호로 받아들이면 오히려 우리나라 주식을 매도하고 그 대금을 역송금함에 따라 원/달러 환율이 상승할 수 있다. 이러한 상황은 특히 한 나라의 중앙은행이 경제성장을 촉진하거나 또는 금융시장의 불안정성을 완화하기 위해 금리를 전격적으로 인하하는 경우[7]에 시장참가자가 어느 쪽으로 반응을 보일지를 신중히 살펴보아야 함을 의미한다.

3.3. 이자율 차이와 자본유입 관련 통계검증의 한계

내외금리차의 확대는 자국통화 가치의 상승, 즉 원화절상을 초래하는 것으로 알려져 있지만, 실제로 통계검증을 해보면 인과관계를 설명

---

7) 2020.3.3. 미국의 중앙은행인 연방준비은행(연준)이 코로나19 사태로 인한 금융시장의 불안정성을 완화하고 경제에 활력을 불어넣기 위해 임시회의를 통해 정책금리를 0.5%p 인하하였다. 그런데 달러화는 예상과는 달리 약세를 보였는데(Dollar index가 그 전날 97.36에서 97.18로 하락), 그 주된 요인은 다음과 같다.
① 연준의 긴급 금리인하 및 추가 인하 기대 등으로 인한 통화량 증가 예상은 달러화 약세요인이다. ② 연준이 2008년 10월 이후 처음으로 임시회의를 통해 정책금리를 대폭 인하한 것은 그만큼 코로나19 사태가 심각한 상황이라는 것으로 인식되었다. 이에 따라 연준이 진정시키려던 시장의 불안심리가 오히려 부각됨으로써 위험자산인 미국 주식에 대한 수요감소가 예상되었고, 이는 달러화의 약세요인으로 작용하였다.

할 수 없는 경우도 있다. 이는 주로 채권시장과 주식시장에서 반대방향으로 자본유출입이 발생하여 효과가 상쇄되기 때문이다.

내외금리차가 확대될 경우 우리나라 채권의 이자수익이 높아질 것을 기대하고 채권시장에 외화자본이 유입될 수 있다. 물론 자본손실의 기대가 크지 않은 경우이다. 이러한 자본유입은 원화가치의 상승요인이다. 그러나 내외금리차의 확대가 기업의 차입비용 증가로 우리나라 주식시장에 부정적으로 영향을 미칠 수도 있다. 이 경우에는 우리나라 주식시장으로부터 자본유출이 발생하고 원화가치는 하락(원/달러 환율 상승)할 것이다.

만일 우리나라 채권시장과 주식시장에서 이와 같이 상반되는 현상이 발생하는 경우에는 두 상반되는 힘이 상쇄된 후의 환율 움직임이 통계적으로 의미있는 결과를 보여주지 못할 수도 있다. 이와 같은 현상은 우리가 환율을 분석할 때 내외금리차가 각각 채권시장과 주식시장에 서로 반대 방향으로 미치는 영향을 분리해낼 수 없기 때문에 발생한다.

4. 국제수지

경상수지와 자본수지를 통해 외화유입이 증가하면 우리나라 외환시장에서 외화의 공급이 늘어남과 동시에 원화 수요가 증가하여 원화가치의 상승, 즉 원/달러 환율의 하락이 초래된다.

4.1. 경상수지

경상수지는 주로 수출과 수입의 차이인 순수출(=수출−수입)에 의해 발생한다. 한 나라의 순수출이 증가하면 경상수지 흑자가 확대되고 달러의 유입이 증가한다. 유입된 달러는 상당부분 원화로 환전되는 과정에서 달러의 매도와 원화의 매수가 발생하여 달러화 약세와 원화 강세가 유발된다.

4.2. 자본수지

자본수지는 외국인의 자본투자(foreign capital investment)에 따른 외화유입에 주로 기인하는데, 외국인 자본투자는 외국인 직접투자와 증권투자의 두 가지로 나뉠 수 있다.

① 외국인 직접투자(foreign direct investment; FDI) : 외국인이 우리나라 기업에 투자해서 제품을 생산하고 이들 기업의 경영에 참여하기 위한 투자이다. FDI는 기업에 대한 투자이고 또한 장기적 투자이다. 따라서 FDI는 단기적으로 변동성이 크지 않다.

② 증권투자(portfolio investment) : 외국인이 채권이나 주식을 매입하기 위한 투자로서, 투자한 채권이나 주식에서 목표수익을 얻으면 투자를 회수하고 돌아갈 수 있다. 따라서 증권투자는 FDI에 비해 단기적인 변동성이 크다.

어쨌든 FDI나 증권투자를 통한 외화자본의 유입은 원화의 가치를 상승시키고, 이에 따라 원/달러 환율이 하락한다. 반면에 외국인이 증권투자자금을 회수하여 본국으로 다시 보내는 역송금(逆送金, repatriation)이 발생하는 경우에는 역송금을 위한 달러화 매입 수요 증가로 달러화 가치가 상승하고 원/달러 환율은 상승한다.

4.3. 경상수지 적자는 자동적으로 자본수지 흑자로 보전되는가?

만일 한 나라의 경상수지 적자규모가 심각하지 않으면, 이 나라의 대외 지급능력이 의심받지 않을 것이기 때문에 국제 자본시장에서 외화를 조달하여 경상수지 적자를 메울 수 있다.

그러나 한 나라의 경상수지 적자가 지속적으로 누적되면 이 나라의 대외 지급능력이 의심받게 되고 이 나라는 외화를 쉽게 차입할 수 없다. 이 나라의 신뢰도가 떨어질 것이고 해외차입은 점점 어려워질 것이다. 이 경우 경상수지 적자를 지급하기 위해 최종적으로는 이 나라의 외환보유액이 사용되어야 한다. 만일 외환보유액이 충분하지 않으면 경상수지 적자를 지급할 수 없는 상황에 처하게 된다. 이때는 국가의 지급불능 사태를 막기 위해 국제통화기금(International Monetary Fund; IMF) 등 국제기구에 긴급 유동성 지원을 요청하게 된다. IMF로부터 유동성을 지원받게 되면 유동성을 지원해 준 대출자로서의 IMF 정책권고를 받아들여야 한다. 결국 이 나라는 경제정책을 IMF의 감독 하에 수행해야 하고 사실상 경제주권을 상실하는 것과 마찬가지의 상황이 된다.

5. 정치적 요인

5.1. 지정학적 긴장(geopolitical tension)

지정학적 긴장이 고조되면 시장참가자들은 보다 보수적인 투자 자세를 보이며 안전자산을 선호하게 된다. 외환시장에서는 달러화가 기축통화로서 대표적인 안전자산이므로 달러화에 대한 수요가 증가하고 달러화는 강세를 보인다.

5.2. 국제정치적 합의(international political accord)

1985년 주요 5개국(G5: 미국, 영국, 독일, 프랑스, 일본) 재무장관들이 미국 뉴욕의 플라자 호텔에 모여 독일 마르크화와 일본 엔화의 가치를 절상시키기로 합의하였다. 이것이 바로 소위 〈플라자 합의〉이다. 다음 그림에서 보는 바와 같이 이로 인해 엔/달러 환율이 급격히 하락하였고 엔화의 가치는 급등하였다.

만일 앞으로 이와 유사한 국제정치적 합의가 있다면, 외환시장에서 해당 통화 환율의 중장기적 추세에 중대한 영향을 미칠 것이다.

그림 11.2 엔/달러 환율

특별주제 안전통화 논쟁

- **(안전통화의 개념)** 안전통화란 국제금융시장의 위험이 커질 때 수요 증가로 인해 그 통화의 가치가 상승하는 통화를 말한다. 안전통화

로 자주 거론되는 통화로는 미 달러화와 일본 엔화가 대표적이다.

• **(캐리 트레이드)** 엔화의 안전통화로서의 성격은 캐리 통화(carry trade currency) 특성으로부터 나온다. 즉, 일본은 디플레이션 상황하에서 저금리가 오래 지속됨으로써, 투자가들은 일본에서 저금리로 엔화를 차입하고 이를 성장 가능성이 높은 나라의 자산, 예를 들어 호주 국채 등에 투자하였다. 이 경우 호주에서의 운용금리가 일본에서의 차입금리보다 높기 때문에 이자차익을 얻고, 또한 호주 달러화가 강세를 보일 경우 환차익까지 얻게 된다. 이것을 캐리 트레이드(carry trade)라고 한다.

그런데 만일 세계경제 성장세가 부진하고 글로벌 금융시장의 위험이 증가하면, 호주 같은 국가들의 성장 기대가 약화된다. 이 경우 앞에 설명한 캐리 트레이드의 반대 방향으로 거래가 일어나서 호주자산을 팔고 엔화 차입금을 상환하게 된다. 따라서 외환시장에서는 호주 달러를 매도하고 일본 엔화를 매입하게 되므로 엔화가 강세를 보인다. 이와 같은 현상을 시장에서는 엔캐리 청산(unwinding of Yen carry)이라 한다.

글로벌 금융시장의 위험회피 성향이 증가할 때, 엔캐리 청산이 대량으로 발생하면 엔화의 강세가 일시적으로 큰 폭으로 일어나고 경우에 따라서는 달러화 강세폭보다 클 때도 있다.

• **(엔화는 달러보다 더 안전한 통화인가?)** 엔화의 강세폭이 달러화보다 클 경우가 종종 발생하곤 하는데, 이것으로 엔화가 달러화보다 안전통화라고 간주할 수 없다는 것이 중론이다. 물론 엔화의 강세폭이 큰 것이 딜러들의 달러화 매도와 엔화 매입에 기인한다면 엔화가 달러화보다 안전자산이라 말할 수 있을 것이다.

그러나 달러화보다 큰 엔화의 강세폭이 엔캐리 청산에 의한 것이라면 엔화가 달러화보다 안전한 자산이라고 간주하기 곤란할 것이다.

제 12 장

국제재무 Ⅱ

S&T중공업은 예전에는 삼영열기라는 기계장비를 만드는 조그마한 회사였다. 이 기업은 당시 수입에 의존하던 기계공업 분야를 국산화하기 위해 절치부심하였었는데, 마침내 세계적인 기술수준에 도달하게 되었다. 이를 바탕으로 세계시장의 문을 두드리는데, 갖은 고생 끝에 미국 최대기업인 GE에 300만달러 어치를 납품하기로 계약을 맺었다. 그런데 그 날이 바로 우리나라가 외환위기(소위 말하는 IMF사태)가 터지기 3일 전이었다. 계약 당시 1달러에 700원대이던 환율이 3일이 지나자 2,000원 가까이 폭등함으로써 엄청난 이익을 올릴 수 있었고, 오늘날 S&T그룹으로 성장하는 발판이 되었다.
환율과 관련해서는 S&T중공업과 반대사례가 더 많다. 이자가 싼 외화대출금을 받았다가 환율이 급등하면서 상환불능에 빠지고 급기야 부도를 맞은 안타까운 사례가 너무나 많다. IMF사태 당시 우리 국민이 엄청난 고통을 당했던 직접적인 원인은 바로 이러한 환율위험이었던 것이다.

이번 장에서는 환율변동으로 인해 기업의 시장가치가 어떻게 변화하는지, 이른바 기업의 환노출(exchange exposure)에 대해 조금 더 깊이 알아보고자 한다. 이를 위해서는 각국이 채택하고 있는 환율 관련 제도와 정책에 대해 공부하지 않을 수 없다. 환율은 기업이 만드는 것이 아니라 기업에게 주어진 환경이기 때문이다.

Ⅰ. 환율제도(exchange rate regime)

1. 환율제도의 종류

환율제도란 환율의 관리유형을 말한다. 즉, 환율이 외환당국에 의해 결정되는 고정환율제도와 환율이 외환시장의 수요와 공급에 의해 변동하면서 결정되는 변동환율제도가 대표적이다.

먼저 고정환율제도(fixed exchange rate regime)는 자국통화의 가치를 다른 통화에 고정(peg)하여 운영하는 환율제도이다. 따라서 그 나라의 환율은 고정된 다른 나라의 통화기준으로 표시된다. 예를 들면 홍콩달러(Hong Kong dollar, HK$) 가치는 미 달러화에 고정되어 있고, 거래도 1달러당 HK$7.75~HK$7.85의 좁은 범위 안에서 이루어진다.[1)]

자유변동환율제도(free-floating exchange rate regime)에서는 자국통화의 가치가 시장에서의 수요와 공급에 의해 자유롭게 변동하는 제도이다.[2)] 따라서 이 환율제도 하에서는 환율이 계속 변동한다.

관리변동환율제도(managed floating exchange rate regime, dirty floating exchange rate regime)는 한 나라가 변동환율제도를 채택한 상황에서 외환당국이 외환시장에서 외화를 매수 또는 매도하는 개입(intervention)을 함으로써 자국통화의 환율에 영향을 미치는 방식을 채택하는 환율제도를 말한다.

---

1) 고정환율제도 하에서의 환율변동은 국가가 의도적이고 인위적으로 결정하는 것이므로 통화가치의 평가절하(devaluation) 또는 절상(revaluation)이라고 부른다.

2) 이와 같이 변동환율제도 하에서 환율이 시장에서 수요와 공급에 따라 결정되어 변동하는 것을 통화가치의 하락(depreciation) 또는 상승(appreciation)이라고 한다.

표 12-1 환율 제도별 채택 국가

구분		채택 국가
Hard pegs	No separate legal tenders, Currency boards	25 (홍콩, 에쿠아도르 등)
Soft pegs	Conventional pegs, Crawling pegs, Bands	76 (중국, 베트남, 체코 등)
Floating	Free-floating, Floating	71 (EU, 호주, 한국, 인도네시아 등)

2. 적정 환율제도 논쟁

국제적으로 적정 환율제도의 선택과 관련하여 각국의 경제현실을 감안할 때 고정환율제도, 변동환율제도, 또는 중간단계의 환율제도(관리변동환율제도) 중 어느 환율제도를 채택하는 것이 외환위기의 가능성을 최소화할 수 있는지에 대해 논의되어 왔다.

1980년대에 신흥시장국에서는 중간단계의 환율제도가 널리 채택되었다. 그러나 1990년대 들어 세계자본시장의 통합화가 크게 진전됨에 따라 중간단계의 환율제도를 유지하기가 어려워졌다. 자국통화 가치의 급격한 절하 가능성이 높아지는 경우 자본이 급속히 유출됨으로써 외환시장의 불안정성이 증가하는 경우가 발생하였기 때문이다. 이에 따라 자본시장이 개방된 국가들은 변동환율제도와 고정환율제도 중 하나를 선택하는 것이 바람직하다는 주장(two-corner solution)이 대두되었다. 그러나 모든 국가에 적합한 유일한 환율제도는 존재하지 않으며 개발도상국들의 경우 경제규모, 대외개방도, 산업구조, 노동시장의 유연성 등 금융경제여건이 상이하므로 중간단계의 환율제도도 인정할 수 있다는 견해도 제기되었다.

중요한 것은 각국이 어떠한 형태의 환율제도를 선택하더라도 환율정책은 일관성과 신뢰성 있는 국내정책에 의해 뒷받침되어야 하며 유지 불가능한 환율수준을 방어하려고 해서는 안 된다는 것이다.

3. 환율제도별 특징

3.1. 변동환율제도

변동환율제도는 대체로 다음과 같은 장점이 있는 것으로 알려져 있다.

① 국제수지가 자동적으로 균형을 회복한다. 국제수지 적자는 외화의 초과수요를 유발하여 자국통화 가치의 절하와 가격경쟁력 향상을 가져오며, 이는 수출촉진 및 수입수요 감소를 통해 국제수지 회복에 기여한다는 것이다. 국제수지 흑자의 경우에는 반대의 추론이 가능하다.

② 변동환율제도에서의 투기가 고정환율제도에서보다 어렵다. 만일 어떤 나라가 고정환율제도를 채택하였다면, 그 나라 통화의 가치가 좁은 범위 내에서 유지되어야 한다. 따라서 만일 이 통화의 가치를 떨어뜨리려는 투기적 공격이 있으면, 외환당국이 달러를 팔고 자국통화를 매입함으로써 자국통화의 환율을 공표된 고정 환율수준에서 유지해야 한다. 그런데 만일 투기적 공격이 계속된다면 이에 대응하여 자국통화의 가치를 방어하기 위해 외환보유액의 달러를 계속 매도해야 하는데, 외환보유액의 규모가 무한하지 않기 때문에 이는 불가능하다. 어느 순간 외환보유액은 소진될 것이고 외환당국은 더 이상 자국통화 가치의 방어를 위해 외환보유액의 달러를

팔 수 없게 된다. 따라서 고정환율제도는 제한적인 외환보유액 규모를 감안할 때 투기적 공격에 취약하다는 결론에 도달한다.

반면, 변동환율제도에서는 한 나라 통화의 가치가 다른 나라 통화에 대해 자유롭게 변동하기 때문에, 만일 이 나라 통화의 가치를 떨어뜨리려는 투기적 공격이 있을 때 외환당국은 자국통화의 가치를 유지하기 위해 외환시장에서 달러를 팔고 자국통화를 사들일 필요가 없다. 환율이 시장에서 수요와 공급에 의해 오르고 내리도록 내버려두고 관찰만 하면 된다. 왜냐하면 변동환율제도에서는 투기자 자신도 환리스크를 부담하기 때문이다. 이 나라 통화의 가치가 투기공격에 의해 투기자들이 원하는 방향으로 하락했다고 가정하자. 그 순간 이 나라 통화가치는 다시 상승할 수도 있고 또한 다시 하락할 수도 있다. 양 방향의 가능성에 항상 열려 있는 것이다. 만일 이 나라 통화의 가치가 투기적 공격에 의해 10% 하락한 후 예기치 못한 요인으로 인해 반전되어 15% 상승한다면 투기자들은 투기적 공격에 의해 5%의 환차손을 입게 된다. 변동환율제도는 환율의 변동을 수용하기 때문에 투기적 공격에 취약한 듯 보이지만, 반면에 그렇기 때문에 투기자들이 투기적 공격에 따른 환차손의 가능성으로 인해 환투기를 함부로 하지 못하는 환율제도이다.

③ 보다 독립적인 경제정책의 수행이 가능하다. 환율을 일정수준에서 유지해야 하는 제약이 없기 때문에 경제정책을 국내경제의 균형에 집중함으로써 그 효과를 극대화할 수 있기 때문이다.

④ 중앙은행이 외환시장 개입에 대비하여 무리하게 외환보유고를 유지할 필요가 없다.

그러나 위와 같은 주장들이 현실적으로 입증되지는 않았다. 각 통화의 평가(平價, parity)는 균형수준에서 괴리되어 있다는 연구들이 발표된 바 있고, 국제수지의 불균형은 변동환율제도 도입 이후에도 확대되었다. 또한 투기활동은 계속해서 이루어지고 있어서 투기적 요인에 의해 특정통화 가치의 변동성이 확대되는 사례도 목격되고 있다. 이에 따라 변동환율제도하에서 단기 또는 중기적인 통화의 불안정성 증대로 성장에 대한 부정적인 영향이 무시할 수 없는 것으로 인식되고 있으며 독립적인 경제정책의 수행이 곤란한 경우도 발생하고 있다.

3.2. 고정환율제도

일부 학자들은 개발도상국의 경우 고정환율제도를 채택하는 것이 보다 바람직하다는 주장을 한다. 그 이유는 개발도상국의 경우 금융시장의 발달이 미흡하고 무역대금의 달러화 결제비중이 높으며 기업 및 금융기관의 환위험 회피 능력이 부족하고 정부의 신뢰성이 부족하여 환율변동의 비용이 상대적으로 크기 때문이라고 지적하였다.

그러나 고정환율제도는 금융자유화로 자본의 이동성이 크게 증대된 국제금융 환경에 맞지 않은 측면이 있다. 고정환율제도하에서 대외불균형이 지속될 경우 통화당국이 환율을 적정수준으로 유지할 수 없을 것이라고 보는 환투기 공격에 노출될 수 있다는 점은 이미 살펴보았다.

3.3. 관리변동환율제도

관리변동환율제도는 환율의 변동폭을 일정 범위내로 제한하는 것이다. 이 제도는 개발도상국처럼 경제규모 대외개방도 산업구조 경제통합도 등 금융경제 여건이 상이하여 양극단의 환율제도를 일률적으로 적용하기 곤란한 경우 각국의 여건에 맞도록 채택할 수 있다는 것이다. 이러한 주장은 고정환율제도와 변동환율제도중 어느 하나를 채택하는 방식(two-corner solution)에 의해서는 환율의 불안정성을 예방할 수 없다는 분석에 기초한다. 실제로 변동환율제도가 지지자들이 주장하는 것처럼 환율의 안정에 기여하지 못하는 측면이 있고, 고정환율제도는 금융의 세계화가 급속히 진전되고 있는 현재와 같은 상황에서는 유지가 어려울 수 있기 때문이다.

또한 대부분의 외환당국은 필요시 명시적 또는 묵시적으로 환율을 일정 수준으로 유지하기 위해 외환시장에 개입을 하고 있는 것이 사실이다. 실제로 많은 국가들이 자국통화의 환율을 달러화에 연계시킴으로써 사실상 관리변동환율제도를 채택하고 있다.

그러나 중간단계의 환율제도를 채택한다고 해서 환율의 불안정성을 예방할 수 있는 것은 아니다. 환율의 페그가 엄격해서 환율의 변동폭이 매우 좁은 범위로 제한되는 경우는 명목환율이 고정되어 있는 경우와 사실상 큰 차이가 없다. 국내 인플레이션이 경쟁국보다 높은 데도 명목환율이 좁은 범위에서 유지되면 실질환율의 절상으로 인해 수출경쟁력이 하락함을 이미 살펴본 바 있다.

특별주제 삼위일체 불가능성(impossible trinity)

- 삼위일체 불가능성(impossible trinity)이란 한 나라가 ① 자유로운 자본 이동(free capital mobility), ② 고정환율제도(fixed exchange rate), ③ 독립적인 통화정책(independent monetary policy)의 세 가지 정책을 동시에 할 수 없다는 것이다.

• 이를 case별로 예를 들어 설명하면 다음과 같다.

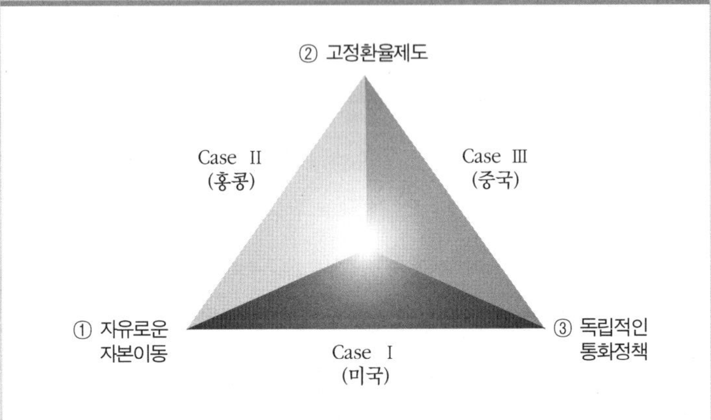

[case I] 미국은 ① 자유로운 자본이동과 ③ 독립적인 통화정책을 선택하고, ② 고정환율제도를 포기하였다. 만일 미국이 고정환율제도를 원한다면, 미국 외환당국이 해외로부터의 자본유출입의 영향을 없애기 위해 외환시장에 개입해야 한다. 그렇게 되면 통화량이 변동할 수밖에 없는데, 이는 곧 ③ 독립적인 통화정책을 포기한다는 의미이다.

[case II] 홍콩은 ① 자유로운 자본이동과 ② 고정환율제도를 선택하고, ③ 독립적인 통화정책을 포기하였다. 홍콩 외환당국은 홍콩달러화의 가치 변동을 막기 위해 외환시장에 개입하고 있다. 이에 따라 통화량은 변동하고 독립적인 통화정책은 하지 못하고 있다.

[case III] 중국은 ② 고정환율제도[3]와 ③ 독립적인 통화정책을 채택하는 대신 ① 자유로운 자본이동을 금지시켰다. 중국정부는 해외로부터의 자본유출입이 환율이나 통화량에 영향을 미치지 못하도록 하기 위해 외부로부터 자본유출입을 통제하고 있다.

---

3) 중국은 완전한 고정환율제도를 채택하고 있지 않지만 환율의 변동폭을 일정범위(예: 전일대비 ±2.25%)로 제한하기 때문에 고정환율제도에 가까운 것으로 판단하고 설명한다.

Ⅱ. 이자율 평가(利子率 平價, interest rate parity; IRP)

1. 개념

경제학에서 평가(平價, parity)는 명목적인 수치가 다르더라도 그 실질적인 가치가 같은 경우를 말한다.

예를 들어 2년 만기 미국 국채의 이자율이 연 3%이고, 같은 만기의 한국 국채의 이자율이 연 5%라면 한국 국채의 이자율이 미 국채에 비해 2%p 더 높다.[4] 2%p의 내외금리차는 한국 채권시장으로 외화자본이 유입되는 원인이 된다. 한국 채권을 매입하면 미국 채권에 비해 더 높은 이자율로 이자를 받을 수 있기 때문이다. 이러한 외화자본의 유입은 한국 외환시장에서 달러의 공급을 늘리고, 이 늘어난 달러화가 한국자산에 투자되기 위해 한국의 외환시장에서 원화로 바뀌는 과정에서 달러화는 약세가 되고 원화는 강세가 된다.

원화의 강세는 한국 제품이 수출될 때 가격경쟁력을 떨어뜨리고 한국의 순수출(=수출−수입)은 감소한다. 순수출의 감소는 GDP를 감소시키고 이에 따른 경제성장의 둔화는 결국 원화가치의 하락을 초래할 것이다. 이처럼 향후 예상되는 원화가치의 하락으로 인해 외국인들은 원화 자산에 투자한 후 이를 달러화로 환전하여 본국으로 다시 송금(逆送金, repatriation)할 때 환차손을 예상할 수 있다.

결국 내외금리차로 인한 이자차익이 향후 환차손으로 인해 상쇄될 수 있는 가능성을 감안하면, 연 5%의 이자를 지급하는 한국 국채와 연 3%의 이자를 지급하는 미 국채는 국제금융시장에서 이론적으로 그 실질적인 가치가 동등하다는 것이다. 이것이 바로 이자율 평가이론

---

4) 이것을 이자율 차이 또는 내외금리차(interest rate differential, $i_{Korea} - i_{USA}$)라고 한다.

의 개념이다.

요약하면 $(+)$의 내외금리차$\langle(i_{Korea}-i_{USA})>0\rangle$와 환차손 예상 $(-)$이 장기적으로 상쇄되어 결국 장기적으로는 이자 차이를 얻기 위한 재정거래의 이익이 소멸하고 두 나라의 국채가 주는 이자의 효과는 같아진다는 것이 이자율 평가이론의 요지이다.

2. 헤지 이자율 평가(covered IRP)와 非헤지 이자율 평가(uncovered IRP)

2.1. 헤지(hedge)의 개념

경제학에서 헤지란 가치의 변동 가능성이 없어진 것을 말한다. 가치의 변동 가능성이란 가격의 미래 불확실성(uncertainty)으로부터 나온다. 우리가 어느 재화의 미래가격을 알 수 없으면 그 재화의 미래가치를 결정할 수 없다. 그러나 어느 재화의 미래가격을 계약에 의해 지금 결정할 수 있다면, 미래의 시점에 그 재화의 가격이 오르거나 내리더라도 상관없이 지금 정해진 가격으로 미래에 그 재화를 사거나 팔 수 있다.

예를 들어, 3개월 후에 1달러를 1,000원에 매입하기로 지금 계약을 하면(달러화 선물환 매수 계약), 실제로 3개월 후에 환율이 1달러에 1,000원이든 900원이든 상관없이 1달러를 1,000원에 살 수 있다. 여기서 중요한 것은 3개월 후 미래시점의 환율을 모르더라도 걱정할 필요가 없다는 것이다. 왜냐하면 3개월 후의 환율이 1,100원으로 오르거나 900원으로 내리더라도 상관없이 1달러를 1,000원에 매입하기로 이미 계약이 되어 있기 때문이다. 따라서 헤지(hedge)의 의미는 계약에 의해 미래의 거래가격이 이미 정해져 있기 때문에 미래 가격의 불확실성을 우려할 필요가 없는 상태를 말한다.

2.2. 헤지 이자율 평가

헤지 이자율 평가(covered IRP; CIRP)는 두 나라의 이자율에 차이가 발생할 때, 현재의 내외금리차가 선물환율에 의해 불확실성 없이 정해진 환율 변화율과 그 크기가 같아서 서로 상쇄되고 결국 두 나라의 이자율은 실질적으로 같은 효과를 가진다는 것이다. 헤지 이자율 평가가 성립하는 경우 다음의 등식이 성립한다.

- $$i_{Korea} - i_{USA} = \frac{F-S}{S} = \frac{E_{t+1} - E_t}{E_t}$$

여기서, $i_{Korea} - i_{USA}$: 한국과 미국의 현재 이자율 차이,
F, E_{t+1} : 선물환율(F: forward exchange rate,
E_{t+1}: exchange rate at $t+1$),
S, E_t : 현물환율(S: spot exchange rate, E_t: exchange rate at t)

2.3. 非헤지 이자율 평가

비헤지란 어느 재화의 가치가 미래가격의 변동 가능성에 노출되어 있는 상태를 말한다. 미래가치의 변동 가능성은 미래가치를 알 수 없는 불확실성으로부터 나온다.

우리가 어느 재화의 미래가격을 현시점에서 계약으로 정하지 않으면 미래시점에 얼마에 그 재화를 매입 또는 매도해야 하는지를 알 수 없다. 만일 미래시점에 이 재화의 가격이 오르면 이 재화를 매입하기 위해 현재가격보다 더 높은 가격을 지불해야 하고, 만일 미래시점에 이 재화의 가격이 내리면 더 낮은 가격을 지불하게 된다. 예를 들어

1달러를 3개월 후에 1,000원으로 살 수 있는 계약(달러 선물환 매입 계약)을 현시점에서 체결하지 않으면, 3개월 후에 현물시장에서 달러를 매입할 때 그 때의 시장환율로 달러를 매입해야 한다. 물론 3개월 후의 현물환율이 얼마가 될지는 아무도 모른다.

비헤지 이자율 평가(uncovered IRP; UCIRP)는 두 나라의 이자율에 차이가 발생할 때, 현재의 내외금리차가 미래환율의 예상치를 사용해 불확실성에 노출된 환율 변화율과 그 크기가 같아서 서로 상쇄되고 결국 두 나라의 이자율은 실질적으로 같은 효과를 가질 것으로 예상된다는 것이다. 비헤지 이자율 평가가 성립하는 경우 다음의 등식이 성립한다.

- $i_{Korea} - i_{USA} = \frac{E^a_{t+1} - E_t}{E_t}$

여기서, $i_{Korea} - i_{USA}$: 한국과 미국의 현재 이자율 차이,

E_t : 현물환율(E_t: exchange rate at t, t는 현재시점),

E^a_{t+1} : 미래환율의 예상치(a: anticipation, 예상치)

3. 재정거래 메커니즘(arbitrage mechanism)

재정거래는 동일한 상품이 두 시장에서 서로 다른 가격으로 거래되고 있을 경우 가격이 싸게 거래되는 시장에서 그 상품을 사서 가격이 비싼 시장에 그 상품을 팔아서 이익을 얻는 거래를 말한다. 특히 외환재정거래는 외환이 서로 다른 나라에서 거래될 수밖에 없는데, 이 나라와 저 나라에서의 거래가격(환율)이 다를 경우 그 차익을 얻기 위한 외환거래를 말한다. 그런데 그것이 외환만 거래되는 것이 아니라 국가간 이자율 차이도 끼어 있기 때문에 복잡한 측면이 있다. 즉 재정차익이 발생한

다는 것은 CIRP(헤지 이자율 평가)에 따라 내외금리차와 환율변동률이 같아야 함에도 불구하고 현실적으로 차이가 발생한다는 것을 의미한다.

이를 좀 더 쉽게 살펴보기 위해 아래와 같이 몇 가지 가정을 두고 예를 들어 설명해 보겠다.

① 미국에서 1달러를 차입하는 비용: 3개월 Libor[5)] 금리가 연율 1%
② 1달러를 외환스왑 시장에서 원화로 바꾸어 한국 양도성예금증서(CD)를 매입할 때의 수익: 3개월 CD 수익률이 연율 4.0%
③ Won/Dollar 현물환율: 1,000
④ Won/Dollar 3개월 선물환율: 1,005

여기서 재정차익(arbitrage benefit)은 CIRP(헤지 이자율 평가)에 따라 내외금리차와 환율변화율 차이로 계산될 수 있을 것이다. 환율변화율을 차감하는 이유는 외국인 투자가들이 달러를 우리나라에 들여와 외환스왑시장에서 원화로 바꾸어(예: 1달러당 1,000원) 우리나라 금융자산에 투자한 후 만기 때 원화를 다시 달러로 바꿀 때(예: 1,005원), 이 환율 변화율만큼 원화를 더 지급함으로써 비용이 되기 때문이다. 먼저 내외금리차는 한국의 3개월물 CD금리가 4%이고, 미국 금리[6)]로 인용할 수 있는 3개월물 Libor 금리가 1%이므로 간단하게 3.0%p임을 알 수 있다. 그리고 환율변화는 현물환율이 1,000, 3개월 선물환율이

5) London Interbank Offered Rate, 런던 은행간 차입금리

6) 여기서 미국 금리를 언급하는 이유는 당연히 원/달러 환율이 미국 달러화와 한국 원화를 비교하기 때문이고, 미국 금리로 Libor라고 하는 런던 은행간 차입금리를 이용하는 이유는 Libor는 국제적인 기준금리이기 때문이다. 즉, 미국 시장금리의 대용변수로 Libor가 얼마든지 이용될 수 있다.

그림 12.1 재정거래 매커니즘

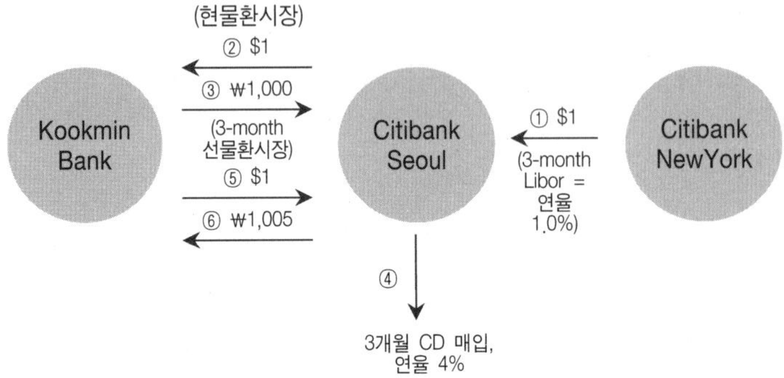

① 내외금리차: 4%−1%=3%p
② 환율변동(연율, %)

$$\frac{1005-1000}{1000}\times\frac{12}{3}\times 100=2.0\%$$

③ 차익거래 유인
=3%−2%=1%p

① Citibank N.Y.으로부터 $1 차입
② $1를 현물환시장에서 매도
③ ₩1,000을 현물환시장에서 매입
④ CD 매입
⑤ $1를 3개월 선물환시장에서 매입
⑥ ₩1,005을 3개월 선물환시장에서 매도

1,005이므로 $\frac{F-S}{S}=0.005$가 된다. 그러나 이 환율변화는 3개월 기간 중 발생한 것이기 때문에 연율기준 이자율(%)과 비교하기 위해서는 이를 1년 기준 % 단위로 변환하여야 한다. 3개월에 0.005이므로 그의 4배 기간인 1년에는 0.02가 되고 이를 백분율로 변환하면 연 2.0%가 됨을 알 수 있다. 따라서 재정차익은 내외금리차(3.0%p)에서 환율변동률(2.0%)을 뺀 1.0%p가 된다.

헤지 이자율 평가 이론은 다음과 같은 두 가지 가정 하에 내외금리차가 장기적으로 같은 크기의 환율변화율에 의해 상쇄되기 때문에 재정차익이 소멸한다는 것이다. 두 가지 가정은 ① 국제적 자본이동에 아무런 제약과 비용이 없고, ② 두 통화의 quality가 같다는 것이다.

그러나 한국의 외환시장 데이터를 관찰해 보면, 재정차익이 거의 항상 양(+)의 값을 보이고 있어서 헤지 이자율 평가(CIRP)가 성립하지 않음을 알 수 있는데, 그 이유는 위에 언급된 두 가지 가정은 현실성이 없기 때문이다. 즉, 국제적인 자본 이동에는 사실상 여러 가지 제약이 있고 거래비용이 수반될 수밖에 없다. 또한 달러는 기축통화이고 원화는 아무래도 위험성이 더 큰 통화이기 때문에 두 통화의 quality가 다르다.

한국에 달러가 충분하다면 국제 자본시장에서 달러를 조달하는 것보다 편리하고 조달비용도 절감할 수 있을 것이다. 그런데 재정차익이 이론대로 0이 되면 달러가 한국의 외환시장으로 새로이 유입될 유인이 없다. 자본이동의 제약과 이동에 따른 비용을 감안하고 나면 한국으로의 자본유입으로 양(+)의 순이익을 얻을 수 없기 때문이다. 따라서 투자자 측면에서 보면, 한국 외환시장에서 거의 항상 나타나는 양(+)의 재정차익은 위험통화로 간주되는 한국 원화표시 자산을 취득하면서 부담하는 위험에 대한 보상(risk premium)이다. 이 양(+)의 리스크 프리미엄이 거의 항상 존재하기 때문에 한국 원화표시 자산을 매입하고 그 투자상황(포지션, position)을 유지할 수 있는 것이다. 반면에 한국 등 신흥시장국의 입장에서 이 양(+)의 재정차익은 달러가 자국내 외환시장에서 머물도록 하기 위한 비용이라고 할 수 있다.

Ⅲ. 자국통화 약세정책의 효과

최근 들어 뉴스에서 환율전쟁이라는 용어를 자주 접하고 있다. 이 말은 각국이 자국통화의 가치 하락을 위한 조치[7]를 앞다투어 취하는 것을 의미한다. 도대체 자국통화의 가치가 하락한다면, 그 나라의 경제가 어떻게 변하길래 〈전쟁〉이라는 말을 사용할 정도로 절실한 지 검토해 볼 필요가 있다.

1. 환율 조작 논쟁(debate over currency manipulation)

1.1. 환율 조작의 개념

환율 조작이란 한 나라의 외환당국이 자국 통화의 가치에 영향을 미치기 위해 의도적으로 외환시장에 개입하여 자국통화를 대가로 외화(주로 달러)를 매입 또는 매도하는 인위적인 조치를 말한다. 당국이 외환시장에 개입하여 인위적으로 자국통화를 대가로 외화(달러)를 매입 또는 매도하면 그 나라 통화와 달러화의 환율이 시장의 균형수준으로부터 괴리된다.

한 나라 외환당국의 외환시장 개입은 두 방향으로 가능하다. 첫째는 한 나라의 통화가치가 너무 높아져 수출경쟁력이 약화되는 경우이다. 이 경우 외환당국은 자국통화의 가치를 낮추기 위해 외환시장에서 자국통화를 팔고 달러화를 매입한다. 이에 따라 자국 통화가치의 하락을 유도할 수 있다. 둘째는 한 나라의 통화가치가 너무 낮아져 이

---

7) 변동환율제도 하에서는 외환당국이 인위적으로 자국통화의 가치 하락을 유도하는 것을 말하는데, 곧 자세히 살펴보겠지만 외환당국이 외환시장에 개입하여 자국통화를 대가로 외화(주로 미달러화)를 매입하는 것이 여기에 해당된다.

나라 통화표시 자산의 환차손이 예상되고 이에 따른 자본유출 및 외환위기의 가능성이 우려되는 경우이다. 이 경우 외환당국은 자국통화의 가치를 방어하기 위해 외환시장에서 자국통화를 매수하고 달러화를 매도한다. 이에 따라 외환보유액이 감소한다.

그러나 현실적으로 환율 조작이란 위에 언급한 첫째의 경우, 즉 자국통화의 가치를 낮추어 수출경쟁력을 높이고 이를 통해 경제성장을 촉진하려는 경우를 말한다. 둘째의 경우는 주로 자국통화의 가치가 투기적 공격 등으로 인해 지나치게 약화될 경우 자국통화의 가치를 방어하고 외환위기를 방지하기 위한 조치이다. 따라서 이러한 조치는 국제사회에서 일반적으로 용인되고 있으며 환율조작으로 비난받을 사안이 아니다.

1.2. 환율 조작 여부 평가

한 나라가 외환시장 개입에 의한 환율 조작으로 자국통화의 가치를 하락시키면, 이 나라 제품의 (외국통화로 표시된) 수출가격은 저렴해질 수 있다. 이렇게 환율 조작으로 한 나라 제품의 수출 가격경쟁력은 개선될 수 있지만 반대로 교역상대국들은 수출경쟁력이 약화되고 만다. 국제사회가 환율조작을 불공정한 조치로 판단하는 이유이다. 따라서 한 나라가 불공정한 방법에 의해 수출경쟁력의 개선을 시도할 경우 교역상대국들은 시장보호를 이유로 보복관세 등 대응조치를 취하게 되고, 이는 당사국의 수출에 악영향을 미칠 수밖에 없게 된다. 그래서 비록 환율조작을 실시하였다고 하더라도 당사국은 이를 부인하면서 오히려 교역상대국의 조치를 비난하기도 한다.

이런 상황 하에서 관건은 과연 어떤 통화의 약세가 환율조작에 의한 것인가를 가리는 일이 될 것이다. 학계에서는 아래 사실들을 대체로 그 기준으로 이용하고 있다.

① 경상수지 흑자

경상수지는 주로 수출과 수입의 차이인 순수출로 구성된다. 수출이 수입에 비해 증가하면 경상수지 흑자가 늘어나고 이에 따라 외화의 유입이 증가한다. 외화의 유입은 일부분 외화예금으로 남아 있겠지만 대부분 원화로 환전된다. 결국 경상수지 흑자의 일부는 외환시장에서 달러의 공급을 증가시키고 이에 따른 달러 가치의 하락으로 원/달러 환율이 하락하게 된다.

그런데 경상수지 흑자가 지속되는 상황에서 원화 가치가 이에 상응하여 상승하지 않는다면, 외환당국의 시장개입이 의심받을 수 있다. 외환당국이 외환시장에서 자국통화를 대가로 달러화를 매수하여 원/달러 환율의 빠른 하락세를 저지하였을 것이라는 추측이 가능하다. 이 경우 환율조작으로 비난받을 수 있다.

② 외환보유액 증가

대부분의 국가들은 외환당국[8]이 비상사태에 대비하여 외화표시 자산인 외환보유액을 보유하고 있으며, 이를 적절한 방식으로 운용하고 있다. 그런데 이 외환보유액이 통상적으로 가능한 수익률 수준, 즉 이자율이나 환율 동향으로 추산 가능한 수준보다 더 많이 증가하였을 경우에는 외환당국의 시장개입에 의해 외화의 보유규모가 증가한 것으로 의심받을 수 있다. 외환당국이 자국통화 가치의 상승속도를 완화시키기 위해 외환시장에서 달러화를 사들인 것이라는 추측을 피하기

---

8) 우리나라의 외환당국은 정부(기획재정부)와 한국은행이다.

어렵다.

③ 실질실효환율지수(*REERI*)

제11장에서 소개하였던 실질실효환율지수는 한 국가 통화의 가치가 기준시점 대비 상승 또는 하락했는지를 나타낸다. 기준시점의 실질실효환율지수가 100이므로 이 지수가 100보다 높으면 한 국가의 통화가치가 상승했음을 나타내고 이 지수가 100보다 낮으면 한 국가의 통화가치가 하락했음을 나타낸다. 만일 한 국가의 경상수지가 상당폭 흑자를 지속하는 상황에서 실질실효환율지수가 이에 상응하여 상승하지 않는다면 이 나라의 외환당국이 외환시장에서 달러를 매수하여 자국통화의 가치상승 속도를 인위적으로 완화시켰을 가능성을 의심받을 수 있다. 만일 외환당국의 개입이 없었다면 실질실효환율지수가 더 높아졌을 것이기 때문이다.

이상의 상황을 종합해 보면, 한 나라가 환율조작을 했을 수 있다는 추론은 경상수지 흑자와 외환보유액의 증가 또는 경상수지 흑자와 실질실효환율지수를 함께 관찰할 때 가능하다.

경상수지 흑자가 크게 증가하고 그로 인한 달러화의 국내 외환시장 유입은 자국통화 가치의 상승요인이고, 이로 인해 실질실효환율지수는 상승해야 한다. 만일 이 나라가 자국통화 가치의 급격한 상승을 억제하기 위해 외환시장에 개입하는 경우에는 그로 인해 외환당국 계정의 보유 달러, 즉 외환보유액이 증가하고 또한 자국통화 가치의 절상 속도가 줄어들어 실질실효환율지수가 시장개입이 없었을 경우에 비해 낮은 수준에 머무르게 될 것이다.

2. 환율조작이 경제에 미치는 영향

그렇다면 과연 환율조작으로 한 국가의 통화가치가 하락할 경우 그 나라 경제에는 어떠한 영향을 미칠 수 있을까? 대체로 다음의 세 가지 측면에서 살펴볼 수 있을 것이다. 먼저 환율 하락(통화 약세)이 수출 증가를 가져오는가를 확인할 필요가 있다. 다음으로 만일 그렇다면 수출이 증가하면 정말로 경제가 성장하는가 하는 측면이고, 마지막으로 실물경제의 최종목표라고 할 수 있는 고용에 대한 영향이다. 즉 수출이 늘면, 생산이 늘고, 고용이 늘어나는가 하는 문제이다.

현실 세상에서 일반인들은 이 모든 경로가 작동하는 것으로 믿고 있을 수 있는데, 과연 그럴지 한번 살펴보겠다.

2.1. 통화 약세 → 수출 증가?

이는 앞서도 언급한 바 있지만, 조금 더 자세히 살펴보고자 한다. 환율 조작 등 자국통화의 약세정책으로 통화가치가 하락할 때 다른 모든 변수에 변동이 없다면, 수출의 가격경쟁력이 개선되는 것은 사실이다. 따라서 순수출(=수출−수입)은 당연히 증가할 것이다.
그러나 교역상대국의 순수출이 늘어난 것은 상대방 국가로서는 순수출이 줄어든다는 것을 의미함으로써 교역 상대국들도 통화가치 약세정책을 펼칠 가능성이 높은데, 이로 인해 한 나라의 통화가치 약세로 인한 수출 가격경쟁력 개선 효과는 곧 소멸하고 말 것이다. 그래도 혹자는 교역 상대국의 대응조치가 나올 때까지는 실제적인 효과가 있는 것으로 주장할 수 있다. 그러나 학계에서는 J커브 효과[9]를 들어 단기적으로

---

9) 정부가 무역수지 개선을 위해 환율 상승을 유도하지만 초기에는 무역수지가 오히려 악화되다가 상당한 기간이 지난 다음에야 개선이 된다는 것이다.(이 기간 동안 무역수지

역효과가 날 수 있다고 경고하고 있는 점에 비추어 확실한 효과를 기대하기는 어렵다고 하겠다.

2.2. 수출 증가 → 산출 증가?

한 나라의 수출이 증가하면 경제의 총수요가 증가하고 이에 따라 산출도 증가할 수밖에 없다. GDP 항등식〈$Y \equiv C(Y-T)+I(Y,i)+G+NX(X-M)$〉에 따라 순수출〈$NX(X-M)$〉이 증가하면 생산($Y$)이 자동적으로 늘게 된다.

2.3. 산출 증가 → 고용 증가?

한 나라의 산출이 증가하면 고용도 함께 증가할 것인가? 이에 대한 답은 간단하지 않다. 왜냐하면 첫째, 산출 증가는 고용 증가를 초래할 수 있다. 그러나 과연 얼마나 많은 고용이 증가할 것인지가 관건이다. 만일 산출 증가가 주로 자본과 장비를 집중적으로 사용하는 제조업 부문에서 일어난다면, 고용 증가 효과는 크지 않을 것이다. 산업화가 진전될수록 제조업 생산 증가가 주로 자본과 장비의 투입 증가에 기인하기 때문이다. 둘째, 통화가치 하락은 수입재화의 가격 상승을 통해 인플레이션의 원인이 된다. 또한 산출 증가도 경제의 총수요 증가를 통해 인플레이션의 원인이 된다. 따라서 통화가치의 약세 정책은 인플레이션을 초래할 가능성이 큰데, 인플레이션은 가계의 실질 가처분소득을 감소시킨다. 가계는 실질 가처분 소득의 감소에 따라 소비 지출을

의 변화양상을 그래프로 그려놓으면 그 모습이 J자를 닮았다고 해서 J커브 이론이라고 명명되었다.) 이러한 현상이 발생하는 것은 환율 상승 초기에는 수출입 물량은 큰 변동이 없는 반면 수출품 가격은 하락하고 수입품 가격은 상승하여 무역수지가 악화되기 때문이다.

줄여야 하는데 주로 서비스 분야에서 이러한 지출 감소가 발생할 것이다. 생활의 유지에 필수적인 소비지출은 줄이기 어렵기 때문이다. 서비스 분야의 지출 감축은 이 분야의 매출 감소를 초래할 것이고 결국 서비스 분야에서 고용 감소가 초래될 것이다.

이러한 점을 감한할 때 어느 효과가 클지는 경제상황에 따라 다를 것이기 때문에 이에 대한 신중한 판단이 필요한 것은 분명하다.

특별주제 1 차액결제선물환(non-deliverable forward; NDF)

- 환율이 요동칠 때마다 차액결제선물환(non-deliverable forward, 이하 NDF)이 주목을 받는다. 따라서 환율변화에 민감할 수밖에 없는 재무관리자는 당연히 NDF에 대해 파악하고 있어야 한다.

① **(개념)** NDF는 만기에 계약원금의 교환 없이 계약시 미리 정한 환율과 만기시 시장환율 간의 차액만큼 거래당사자간에 지정통화로 결제하는 선물환을 말한다.

② **(거래 예시)** 3개월 후에 달러로 지급을 해야 하는 기업이 환리스크 헤지를 위해 달러를 3개월 NDF 선물환율 1,005원으로 매입하는 경우(현물환율은 1,000원 가정)

- 만일 3개월 후에 환율이 1,010원이 되면, NDF 매입자는 시장에서 1달러를 1,010원에 매입하는 대신 NDF 매입계약으로 인해 1,005원으로 매입할 수 있으니 1달러당 5원만큼 유리해진다.
- NDF 매도자는 현물시장에서 1달러를 1,010원으로 매도할 수 있는 것을 1,005원에 매도해야 하므로 달러당 5원이 불리해진다.
- 불리해진 쪽에서 유리해진 쪽으로 계약금액 달러당 5원을 지불하면 되는데, 이 5원을 그 시점의 달러환율로 환산하여 계약금액 달러당 0.00495(=5/1,010)달러를 지급하면 정산이 종료된다.

③ **(도입 배경)** 외국인의 우리나라에 대한 투자를 유도하기 위해 도입되었다. 외국인 투자가 입장에서 NDF는 아래와 같은 점이 유리하다.

- 일반 선물환거래에 비해 차액만 결제하면 되므로 적은 자금으로 환리스크를 헤지할 수 있다.
- 만기시 차액결제를 마치고 난 후의 원화 투자금은 그대로 남

아 있다.[10] 외국인 투자가로서는 원화자산 보유포지션에 대한 리스크 헤지 목적은 일반선물환과 동일하게 달성하면서도, 만기시 원화자산 재투자 또는 본국 송금의 선택권이 있는 점이 유리하다.

④ **(순기능과 역기능)** NDF는 그 이용목적에 따라 외환시장을 안정시키기도 하고 외환시장의 불안정성을 증폭시키는 역기능을 하기도 한다.

(순기능 사례 : 헤지 목적의 NDF) 외국인 투자가가 원화자산에 투자한 후 나중에 이 자산을 매도하고 받은 달러대금을 본국으로 역송금할 때 원/달러 환율이 상승하면 환차손이 발생한다. 이러한 환차손의 가능성을 피하고자 헤지를 하는 경우 외국인 투자가는 NDF 매입을 한다. 이 경우에는 NDF 매입이 외환시장을 안정시키는 기능을 한다.

- 외국인이 당초 원화자산 투자를 위해 달러를 매도할 때 환율이 하락하지만, 환차손 방지를 위해 NDF를 매수할 때 환율이 상승함으로써 환율의 하락세가 완화되고 외환시장의 변동성은 줄어든다.

(역기능 사례 : 투기목적의 NDF) 만일 시장참가자들[11]이 원/달러 환율 상승 또는 하락에 따른 환차익을 기대하고 투기목적으로 NDF를 매입 또는 매도하면 외환시장의 불안정성은 증폭된다.

- 시장참가자가 투기목적으로 NDF를 매입하면 거래상대은행은 NDF 매도포지션 상태가 된다. 거래상대은행은 환포지션 헤지를 위해 현물환을 매입하게 되고 이에 따라 원/달러 환율이 상승한다. 투기자가 달러를 많이 보유하고 있었다면 큰 환차

10) 일반 선물환 거래는 만기시 결제를 위해 계약금 전액을 달러로 환전하여야 할 것이다.

11) 꼭 외국인투자자일 필요가 없다. 시장참가자라면 누구나 NDF를 거래할 수 있다.

익을 얻을 수 있다.

이 경우의 원/달러 환율 상승은 실물경제 상황의 변화 없이 투기적 목적의 NDF 매입에 의해 일어난 것이다. 1997년 우리나라에서 외환위기가 진행되는 과정에서 이러한 투기적 목적의 NDF 매입으로 원/달러 환율의 상승세가 매우 가팔라졌었다는 분석이 있다.

- 외국인이 투기목적으로 NDF 매도를 하면 거래상대은행은 NDF 매입포지션 상태가 된다. 거래상대은행은 환포지션 헤지를 위해 현물환을 매도하게 되고 이로 인해 원/달러 환율이 하락한다.

  이 역시 실물경제와 상관없이 환율이 하락한 것이며, 국가경제적 측면에서 원/달러 환율의 하락에 의한 수출경쟁력 악화라는 부정적인 효과만 있을 뿐이다.

특별주제 2 선물환포지션 규제

- 선물환포지션 규제는 외환당국이 금융기관들의 선물환포지션을 일정한도 이내로 제한한 것을 말하는데, 이는 투기적 선물환매도에 따른 환율하락 및 단기외채 증가를 방지하기 위해 도입되었다. 외환거래와 밀접한 관련이 있는 재무관리자는 선물환 매도 메카니즘과 이와 관련한 선물환포지션 규제를 이해할 필요가 있다.

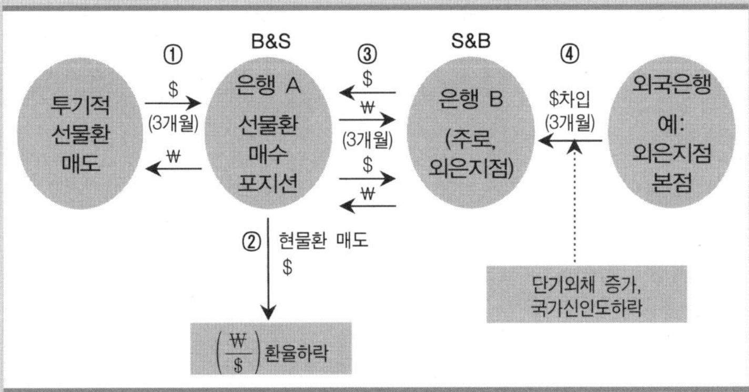

① 투기적 목적의 선물환 매도는 거래 상대은행의 선물환 매수를 유발

❷ 거래 상대은행은 선물환 매수에 따른 환리스크 헤지를 위해 현물환 매도(⇒ 환율 하락)+현물환 매도용 달러 조달을 위해 스왑

③ 거래상대은행의 스왑 거래상대은행(주로 외은지점)은 반대방향 스왑을 위해 외은본점으로부터 달러 차입(⇒ 단기외채 증가[12]))

12) 외국은행의 한국내 지점(외은지점)이 그 은행의 본점(외은본점)으로부터 달러를 차입한 것은 당연히 한국의 외채로 집계되는데, 외환스왑은 1년 이내 기간에 이루어지므로 외채 중에서도 위험성이 높은 것으로 인식되는 단기외채가 증가하는 것으로 나타난다. 이에 따라 한국의 국가신인도가 약화될 가능성이 높아진다.

- 외환당국이 투기적 목적의 선물환 매도 자체를 제한하면 가장 간단하겠지만 기업이나 외국인투자가 등은 당국이 직접 제한하기 어렵다.
  이에 따라 당국이 영향력을 행사할 수 있는 금융기관에 대해 선물환 포지션(❷과정)을 제한함으로써 기업이나 외국인 투자가 등의 선물환매도 자체를 원천적으로 제한하는 효과를 행사하는 것이다.

제 13 장

기업재무 리스크 관리

현대의 기업이 직면하는 또 한 가지 중요한 흐름은 위험관리(risk management)이다. 위험관리란 기업경영에서 생길 수 있는 불확실성(uncertainty)의 원인과 그에 따라 입을 수 있는 손실을 파악하고 줄이기 위해 노력하는 모든 활동을 말한다.
종전에는 위험관리라 하면 화재와 같은 큰 사건으로 인한 손실을 막기 위한 것이었으나 지금은 많이 달라졌다. 이젠 위험하면 화재보다는 이자, 환율 같은 시장가격이 떠오른다. 자금차입과 관련한 이자율위험, 수출입과 관련한 환위험 등이 대표적이라 하겠다. 요즈음에 재무관리자가 이런 용어를 모른다고 한다면, 그 말은 회사를 운영하지 않겠다는 말과 같은 의미가 되어 버렸다.

이번 장에서는 현대 기업재무의 핵심영역이 되어버린 위험의 종류와 그 크기를 평가하는 방법에 대해 알아보고, 이러한 위험에 대응하는 구체적인 방안에 대해 짚어 보겠다.

I. 기업재무 리스크 관리 개요

1. 기업재무 리스크의 개념

기업재무에서 리스크란 예상하지 못한 사건(event)에 의해 기업의 자산이나 부채의 가치가 미래에 변동할 가능성, 불확실성(uncertainty)을 의미한다. 여기서 불확실성이란 미래에 손실이 발생할 수도 있고 발생하지 않을 수도 있는 상태를 말한다. 미래에 손실 발생이 확실하고 그 손실의 크기도 확실한 경우 이는 리스크가 아니며 회계학에서도 손실의 인식 시점에 비용으로 계상한다.[1] 즉, 미래의 불확실성이 현시점에서 나의 의사결정에 영향을 미치는 경우에만 리스크로 인식한다.[2] 그런데 미래의 불확실성이 현시점에서 나의 의사결정에 영향을 미치는 것 중 나에게 이익을 주는 경우는 리스크로 인식하지 않고 손실을 초래하는 경우인 하방 리스크(downside risk)만 리스크로 인식하는 접근법이 현실적일 수 있다. 이 경우 리스크의 개념은 장래 예상하지 못한 손실을 발생시킬 수 있는 불확실성의 정도를 의미하는 것으로 정의할 수 있을 것이다. 따라서 리스크의 크기는 미래의 불확실성으로 인해 발생할 수 있는 불리한 영향의 크기로, 수학적으로는 특정사건의 결과가 확률적 기댓값(expected value)에서 벗어나는 정도, 즉 기댓값과 실제 결과간 차이의 가변성(volatility)으로 측정된다.[3]

---

1) 예를 들어 벌금이 여기에 해당된다.

2) 예를 들어 만일 내가 주식과 아무 관련이 없는 경우에는 주가의 하락은 나에게 리스크가 아니다.

3) 이것이 바로 분산과 표준편차이다.

2. 리스크의 발생원인별 분류

2.1. 외환리스크

국제금융시장에서는 거래대금을 서로 다른 통화로 지급하고 수취하는 결제가 이루어진다. 여기서 거래대금을 결제하는 시점의 환율변동에 따라 지급하는 금액이나 수취하는 금액이 변동한다. 또한 외화표시 자산이나 부채를 보유하고 있는 상황에서 결산 등 필요한 시점에 이를 자국통화 기준으로 전환해야 하는데, 이 경우 환율의 변동으로 외화표시 자산이나 부채의 자국통화 가치 환산액이 변하게 된다. 이처럼 미래 환율의 변동으로 인해 특정통화를 대가로 다른 통화를 지급하거나 수취하는 금액을 알 수 없게 되는 불확실성을 환리스크라고 한다.

예를 들어 살펴보자. 수출업체가 3개월 후에 수출대금 1억 달러를 받기로 했을 때 이 수출업체는 환리스크가 있을까? 있다면 무엇일까? 현재 원/달러 환율이 1달러당 1,000원이라고 가정하자. 그런데 3개월 후의 원/달러 환율은 알 수 없다. 만일 3개월 후에 원/달러 환율이 1,000원보다 높아져 예를 들어 1,050원이 되면 이 수출업체는 3개월 후에 받는 1억 달러를 환전하여 1,050억 원을 수취한다. 그런데 만일 3개월 후에 원/달러 환율이 달러당 1,000원보다 낮아져, 예를 들어 950원이 되면 이 수출업체는 3개월 후에 받는 1억 달러를 환전하여 950억 원을 수취하게 된다.

이렇게 두고 볼 때 이 수출업체는 3개월 후에 들어올 1억 달러의 원화가치를 현재로서는 알 수 없고, 따라서 3개월 후의 시점 기준으로 자금계획을 정확하게 수립할 수 없다. 3개월 후의 미래시점에 유입될 1억 달러의 원화가치를 확정할 수 없는 불확실성(uncertainty), 이것이 이

업체의 환리스크이다.

2.2. 시장리스크(market risk)

시장리스크란 기업의 단기 여유자금을 수익획득 목적으로 금융자산에 투자하는 경우 헤지되지 않은 부분(exposure)에 대해 시장 가격변수의 변동에 의해 보유자산의 가치가 변동할 가능성을 말한다. 그래서 시장리스크는 주식 채권 외환 등에 투자한 경우 발생할 수 있는 손실로 측정한다.

시장리스크는 짧은 기간(금융기관의 경우, 통상 10영업일 이내)의 매매를 통해 이익을 목적으로 하는 자산(은행의 경우 트레이딩 자산이라 하므로 이하 트레이딩 자산으로 하겠음)을 대상으로 관리하며, 채권을 만기까지 이자수익을 목적으로 보유하는 경우[4]는 시장리스크 관리대상에서 제외할 수 있다.

한편 유의할 점은 같은 금융자산 투자라고 하더라도 시장리스크는 금리, 주가, 환율, 상품(commodity)의 시가 등 시장가격의 일반적 수준 변화에 따른 손실 리스크이기 때문에 체계적 위험과 같은 개념인 반면 개별리스크는 일반적인 시장가격의 변화 외에 개별 채권 또는 주식발행자 등의 신용리스크 변동 등에 의한 손실 리스크로서 비체계적 위험에 해당한다는 점에서 차이가 있다. 개별 리스크는 우리가 이미 알고 있는 바와 같이 분산투자에 의해 감축할 수 있다.

---

4) 이 경우 이자율 상승으로 채권의 가치가 하락하더라도 결산시점에서 채권의 평가손이 발생할 뿐이며 실제 손실이 실현된 것은 아니므로, 만기에 채권의 원금을 회수하기 때문에 리스크로 간주하지 않을 수도 있다.

트레이딩 자산의 시장리스크는 투자한 자산의 가격변동으로 인해 발생하므로 그 자산의 가격을 결정하는 요소가 리스크 요소(risk component, risk factor)이며, 이를 통해 리스크를 측정할 수 있다.
투자한 금융자산별로 시장리스크 측정요소를 나열해 보면 다음과 같다.

① 주식

주식의 리스크 요소는 주가 자체이다. 주가의 변동으로 투자한 주식에 손실이 발생할 수 있기 때문이다.

② 채권

채권의 리스크 요소로는 금리가 가장 중요하다. 금리의 변화는 채권의 현재가치, 듀레이션(duration), 컨벡시티(convexity) 등에 영향을 미치며 이러한 변수들이 모두 채권의 가치와 연관이 되어 있기 때문이다.
채권발행자의 신용등급 하락 등으로 채권의 가치가 하락하는 경우에도 이러한 변수들이 그 채권의 유통수익률 상승으로 나타나므로 금리가 가장 중요한 리크스 측정요소가 된다고 하겠다.

③ 외환

외환의 리스크 요소는 역시 환율이다. 환율이 변하면 외화자산이나 부채의 포지션 가치에 변화가 생기고 이로 인해 손실이 발생할 수 있기 때문이다.

④ 파생상품

파생상품의 리스크 요소는 옵션의 내재 변동성(implied volatility)이다. 이는 외견상 바로 볼 수 있는 변동성이 아니다. 옵션의 가격 속에 내재되어 있는 변동성을 수학적으로 역산하여 찾아낸 변동성을 말한다.

2.3. 금리리스크

금리리스크[5)]는 예상하지 못한 이자율의 변동에 의해 보유자산이나 부채의 가치가 변동할 가능성이며, 이는 자산과 부채의 성격, 유형, 만기, 현금흐름의 시기와 크기, 예상보유기간 등에 따라 다양하게 발생한다.

금리리스크는 자산과 부채의 만기 불일치에 따라 발생하는 경우와 수익률곡선의 형태가 변하여 손실이 발생하는 경우로 구분하는 것이 일반적이다.

자산과 부채의 만기가 일치하지 않는 상태에서 금리가 상승할 경우 변동금리부 부채의 이자부담이 증가하고, 반대로 금리가 하락할 경우 변동금리부 자산의 이자수익이 감소하는 리스크가 있다.

수익률곡선의 형태가 변하는 경우도 수익률곡선의 형태가 가파르게 변하는 경우(steepening)와 완만하게 변하는 경우(flattening)로 나누어 생각해 볼 수 있다. 가파르게 변하는 steepening의 경우에는 장기금리와 단기금리간의 격차가 커지는 점을 감안해야 하고, 완만하게 변하는 flattening의 경우에는 장기금리와 단기금리간의 격차가 줄어드는 점에 유의해야 한다.

자산과 부채를 동시에 보유한 경우, 특히 자산과 부채가 금리에 민감한 경우 자산의 현재가치와 부채의 현재가치를 각각 산출하고 그 차이인 순자산의 현재가치를 기준으로 리스크를 관리해야 한다. 자산이나 부채의 현재가치는 우리가 익히 아는 것처럼 이들로부터

---

5) 사실 금리리스크를 시장리스크의 한 부분으로 인식할 수도 있으나, 일부 금융기관은 투자목적으로 단기간 보유하는 채권과 같은 시장성 자산의 가치가 이자율 변동으로 변동할 가능성은 시장리스크로 인식하는 반면 기업의 영업과 관련하여 보유하는 예금이나 대출의 가치가 이자율의 변동으로 인해 변동하는 경우는 금리리스크로 구분하고 있다.

미래에 발생하는 현금흐름을 현시점에서 이용 가능한 이자율로 해당기간에 대하여 할인하여 산출한다.

2.4. 신용리스크(credit risk)

신용리스크는 거래상대방의 채무불이행이나 신용등급 하락 등으로 경제적 손실을 입을 수 있는 잠재적 손실가능성을 말한다. 기업의 경우 외상매출한 거래상대방이나 거래 금융기관의 신용리스크가 중요한데, 실제로 이러한 리스크는 부도 리스크, 채무불이행 리스크, 도산 리스크 등으로 나타난다.

신용리스크를 측정하고자 할 때는 차주의 부도확률[6](부도율), 미래 부도시점의 부도 노출규모(exposure at default; EAD), 부도시 손실률[7](loss given default; LGD) 등을 감안하면 좋다.

2.5. 유동성 리스크[8](liquidity risk)

기업의 유동성 리스크는 개별기업의 유동성 부족이나 시장 전체적인 유동성 부족 등으로 기업이 자금조달이나 자산의 처분과 관련하여 손실을 입을 가능성을 의미한다.

이는 다시 자금조달 유동성리스크와 시장 유동성리스크로 구별할 수 있는데, 자금조달 유동성리스크는 기업이 자금의 조달과 운용상

---

6) 신용리스크 측정시 부도확률은 향후 1년 이내에 부도가 발생할 확률을 말한다. 그러나 시장리스크의 경우 주식과 채권을 매입하고 단기간내에 다시 매도하여 이익을 얻을 목적으로 보유하는 경우에는 10영업일을 기준으로 측정한다.

7) 부도시점에서 부도 노출규모 가운데 손실이 발생할 금액의 비율을 말한다.

8) 유동성이란 어떤 자산을 시간이나 가격면에서 큰 손실 없이 적정가격으로 원활하게 처분할 수 있는 환금성(convertibility)을 의미한다고 보면 된다.

만기불일치나 예상하지 못한 자금유출로 인해 유동성 부족이 발생하고, 이 부족자금을 적기에 조달하지 못하거나 또는 조달비용이 급상승하여 손실을 입을 가능성을 말한다. 시장 유동성리스크는 거래량 부족, 시장침체 등으로 시장가격이 하락하고 그에 따라 기업이 포지션 청산 등을 위해 보유자산을 현금화하는 과정에서 정상가격보다 큰 차이의 싼 값으로 자산을 매도함으로써 손실이 발생할 가능성을 말한다.

유동성 리스크는 비율지표로 측정하며 VaR[9]와 같은 금액으로 측정하지 않음에 유의할 필요가 있다. 여기서 유동성 비율지표는 유동성 자산과 유동성 부채에 대한 여러 비율지표를 말하는데, 유동성 자산과 유동성 부채의 회계학상 기준은 잔존만기 1년이지만 금융기관의 경우 유동성 비율은 잔존만기 1개월을 기준[10]으로 산정하며, 외환의 경우에는 잔존만기 3개월을 기준으로 산정함을 참고할 필요가 있다. 기업의 재무관리는 금융기관으로부터의 자금조달과 밀접한 관련이 있기 때문이다.

① 유동성 갭 비율

유동성 갭이란 유동성 자산과 유동성 부채의 차이를 총자산으로 나누어 구하는데, 이 비율이 (+)이면 유동성 자산이 유동성 부채보다 많아서 유동성 자산으로 유동성 부채를 모두 상환할 수 있는 상황에 있음을 의미한다. 또한 금융기관은 유동성 갭 비율은 기간별로 다를 수 있다는 점을 감안하여 여러 구간(예: 7일, 1개월 등)으로 나누어 관리한다.

---

9) 221쪽의 〈시장리스크의 측정〉 파트에서 자세히 설명할 것이다.

10) 이는 곧 금융회사가 유동성이 부족할 경우 1개월 정도를 다른 자산들을 현금화하여 견딜 수 있으면 생존이 가능할 수 있다는 의미이다. 또한 정부차원에서도 관련제도를 정비하거나 새로운 방안을 강구할 시간적 여유를 가질 수 있다는 의미이기도 하다.

② 유동성 커버리지 비율(liquidity coverage ratio; LCR)

유동성 커버리지 비율은 유동성 자산이 향후 30일간 현금의 순유출을 감당할 수 있는지를 판단하는 지표로서 〈유동성자산/(30일간의 현금유출－30일간의 현금유입)〉으로 산출한다. 이 비율의 목적은 극심한 위기상황하에서도 금융기관이 30일간의 순자금유출(30일간의 현금유출－30일간의 현금유입)을 견딜 수 있도록 고유동성자산[11]을 보유시키는 데 있으며, 기업의 경우에도 이 비율을 참고하여 도입여부를 결정할 필요가 있다.

2.6. 운영리스크(operation risk)

운영리스크는 부적절하거나 잘못된 내부절차, 인력시스템 및 외부사건 등으로 인해 기업에 손실이 발생할 가능성을 말한다. 이러한 운영리스크가 발생할 수 있는 사건의 유형을 국제결제은행(Bank for International Settlement; BIS)은 ① 내부사기, ② 외부사기, ③ 고용관행과 작업장 안전, ④ 고객 · 상품 및 거래 관행, ⑤ 유형자산의 피해, ⑥ 영업상 혼란과 시스템 이상, ⑦ 실무처리 과정상 오류의 7가지로 분류하였는데, 기업의 실정에 맞게 도입하면 될 것이다.

2.7. 결제리스크(settlement risk)

결제리스크는 금융거래의 결제일에 거래상대방이 결제를 이행하지 않음으로써 손실을 입을 가능성을 말한다.[12] 예를 들어 외환거래의

---

11) 극심한 상황하에서도 가치의 큰 손실 없이 현금화될 수 있는 자산으로 현금, 한국은행 예치금, 국채, 통안채, 산금채 등을 말한다.

12) 이러한 결제리스크는 채권거래, 외환거래, 장외파생상품거래 등 주로 장외거래에서 발생한다.

경우 자기회사는 결제일에 매도통화를 지급하였으나 매입통화는 수취하지 못한 상태에서 거래상대방의 파산 등으로 수취예정 통화를 받지 못할 리스크를 말한다. 결제리스크에 노출되는 기간은 결제일에 지급을 한 후 취소가 불가능한 때부터 수취해야 할 금액이 최종적으로 수취될 때까지이다.

결제리스크를 회피하는 방법으로 채권매매의 경우 채권결제와 대금결제가 동시에 일어나는 DVP(delivery versus payment)제도를 이용할 수 있고, 국제외환거래의 경우 CLS은행[13)]을 통해 매도통화와 매수통화를 동시 결제하는 방식이 있다.

2.8. 리스크의 종합적 판단 필요성

리스크는 여러 가지 리스크 요인들이 복합적으로 나타나는 특성이 있으므로 리스크를 파악할 때에는 이점에 유념해야 한다.

예를 들어 A가 B와 원/달러 외환거래를 하는 경우, A는 매도통화를 결제하였으나 B가 대금결제를 이행하지 않을 결제리스크를 비롯하여 시장리크스[14)]와 운영리스크[15)]가 발생할 수 있겠다.

---

13) CLS은행(Continuous Linked Settlement Bank International)은 선진국의 주요 민간은행들을 중심으로 매입통화의 수취와 매도통화의 지급이 동시에 이루어지도록 하는 PVP (Payment Versus Payment) 방식을 도입하기 위해 설립된 은행이다.

14) 원화 또는 달러화의 가치 변동으로 외화표시 자산이나 부채의 가치가 변동할 리스크가 발생할 수 있다.

15) 예를 들어 담당직원들이 고의로 업무를 부당하게 처리하거나, 과실로 과다한 대금지급을 하는 등의 사건으로 손실이 발생할 리스크를 들 수 있다.

3. 시장 리스크의 측정

시장 리스크는 금리, 주가, 환율 등 시장가격의 변화에서 비롯되는 금융자산의 가치변화 가능성을 의미한다. 그런데 가치가 상승하는 경우는 문제가 되지 않으므로 가치가 예상과 달리 하락하여 손실을 입게 되는 가능성인 하방 리스크(downside risk)로 국한하되, 일반적으로 리스크를 측정하는 방법으로 통용되고 있는 VaR를 중심으로 설명하고자 한다.

먼저 VaR는 Value at Risk의 약자로 리스크 상태에 노출된 자산의 가치를 말하는 것으로, 금융자산 가운데 시장가격의 변화로 가치에 손실이 발생할 가능성이 있는 부분의 가치를 의미한다. 이러한 VaR는 1994년 J.P.Morgan社에서 RiskMetrics라는 리스크 측정모형을 발표한 이후 실용화 되었는데, 세계 금융감독의 정책방향을 제시하는 Basel 위원회[16]에서 시장리스크 측정방법으로서 이 모형을 제안하면서 1997년 12월부터 전세계적으로 사용되었다.

VaR는 특정 보유기간, 신뢰수준, 확률분포를 전제할 때 정상적인 시장조건 하에서 보유자산에 발생할 수 있는 최대손실 가능액의 통계적 추정치를 말한다. 따라서 통계적 추정치를 구하기 위한 몇 가지 가정이 필요한데 첫 번째는 통계치의 확률밀도함수가 정규분포를 이룬다는 것이다. 모든 통계분포는 표본수가 충분히 커지면 정규분포에 근접한다는 특성을 가지게 되므로 당연한 가정이라고 하겠다. 두 번째 가정은 통계분포의 한쪽 꼬리(one tail)만을 이용하여 확률을 계산한다는 점이

---

16) 주요 선진국(G10)의 중앙은행 및 은행 감독 당국의 대표들로 구성된 위원회로서 각국의 감독 당국이 적용할 수 있는 감독정책에 대한 전반적인 정책 방향을 결정하고 제시하는 역할을 수행한다. 매 3개월마다 스위스 바젤에 소재한 국제결제은행(BIS)에서 회의를 가진다는 점에서 〈Basel 위원회〉라고 명명되었다.

그림 13.1 정규분포 확률밀도함수

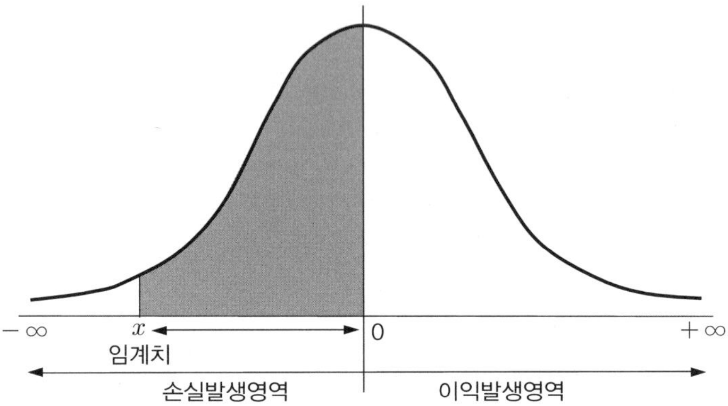

다. 앞서 언급한 대로 VaR가 손실액만을 추정하기 때문에 수익을 의미하는 반대편 쪽의 확률은 구할 필요가 없기 때문이다.

[그림 13-1]은 자산포지션의 손실분포를 나타내는 좌우대칭의 정규분포 확률밀도함수이다. 좌우대칭선의 우측은 자산의 가치상승으로 인한 이익을 나타내고 좌측은 자산의 가치하락으로 인한 손실을 나타낸다. 이 좌측영역 가운데 임의의 임계치 x를 기준으로 x보다 큰 부분($x \sim +\infty$)의 누적면적이 신뢰구간이고 x보다 작은 부분($-\infty \sim x$)의 누적면적이 유의수준이다.

예를 들어 만일 99% 신뢰수준[17)]에서 VaR를 추정한다면 x부터 $+\infty$까지 확률밀도함수를 적분한 값이 99%가 될 것이며 여기서 이익이 발생하는 부분을 제외하고 손실이 발생하는 부분의 면적만 리스크로 인식하

17) 신뢰수준은 실제 거래에서 발생하는 손실이 VaR를 초과하지 않을 확률을 의미한다. 따라서 신뢰수준이 높아질수록 실제 거래에서 발생하는 손실이 VaR를 초과할 확률이 작아지고 위험에 대해 더욱 보수적이 된다고 말할 수 있다.

그림 13.2 99% 신뢰수준에서 VaR

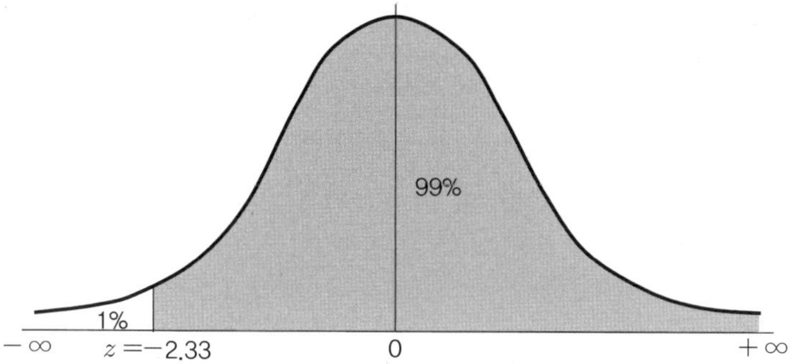

신뢰수준 99%라는 것은 누적표준정규분포에서 z값이 $-\infty \sim -2.33$까지 있을 확률이 1%라는 것을 의미한다.

여 VaR로 산출한다. 표준화 정규분포를 가정하면 신뢰수준이 99%일 경우 임계치 $z=-2.33$이 되며 이는 곧 $-\infty$부터 -2.33까지의 표준정규분포의 면적이 1%임을 의미한다.

포트폴리오 포지션의 일별 VaR값이 99% 신뢰수준에서 100억 원이라면, 이는 곧 정상적인 시장상황 하에서 손실이 100억 원을 넘지 않을 확률이 99%이고 손실이 100억 원을 초과할 확률이 1%임을 의미한다. 이 금융자산을 T일 동안 보유했을 때의 VaR를 수식으로 표시하면 아래와 같다.

- $VaR=$ 포지션의 가치 $\times$ 1일 수익률의 표준편차 $\times$ 신뢰수준 z값 $\times \sqrt{T}$ [18)]

18) 이는 다음의 세 가지 가정 하에 성립한다. ① 목표기간이 변해도 확률분포가 변하지 않아서 정규분포의 동일한 임계치를 사용할 수 있다. ② 다양한 목표기간의 경우에도 확률분포가 동일하여 동일한 분산을 사용할 수 있다. ③ 매일 매일의 수익률 동향이 일별로 독립적 항등분포를 한다.
이렇게 될 경우 매일 매일의 분산이 모두 같기 때문에 T일간의 분산은 하루 분산의 수익률의 표준편차는 변동성을 의미하며 신뢰수준이 95%인 경우의 z값은 표준정규분포에서 손실발생영역인 $z \leq 0$ 구간에서의 $N(z)$의 값을 표에서 찾으면 된다. $N(z)$값 0.05에 가장 가까운 0.0495일 때의 z값은 -1.65이므로 이 값을 사용한다.[19)]
예를 들면 신뢰수준 95%일 때 보유기간 10일의 VaR는 아래와 같다.

$$\begin{aligned} VaR &= \text{포지션의 가치} \times \text{수익률의 1일 표준편차} \\ &\quad \times \text{신뢰수준 } z\text{값} \times \sqrt{T} \\ &= \text{포지션의 가치} \times \text{수익률의 1일 표준편차} \times 1.65 \times \sqrt{10} \end{aligned}$$

그런데 만일 예를 들어 99% 신뢰구간과 10영업일의 보유기간을 적용하여 산출한 VaR를 95% 신뢰구간에서 1일 보유기간으로 산출하려면 어떻게 해야 할까? 신뢰수준과 보유기간이 서로 다른 VaR를 비교하기 위해서는 신뢰수준과 보유기간을 동일한 기준으로 전환시키는 것이 필요하다. 즉, 우선 99%의 신뢰수준을 95%의 신뢰수준으로 전환시키기 위해 99% 신뢰도의 z값 2.33으로 나누고 95% 신뢰도의 z값 1.65을 곱하여야 한다. 1.65/2.33의 비율을 곱하는 것과 같다. 그 다음 10영업일의 VaR을 1일 기준으로 전환하기 위해서는 $\sqrt{10}$ 으로 나누어야 한다. 그러면 계산식은 아래와 같이 된다.

- $VaR_{95\%,\,1\text{일}} = VaR_{99\%,\,10\text{일}} \times \frac{1.65}{2.33} \times \frac{1}{\sqrt{10}}$

T배가 된다. 따라서 분산의 제곱근인 표준편차의 경우 T일의 표준편차는 1일 표준편차의 $\sqrt{T}$배가 된다. (조규진, "NPV와 VaR"(2012.8) p. 171)

19) 책 후반부의 부록 〈표 5〉를 참조하라.

4. VaR를 이용한 리스크 측정 예제

시장리스크를 측정하기 위해 통계학적 기법을 이용함으로써 이해하기가 다소 어려웠을 것으로 생각된다. 조금 더 쉽게 이해하고자 실제 예를 풀어보려고 한다.[20]

4.1. 외환의 VaR 측정

예제 13-1

현재 원화를 대가로 10,000달러 상당의 달러화 매입포지션을 보유하고 있다고 가정하자. 원/달러의 1일 환율변동성(σ, 표준편차)이 0.7%라고 할 때, 99% 신뢰수준으로 10일 VaR를 산출하라.

풀이

VaR = 포지션의 가치×1일 자산의 표준편차×신뢰수준 z값 × $\sqrt{T}$이므로

= 10,000\$ × 0.007 × 2.33 × $\sqrt{10}$

= 515.8\$

예제 13-2

현재 원화를 대가로 1,000달러 상당의 달러화 매입포지션을 보유하고 있다. 원/달러의 환율이 1,100원이고 1일 환율변동성(σ, 표준편차)이 0.565%라고 할 때, 99% 신뢰수준으로 10일 VaR를 산출하라.

20) 최영한의 "국제금융 리스크관리"(2015.2) pp 78~83을 참고하였다.

풀이

VaR = 포지션의 가치×1일 자산의 표준편차×신뢰수준 z값
　　×$\sqrt{T}$이므로
　= 1,000$ × 1,100 × 0.565% × 2.33 × $\sqrt{1}$
　= <u>14,481.0원</u>

예제 13-3

신뢰수준 95%에서 외환딜러의 1일 할당 VaR가 100만달러이고 원/달러의 1일 변동성이 2%라고 가정할 때, 이 딜러가 취할 수 있는 원/달러의 1일 포지션을 산출하라.

풀이

〈VaR=포지션의 가치×1일 자산의 표준편차×신뢰수준 z값×$\sqrt{T}$〉에서 VaR가 100만달러일 때 포지션 가치를 구하라는 문제이므로 (100만달러 = 포지션의 가치×0.02×1.65×$\sqrt{1}$) 식을 이용하면 된다.

따라서 포지션 $= \dfrac{100\text{만 달러}}{0.02 \times 1.65}$ = <u>3,030.3만달러</u>이다.

4.2. 채권의 VaR 측정

예제 13-4

현재 3년만기 국채를 1억원 상당 보유하고 있으며 채권유통시장의 금리는 5%이다. 수정듀레이션(D_{Mod})이 2.7, 수익률의 1일 변동성이 0.3%라고 할 때, 95% 신뢰수준으로 1일 VaR를 산출하라.

풀이

〈VaR=포지션의 가치×1일 자산의 표준편차×신뢰수준 z값× $\sqrt{T}$〉 식을 이용하되, 문제에서 주어진 수정듀레이션과 수익률의 변동성을 이용하여 1일 자산의 표준편차(채권가치의 변동성)을 구하는 것이 관건이다. 그런데 수정듀레이션 관련 수식을 적절하게 이용하면 채권가격의 변동성을 구할 수 있다.[21] 즉, 수정듀레이션 $D_{Mod} = (-\frac{dP}{di})\times(\frac{1}{P})$에서 $\frac{dP}{P} = -D_{Mod}\times di$가 되는데, 수정듀레이션이 -2.7, 수익률의 1일 변동성$\left(\frac{di}{i}\right)$이 0.3%, 금리 5%이므로 채권가격의 변동성$\left(\frac{dP}{P}\right)$은 0.0405%가 됨을 알 수 있다.

즉,
$$\begin{aligned}\frac{dP}{P} &= -D_{Mod}\times d_i \\ &= -D_{Mod}\times\frac{di}{i}\times i \\ &= 2.7\times0.003\times0.05 = 0.0405\%\end{aligned}$$

따라서 VaR값은 〈VaR=포지션의 가치×1일 포지션의 표준편차×신뢰수준 z값× $\sqrt{T}$〉에 포지션의 가치 1억원, 1일 포지션의 표준편차 0.0405%, 95% 신뢰수준 z값 1.65, 보유기간 1일을 대입하면 VaR는 66,825원이다.

$$\begin{aligned}\text{VaR} &= 100{,}000{,}000 \times 0.0405\% \times 1.65 \times \sqrt{1} \\ &= \underline{66{,}825.0\text{원}}\end{aligned}$$

4.3. 주식의 VaR 측정

예제 13-5

A주식을 200만원 상당 보유하고 있는데 일간 변동성이 2%라고 한다. 99% 신뢰구간에서 1일 VaR를 산출하라.

---

21) 이에 대해서는 제4장 76쪽의 〈듀레이션의 활용〉 파트에서 자세하게 설명한 바 있다.

풀이

VaR를 구하는 공식 〈VaR=포지션의 가치×1일 자산의 표준편차×신뢰수준 z값× $\sqrt{T}$〉에 문제에서 주어진 값을 대입하여 구한다.

VaR = 200만원×0.02×2.33× $\sqrt{1}$ = 93,200.0원

그런데 이 문제는 A주식의 과거 data를 관찰했더니 전일대비 주식가치 비율의 변동폭(표준편차)가 2%이고 현재가치에서 그 표준편차의 2.33배 이상으로 하락하지 않을 가능성(확률)이 99%임을 의미하는 것이다. 이 방법은 아주 간단하고 이해가 쉬우나 주식가치 비율이 정규분포를 따르지 않을 경우 제대로 설명하지 못할 수 있음에 유의할 필요가 있다.

예제 13-6

A주식을 200만원 상당 보유하고 있는데 KOSPI의 1일간 변동성이 1.5%이고 A주식의 베타계수가 1.3이라고 한다. 99% 신뢰구간에서 1일 VaR를 산출하라.

풀이

역시 VaR를 구하는 공식 〈VaR=포지션의 가치×1일 자산의 표준편차×신뢰수준 z값× $\sqrt{T}$〉을 이용하여 구하면 된다.
그런데 A주식의 베타(β)는 정의에 따라 주식시장 전체의 변화에 대한 A주식의 변화비율이므로[22] 1일 자산의 표준편차는 KOSPI의 1일간 변동성 × A주식의 베타계수로 나타낼 수 있다. 이를 이용하면 자산의 1일 표준편차를 쉽게 구할 수 있다.
즉, VaR = 포지션의 가치×KOSPI의 1일간 변동성×A주식의 베타계수 ×신뢰수준 z값× $\sqrt{T}$
= 200만원×1.5%×1.3×2.33× $\sqrt{1}$
= 90,870.0원

22) 이에 대해서는 제6장 104쪽의 〈포트폴리오의 분산투자 효과〉 파트에서 자세하게 다룬

특별주제 개별 주식의 VaR 산출방법(역사적 시뮬레이션법)

- 역사적 시뮬레이션법은 리스크 요소의 과거 변화율을 산출한 후 현재의 주식가격이 과거의 변화율만큼 하락할 경우의 주식가격을 산출하여 현재주가와의 차이를 VaR로 인식하는 방법이다.
  - **(예시)** 1일 VaR의 경우 과거 250일 동안의 1일 변동비율 250개를 산출한 후 이 비율을 적용한 가상의 주식가격 250개를 산출한 후, 이를 오름차순으로 정렬시키고 가치가 신뢰수준에 상응하는 값을 선택하여 현재가치와의 차이를 VaR로 인식하면 된다. 즉, 신뢰수준이 99%인 경우 기각확률이 1%에 해당하므로 250개의 1%인 2.5번째, 두 번째로 나쁜 주식가치를 선택한 후 이 값과 현재가치와의 차이를 VaR로 인식한다.

1일 VaR = 현재의 주식가치 − 249번째(2번째로 낮은) 주식가치

4.4. 옵션의 VaR 측정

옵션이란 미리 정해진 조건에 따라 일정기간 내에 주식 등 특정자산을 사거나 팔 수 있는 권리를 말하며 이를 매매하는 것을 옵션거래라고 한다. 옵션거래는 권리를 행사할 수 있는 기간이 미래에 있기 때문에 광의의 선물거래라고 할 수 있다. 그러나 옵션거래는 단순한 선물거래에 비해 다양한 전략을 구사할 수 있으며, 경우에 따라서는 통상의 거래에서 보다 더욱 큰 이익을 노릴 수 있기에 1973년 미국의 시카고옵션거래소(CBOE)가 시장을 개설한 이후 전세계적으로 거래규모가 크게 확대되고 있다.

바 있다. 수많은 주식의 VaR를 구할 때 베타를 이용하면 쉽게 구할 수 있음을 참고하면 좋을 것이다.

이 옵션의 이론가격을 제시한 블랙-숄즈 모형에 따르면 옵션의 가치는 기초자산 가격, 행사가격, 무위험 이자율, 만기, 기초자산의 변동성에 따라 영향을 받는다고 한다. 이 모형과 델타 · 노말 방법[23]을 이용하여 옵션의 VaR를 산출할 수 있다.

예제 13-7

기초자산의 현재가치 200만원, 기초자산의 변동성(표준편차) 2%, 옵션가격 1만원, 델타 0.4일 때, 신뢰수준 99%에서 1일 VaR를 산출하라.

풀이

기초자산의 VaR는 〈VaR=포지션의 가치×1일 자산의 표준편차×신뢰수준 z값× $\sqrt{T}$〉의 공식에 의해 구할 수 있다. 문제에서 주어진 수치를 대입하여 93,200원임을 알 수 있다.

$$\text{기초자산의 VaR}=200\text{만원}\times 2\%\times 2.33\times \sqrt{1} = 93,200\text{원}$$

옵션의 VaR는 델타 · 노말 방법에 따라 구한 옵션의 변동성(=기초자산의 변동성×델타)을 이용하여 구할 수 있다.

$$\text{옵션의 VaR}=200\text{만원}\times 2\%\times 0.4\times 2.33\times \sqrt{1} = 37,280\text{원}$$

한편 역사적 시뮬레이션법으로도 옵션의 VaR 산출할 수 있는데, 과거 250일 동안에 실제로 발생한 옵션의 가치변화를 현재 포지션에 다시 대입하여 미래 가능한 250개의 가치 시나리오를 생성하고 그 중에서 가치가 작은 기준으로 2번째 값과 현재가치와의 차이를 VaR로 인식하면 된다.

---

23) 옵션의 가치 변화가 가격 변화와 선형관계에 있다는 가정 하에 옵션 가치 변화의 변동성은 기초자산 가치변화의 변동성에 델타(기초자산 가격의 상승에 대한 옵션가치의 상승비율)를 곱하여 산출한다.

4.5. 포트폴리오의 VaR 측정

포트폴리오의 변동성은 포트폴리오를 구성하는 각 자산의 변동성과 구성자산간의 상관계수에 의해 결정된다. 따라서 포트폴리오 VaR를 계산하기 위해서는 각 자산의 변동성과 구성자산간의 상관계수를 이용하여 포트폴리오의 분산을 구하고 이를 이용하여 포트폴리오의 VaR를 산출하면 된다.

예를 들어 두 자산 A, B에 각각 W_A, W_B의 가중치로 투자된 포트폴리오의 분산은 아래와 같이 나타날 수 있다.[24)]

- $Var(W_A \times A + W_B \times B)$

$$= W_A^2 \times Var(A) + W_B^2 \times Var(B) + 2W_A W_B \times Cov(A, B)$$

$$= W_A^2 \times Var(A) + W_B^2 \times Var(B) + 2W_A W_B \times \rho_{AB}\sigma_A\sigma_B$$

여기서, $Var(A)$는 자산A의 분산,
$Var(B)$는 자산B의 분산,
$Cov(A, B)$는 자산 A와 자산 B의 공분산,
ρ_{AB}는 자산 A와 자산 B의 상관관계,
σ_A는 자산A의 표준편차,
σ_B는 자산B의 표준편차

예제 13-8

다음과 같이 두 개의 자산으로 구성된 포트폴리오의 1일 VaR를 신뢰수준 95%에서 산출하라.

---

24) 이에 대해서는 제6장 99쪽의 〈포트폴리오의 위험〉 파트를 참조하기 바란다.

	자산A	자산B
현재가치	200	100
1일 변동성	2%	3%
투자가중치	2/3	1/3
상관계수	−0.4	

풀이

(풀이1) 포트폴리오 분산은 $Var(W_A \times A + W_B \times B) = W_A^2 \times Var(A) + W_B^2 \times Var(B) + 2W_A W_B \times \rho_{AB}\sigma_A\sigma_B$ 식에 각각의 수치를 대입하여 구한다. 즉, $(2/3)^2 \times (2\%)^2 + (1/3)^2 \times (3\%)^2 + 2 \times (2/3) \times (1/3) \times (-0.4) \times (2\%) \times (3\%) = 1.711\%^2$이다.

따라서 포트폴리오의 변동성(표준편차)은 $\sqrt{1.711\%^2} = 1.308\%$이다.

이제 포트폴리오 VaR는 〈VaR=포지션의 가치×1일 포트폴리오의 표준편차×신뢰수준 z값× $\sqrt{T}$〉에 해당수치를 대입하여 구할 수 있다.

$$VaR = 300 \times 1.308\% \times 1.65 \times \sqrt{1} = \underline{6.5}$$

(풀이2) 이 문제를 자산A, 자산B의 VaR를 각각 구한 후 이를 이용하여 전체 포트폴리오의 변동성(표준편차)을 계산하면 된다.

$$\begin{aligned} VaR_A &= \text{포지션의 가치} \times \text{1일 수익률의 표준편차} \\ &\quad \times \text{신뢰수준 } z\text{값} \times \sqrt{T} \\ &= 200 \times 2\% \times 1.65 \times \sqrt{1} = 6.6 \end{aligned}$$

$$VaR_B = 100 \times 3\% \times 1.65 \times \sqrt{1} = 5.0$$

VaR_A와 VaR_B를 포트폴리오 변동성 〈$VaR_P = (VaR_A^2 + VaR_B^2 + 2\rho \cdot VaR_A \cdot VaR_B)^{(1/2)}$〉에 대입하여 구하면 된다.

$$\begin{aligned} \text{즉 } VaR_P &= \sqrt{6.6^2 + 5.0^2 + 2 \times (-0.4) \times 6.6 \times 5.0} \\ &= \sqrt{42.16} = \underline{6.5} \end{aligned}$$

예제 13-9

아래 개별 주식가격을 이용한 포트폴리오의 VaR를 신뢰수준 99%에서 델타·노말 방법으로 구하라.

	주식A	주식B
투자금액	200	500
1일 변동성	2%	1.7%
상관계수	0.7	

풀이

(풀이1) 두 주식의 상관관계를 고려하지 않을 경우, 두 주식의 VaR를 독립적으로 산출하여 합산한다.

1일 $VaR_P = VaR_A + VaR_B$

$= 200\text{만원} \times 2\% \times 2.33 + 500\text{만원} \times 1.7\% \times 2.33$

$= \underline{291,250.0}$

(풀이2) 두 주식의 상관관계를 고려하는 경우, $VaR(X+Y) = V(X) + V(Y) + 2\rho \cdot \sigma_X \cdot \sigma_Y$를 사용하여 산출할 수 있다.

1일 $VaR_P = (VaR_A^2 + VaR_B^2 + 2\rho \cdot VaR_A \cdot VaR_B)^{(1/2)}$

$= (93,200^2 + 198,050^2 + 2 \times 0.7 \times 93,200 \times 198,050)^{(1/2)}$

$= \underline{271,572.5}$

예제 13-10

아래 개별 주식의 베타계수를 이용한 포트폴리오의 VaR를 신뢰수준 99%에서 델타·노말 방법으로 구하라.

	주식A	주식B
투자금액	200만원	500만원
β	1.3	1.2
1일 변동성	1.5%	1.8%
상관계수	0.7	

풀이

(풀이1) 두 주식의 상관관계를 고려하지 않을 경우, 두 주식의 베타포지션을 반영하여 VaR를 독립적으로 산출한 후 이를 합산한다.

$$\begin{aligned} 1일\ VaR_P &= VaR_A + VaR_B \\ &= 200만원 \times 1.5\% \times 1.3 \times 2.33 + 500만원 \times 1.8\% \\ &\quad \times 1.2 \times 2.33 \\ &= 90,870 + 251,640 \\ &= \underline{342,510} \end{aligned}$$

(풀이2) 두 주식의 상관관계를 고려하는 경우, $VaR(X+Y) = V(X) + V(Y) + 2\rho \cdot \sigma_X \cdot \sigma_Y$를 사용하여 산출할 수 있다.

$$\begin{aligned} 1일\ VaR_P &= (VaR_A^2 + VaR_B^2 + 2\rho \cdot VaR_A \cdot VaR_B)^{(1/2)} \\ &= (90,870^2 + 251,640^2 + 2 \times 0.7 \times 90,870 \\ &\quad \times 251,640)^{(1/2)} \\ &= \underline{321,859} \end{aligned}$$

4.6. 공헌 VaR 측정

포트폴리오 전체의 VaR 가운데 포트폴리오를 구성하는 각 자산이 어느 정도를 차지하는지를 공헌 VaR라고 한다. 개별자산의 공헌 VaR는 자산을 운용하는 부서별 또는 트레이더별 리스크 배분의 근거로 활용될 수 있어 유용하다.

먼저 두 자산 A, B로 구성된 포트폴리오에서 포트폴리오 분산은 아래와 같이 산출할 수 있음을 앞의 포트폴리오 VaR 산출과정에서 이미 보인 바 있다.

- $Var_P = Var(W_A \times A + W_B \times B)$

$$= W_A^2 \times Var(A) + W_B^2 \times Var(B) + 2W_A W_B \times \rho_{AB}\sigma_A\sigma_B$$

그런데 이 식에서 $2W_A W_B \cdot \rho_{AB}\sigma_A\sigma_B$ 부분을 쪼개어 자산A와 자산B에 나누어 정리하면 아래와 같이 자산A의 기여분과 자산B의 기여분으로 구분할 수 있다.

- Var_P = (자산A의 기여분) + (자산B의 기여분)

여기서, 자산A의 기여분: $W_A^2 \cdot Var(A) + W_A \cdot W_B \cdot \rho_{AB} \cdot \sigma_A \cdot \sigma_B$

자산B의 기여분: $W_B^2 \cdot Var(B) + W_A \cdot W_B \cdot \rho_{AB} \cdot \sigma_A \cdot \sigma_B$

여기서 이들 자산A의 기여분과 자산B의 기여분이 포트폴리오 전체 분산에서 차지하는 비율을 구하면 이것이 바로 공헌 VaR가 되는 것이다.

- 자산A의 공헌 $VaR = \dfrac{\{W_A^2 \cdot Var(A) + W_A \cdot W_B \cdot \rho_{AB} \cdot \sigma_A \cdot \sigma_B\}}{Var_P}$

- 자산B의 공헌 $VaR = \dfrac{\{W_B^2 \cdot Var(B) + W_A \cdot W_B \cdot \rho_{AB} \cdot \sigma_A \cdot \sigma_B\}}{Var_P}$

만일 여러 자산으로 구성된 포트폴리오라면 VaR는 분산 · 공분산 행렬을 이용하여 산출하면 된다.

예제 13-11

(예제13-8)의 포트폴리오의 자산별 공헌 VaR를 산출하라

	자산A	자산B
현재가치	200	100
1일 변동성	2%	3%
투자가중치	2/3	1/3
상관계수	−0.4	

풀이

자산별 공헌 VaR을 구하는 산식에 문제에서 주어진 수치를 대입하여 구하면 된다. 그런데 Var_p는 (예제 13−8)에서 이미 1.711%^{2}으로 구한 바 있다.

$$\text{자산A의 공헌 VaR} = \frac{\{W_A^2 \cdot Var(A) + W_A \cdot W_B \cdot \rho_{AB} \cdot \sigma_A \cdot \sigma_B\}}{Var_P}$$

$$= \frac{(2/3)^2 \cdot (2\%)^2 + (2/3) \cdot (1/3) \cdot (-0.4) \cdot (2\%) \cdot (3\%)}{1.711\%^2}$$

$$= \underline{0.727(72.7\%)}$$

$$\text{자산B의 공헌 VaR} = \frac{(1/3)^2 \cdot (3\%)^2 + (2/3) \cdot (1/3) \cdot (-0.4) \cdot (2\%) \cdot (3\%)}{1.711\%^2}$$

$$= \underline{0.273(27.3\%)}$$

II. 부문별 리스크 관리

1. 환리스크 관리

외환거래 가운데 헤지되지 않은 부분은 환율의 변동에 따라 외화 자산이나 부채의 가치가 변할 수 있는 부분으로 환 노출(foreign exchange exposure)에 해당하며, 환 노출 부분에서 환율의 변동으로 그 가치가 변하여 환리스크가 발생한다.

이러한 환리스크를 관리하기 위해서는 미래시점에 유입될 특정통화의 다른 통화 기준 가치를 확정할 수 없는 불확실성을 없애거나 줄이는 것이 필요하다. 즉, 미래시점에 유입되거나 유출되는 특정통화의 가치를 다른 통화 기준으로 확정(fix)시키는 것이 바로 환리스크 관리의 핵심이다.

이제 환리스크를 관리하는 구체적인 방법을 살펴보겠다.

1.1. 환전규모 자체를 줄이는 방법

만일 외화의 유출입이 다양하게 존재하는 경우라면 이들 외화흐름의 특성을 감안하여 외화의 결제금액 자체를 줄이는 것이 리스크를 줄이는 훌륭한 방법이 될 수 있다.

① 네팅(netting)

네팅은 동일인 상호간 외화를 지급하고 수취해야 하는 경우 지급과 수취를 각각으로 하지 않고 가능한 금액을 상계한 후 그 차액만 지급 또는 수취함으로써 환전 필요규모 자체를 줄이는 것이다. 예를 들어 A가 B에게 10억 달러를 지급해야 하고 동일시점에 B는 A에게 5억 달러를 지급해야 한다고 하자. 이 경우 A와 B가 모두

10억 달러와 5억 달러를 각각 지급하는 경우는 총액결제(gross settlement)에 해당한다. 그런데 5억 달러를 상계하고 남는 5억 달러만 A가 B에게 지급해도 둘 사이의 경제적 실익에는 변함이 없으며[25], 이러한 차액결제를 이용하면 환전규모 자체가 총 15억 달러에서 5억 달러로 10억 달러 줄어들고 그로 인해 환리스크도 당연히 줄어든다.

② 매칭(matching)

매칭은 동일통화의 지급액과 수취액이 있을 경우 그 시기를 일치시킴으로써 외화의 지급을 위한 외화매입시 환전 필요성과 외화 수취로 인한 외화매도시 환전 필요성을 제거하는 것을 의미한다.
글로벌 은행과 글로벌 기업의 경우 세계 도처에서 영업을 하고 있기에 여러 나라 통화로 수취와 지급이 일어난다. 이 경우 유로지역에서 유로로 수취한 자금은 유로지역에서 유로로 지급하고, 미국에서 달러로 수취한 자금은 미국에서 달러로 지급함으로써 환전의 필요성을 최소화할 수 있다. 환전 규모가 줄어들면서 환리스크도 줄어든다.

1.2. 지급시기 조절을 통한 환리스크 관리

향후 환율의 전망에 따라 외화의 지급시기를 앞당기거나(leading) 또는 늦춤(lagging)으로써 환리스크를 관리할 수 있다.

① 리딩(leading)

대금을 달러화로 지급해야 하는 상황에서 달러의 가치가 계속 상승세에 있는 경우, 즉 원/달러 환율이 상승세에 있는 경우에는 계약상 지급이 가능한 시기 중 가장 빠른 시기에 지급함으로써 외화매입에

25) 이를 차액결제(net settlement)라고 한다.

필요한 원화를 최소화할 수 있다.

② 래깅(lagging)

리딩과는 반대의 경우로, 대금을 달러화로 지급해야 하는 상황에서 달러의 가치가 계속 하락세에 있는 경우에는 가능한 지급을 늦춤으로써 외화매입에 필요한 원화를 최소화할 수 있다.

1.3. 환율 전망에 따른 자산/부채 관리

향후의 환율 전망을 한 결과, 강세가 예상되는 통화의 자산 비중을 늘리고 약세가 예상되는 통화의 자산 비중을 줄이는 전략도 훌륭한 환리스크 관리방안이다.

다만, 주의할 점은 향후 통화의 가치가 전망과 다르게 움직일 경우에는 이 전략의 수행으로 인해 오히려 환차손을 입을 수 있다는 점이다. 따라서 이러한 전략을 추진할 때에는 환율 전망을 신중히 해야 하고, 또한 강세가 예상되는 통화의 비중을 늘릴 때에도 리스크 관리 원칙에 따라 일정한 준칙 하에 일정범위 내에서만 시행해야 한다는 점이다.

향후 환율의 전망에 따라 강세가 예상되는 통화의 부채비중을 줄이고 약세가 예상되는 통화의 부채비중을 늘리는 전략도 위의 경우와 같은 논리로 수행할 수 있으며 동일한 논리의 주의를 요한다고 하겠다.

1.4. 파생금융상품을 이용한 환리스크 관리

1.4.1. 환율 상승이 예상되는 경우

현재 원/달러 현물환율이 1,000원인데, 앞으로 이 환율이 당분간 계속 오를 것으로 예상된다고 하자. 이때 파생금융상품을 이용한 환리스크 관리방법은 달러화 자산을 가진 경우와 달러화 부채를 가진 경우가 서로 다르다.

먼저 달러화 자산을 가진 경우이다.

① 달러화 보유

달러화 자산을 보유한 상황에서 환율이 오를 것으로 예상되는 경우 달러화 환전을 지연하여 가급적 달러화를 많이 보유하고 필요시 천천히 환전하면 된다. 주의할 점은 실제 환전이 필요한 시기에 실제로 달러화 환율이 오른다고 장담할 수 없다는 점이다.

② 달러화 선물매도

환율은 시장의 예상과 다르게 움직이는 경향이 많기 때문에 환율이 향후 예상대로 오른다고 장담할 수 없다. 따라서 이러한 불확실성을 피하고자 한다면, 달러화를 원화로 환전하여야 하는 시기의 가격으로 달러를 선물매도하면 된다.

만일 3개월 후의 선물환율이 1달러당 1,005원이면 이 선물환율로 달러의 선물매도 계약을 체결하는 것이다. 그러면 향후 3개월 후 원/달러 환율이 얼마가 되더라도 1달러를 매도하여 1,005원을 수취할 수 있다.

다만, 3개월 후의 원/달러 현물환율이 1달러당 1,005원보다 높은 수준, 예를 들어 1,025원으로 오르면 1달러를 1,025원에 팔 수 있는 것을 선물매도 계약으로 인해 1,005원에 팔아야 하므로 손실이 발생한다. 반대로 환율이 1달러당 1,005원보다 낮은 수준, 예를 들어 995원으로 낮아지면 1달러를 시장에서 995원에 팔아야 하는데 선물매도 계약으로 인해 1,005원에 매도할 수 있으니 이익이 발생한다.

③ 달러화 풋옵션 매입

위의 달러화 선물매도에서 환차익의 가능성을 보유하고 환차손의 가능성은 없애는 거래가 있다. 달러 보유자가 유리한 경우 달러매도를 원하면 상대방이 이 달러를 매수하는 의무를 지고 달러보유자가 불리한 경우에는 달러메도 요구를 하지 않는 것이다.

달러화를 팔 수 있는 권리를 달러화 풋옵션이라 하고 이 옵션을 매입하여 유리한 상황에서 달러화를 팔 수 있는 선택권(option, 권리)을 보유한 자를 풋옵션 매수자라고 한다. 반대로 풋옵션 매도자는 상대방의 요구에 의해 계약가격으로 달러화를 매수하는 의무를 지는 대가로 수수료(옵션 프리미엄)를 수취한다.

위의 예에서 풋옵션 매수자는 환율이 1달러당 1,005원보다 낮은 수준, 예를 들어 990원으로 낮아지면 1달러를 계약환율인 1,005원에 매도할 수 있으므로 시장환율 990원에 비해 15원을 더 받을 수 있다. 그러나 환율이 1달러당 1,005원보다 높은 수준, 예를 들어 1,020원으로 높아지면 풋옵션을 행사하지 않고 1달러를 시장환율 1,020원에 매도하는 것이 더 유리함으로 옵션을 행사하지 않으면 된다.

다음으로 달러화 부채를 가진 경우를 살펴보겠다.

① 달러화 매입, 예치

달러화를 지금 현물시장에서 매입하여 외화예금으로 보유하면 달러화 상승 전망시 달러부채를 보유한 경우에 유익하다. 이 경우는 비용과 이익을 함께 고려하여 이익이 비용보다 큰 경우 쓸 수 있는 방법이다. 여기서 비용은 달러화 매입자금인 원화를 지금부터 상환시점까지 차입하는 데 필요한 이자비용이다. 물론 이익은 매입한 달러화를 지금부터 상환시점까지 외화예금하여 얻는 이자수익에다가 상환시점까지의 예상환차익을 더한 금액이 될 것이다.

② 달러화 선물매수

환율상승이 예상될 경우 시장에서 달러화를 선물로 매수하는 계약을 하면 나중에 환율이 오르더라도 선물환 계약환율로 달러화를 매입할 수 있다.

만일 3개월 후의 선물환율이 1달러당 1,005원이면 이 선물환율로 달러의 선물매수 계약을 체결하는 것이다. 그러면 향후 3개월 후 원/달러 환율이 얼마가 되더라도 1달러를 1,005원에 매입할 수 있다. 3개월 후의 원/달러 현물환율이 1달러당 1,005원보다 높은 수준, 예를 들어 1,025원으로 오르면 1달러를 1,025원에 사야하는 것을 선물매수 계약으로 인해 1,005원에 살 수 있으므로 달러당 20원을 절약할 수 있다. 물론 예상보다 환율이 떨어질 경우에는 손실이 발생한다.

③ 달러화 콜옵션 매입

달러자산 보유시의 달러화 풋옵션 매입과 마찬가지로 선물매수에서 환차익의 가능성을 보유하고 환차손의 가능성은 없애는 거래가 있다. 바로 달러화 콜옵션 매입인데, 여기서 콜옵션은 달러화를 살 수 있는 권리이며, 이 옵션을 매입하여 유리한 상황에서 달러화를 살 수 있는 선택권(option)을 보유한 자를 콜옵션 매수자라고 한다.[26]

26) 풋옵션 매입과 마찬가지로, 콜옵션 매도자는 상대방의 요구에 의해 계약환율로 달러화를 매도하는 의무를 지는 대가로 옵션 프리미엄을 수취한다.

위의 예에서 콜옵션 매입자는 환율이 예를 들어 1,025원으로 높아지면 옵션을 행사하여 1달러를 계약환율인 1,005원에 매입할 수 있으므로 시장에서 1,025원에 매입하는 경우에 비해 달러당 20원을 절약할 수 있다. 콜옵션 매도자는 시장에서 1달러당 1,025원에 매도할 수 있는 달러를 계약대로 1,005원에 매도하는 의무를 부담하는 대가로 옵션 프리미엄을 수취한다. 만일 환율이 예를 들어 1달러당 990원으로 낮아지면 시장환율 990원에 달러를 매입하는 것이 더 유리하므로 옵션을 행사하지 않으면 된다.

만일 달러화가 일정기간만 필요한 경우에는 그 필요한 기간 동안 외환스왑 시장(1년 이내 기간)이나 통화스왑 시장(1년 이상)에서 달러화를 조달하여 사용하면 된다. 무작정 달러화를 매입하여 사용한 후 나중에 필요 없을 때 팔게 되어서는 환리스크를 부담하기 때문이다.

① 1년 이내 기간

달러화가 1년 이내의 기간 동안 필요한 경우[27]는 스왑대상기간이 1년 이내인 외환스왑을 이용하면 된다. 달러화 필요시점에 외환스왑 시장에서 달러를 현물환으로 매수(buy)하고 상환시점에 맞추어 달러를 선물환으로 매도(sell)하는 거래가 결합된 buy&sell 외환스왑을 함으로써 환리스크 없이 필요기간만 달러화를 조달하여 사용할 수 있다. 이 경우 현물환율과 선물환율의 차이인 스왑포인트[28]가 이

27) 달러화 포지션에 일정기간 여유가 있는 경우에는 위에 언급한 반대방향의 외환스왑과 통화스왑을 통해 달러화를 환리스크 없이 운용할 수 있다.

28) 스왑포인트는 외환시장에서 현물환을 매입(매도)하고 그 반대방향으로 선물환을 매도(매입)하는 두 개의 거래를 하나로 묶어서 거래하는 외환스왑의 거래가격이다. 일반적으로 현물환율보다 선물환율이 나중에 거래하는 환율이기 때문에 현물환율에 일종의

거래의 이자에 해당한다.

② 1년 이상 기간

달러화가 1년 이상의 기간 동안 필요한 경우는 스왑대상기간이 1년 이상인 통화스왑을 이용하면 된다. 달러화 필요시점에 통화스왑시장에서 달러를 현물환으로 매수하고 상환시점에 맞추어 달러를 선물환으로 매도하는 거래가 결합된 통화스왑을 함으로써 환리스크 없이 필요기간 달러화를 조달하여 사용할 수 있다. 이 경우는 외환스왑과 달리 원화이자와 외화이자를 주기적으로 교환하여야 한다.

1.4.2. 환율 하락이 예상되는 경우

환율이 당분간 내릴 것으로 예상될 경우 역시 달러화 자산을 가진 경우와 달러화 부채를 가진 경우로 구분하여 환리스크를 관리할 수

이자 성격인 스프레드를 더해서 선물환율이 결정되는 구조이다. 즉, 선물환율 = 현물환율 + 스왑포인트이고 따라서 스왑포인트 = 선물환율 − 현물환율이 된다.

이 스왑포인트는 외환시장 가운데 외화를 차입하는 시장, 즉 외화자금시장의 자금사정인 외화차입여건을 나타낸다. 우리나라의 외화자금시장에서 외화를 차입할 때 이자인 스왑포인트는 원화이자의 성격과 외화(달러화) 이자의 성격이 함께 반영되어 최종적으로 원화기준 스왑포인트로 호가된다. 예를 들어 원/달러 현물환율이 현재 1달러당 1,000원일 경우 3개월 원/달러 스왑포인트가 1원으로 호가되었다고 가정하자. 이는 곧 3개월간 1달러를 주고 원화를 1,000원 받아 사용한 후 3개월 후에 1달러를 받고 1,001원을 지급한다는 의미이다. 다시 말해 1달러를 담보로 1,000원을 3개월간 차입하여 사용한 후 이자로 1원을 지급하는 것과 같다. 이를 연율 이자율로 환산하면, $(1 \div 1,000) \div 3 \times 12 = 0.4\%$가 된다. 이것을 스왑레이트라고 부른다.

만일 외화자금시장에서 달러를 차입하는 여건이 악화된다고 상상해보자. 달러화 차입 수요가 증가하여 달러화 차입에 따르는 달러표시 이자율이 상승해야 한다. 그런데 우리나라 외환스왑시장에서는 이 이자금액이 원화로 표시되고, 이 원화이자 금액을 연율 이자율로 환산한 것이 스왑레이트이다. 따라서 달러이자를 더 지급해야 하는데 이자금액이 원화기준으로 표시되기 때문에 원화이자를 덜 지급하면 되고 원화이자금액으로 표시되는 스왑포인트가 감소하며 이에 따라 스왑레이트도 하락한다. 외화자금사정이 악화되어 외화차입여건이 어려워지면 스왑레이트가 하락하는 이유를 이해할 수 있다.

있는데, 앞서 자세히 살펴본 환율상승이 예상되는 경우와 논리는 같고 방법만 반대로 적용하면 된다.

달러화 자산을 가진 경우에는 ① (달러화 매도) 보유 달러화 자산을 최대한 빨리 원화로 환전한다. ② (달러화 선물매도) 향후 환율이 예상대로 내린다고 확신할 수 없을 경우 달러화 환전이 필요한 시기의 가격으로 달러를 선물매도하면 된다. ③ (달러화 풋옵션 매입) 달러 선물매도에서 환차익의 가능성을 유지한 채 환차손의 가능성은 없앨 수 있는 달러화 풋옵션을 매입하면 된다.

달러화 부채를 가진 경우도 마찬가지로 ① 달러화 매입 시기 지연(lagging), ② 달러화 선물매수, ③ 달러화 콜옵션 매입 등으로 대처할 수 있다.

2. 금리리스크 관리

금리리스크 관리란 넓은 의미에서는 국제금융시장의 금리동향에 따라 자산과 부채의 가치가 변동할 가능성에 대비하는 것을 말한다. 그러나 이 책에서는 국제금융시장 리스크로 그 범위를 국한하기 때문에 금리변동에 따라 채권의 가치가 변동할 가능성에 대비하는 것을 중심으로 설명하고자 한다.

채권 관련 이론부분에서 살펴보았듯이 채권가치는 시장금리의 변동에 크게 영향을 받는다. 따라서 국제금융시장의 금리리스크 관리는 보유채권 관련 이자율 변동 가능성과 이에 따른 채권가치의 변동 가능성에 대한 관리로 이해할 수 있다.

이러한 관점에서 금리리스크 관리방안으로는 듀레이션(duration)이나 컨벡시티(convexity) 등을 감안한 채권투자 전략의 전반적인 조정방안과 금리파생상품을 활용한 헤지 방안으로 구분할 수 있다.

2.1. 금리선물을 이용한 국제채권시장 리스크 관리

금리선물이란 금리에 의해 가격이 결정되는 금융자산(예: 채권)을 기초자산으로 미래 약정일(만기일)에 미리 정한 가격으로 자산을 매입 또는 매도하기로 약정하는 것이다. 이러한 금리선물을 이용하여 금리 변동에 대응할 수 있다.

만일 금리상승이 예상될 때에는 금리선물을 매도하는 방식으로 대응하면 좋다. 금리상승이 예상된다는 것은 향후 보유채권의 가치하락이 예상된다는 것이므로 금리선물을 매도하면 실제로 향후 금리상승으로 채권의 가치가 하락하더라도 미리 약정한 금리선물계약에 의해 수취하는 채권매도가격이 현물시장의 채권가격보다 높기 때문에 이익이 발생한다. 이렇게 발생한 이익이 보유채권에서 금리상승으로 발생하는 손실을 상쇄할 수 있기 때문에 금리상승이 예상되는 경우 금리선물의 매도를 통해 보유채권의 가치하락 가능성을 헤지할 수 있다.

아래에서는 금리선물의 거래 메커니즘을 구체적으로 살펴봄으로써 금리리크스 관리방안을 자세히 살펴보겠다.

먼저 금리선물 가격은 현물채권을 매입하여 보유하거나 특정일 만기의 금리선물을 매입하거나, 그 가치는 동일하다는 점을 이용하여 구할 수 있다.[29] 즉, 현물채권을 매입하여 보유하는 경우 드는 비용은 ① 현물채권을 매입하는 비용, ② 현물채권을 특정일까지 보유하는 데

29) 이를 보유비용모형(Cost of Carry Model)이라고 한다.

드는 비용, ③ 보유기간 동안 채권으로부터 발생하는 이자수입이 그것이다. 여기서 ①의 현물채권 매입비용은 현물채권의 가격(S)이 되며, ②의 특정일까지의 보유비용은 채권가격에 조달금리(r)과 보유기간(t)를 곱하면 구할 수 있고($S \cdot r \cdot t$), ③의 보유기간 중 이자수입은 채권가격에 채권의 쿠폰이자율(i_{cp})과 보유기간을 곱한 것이 될 것이다($S \cdot i_{cp} \cdot t$). 결국 현물채권을 매입하여 특정일까지 보유하는 경우의 비용은 〈$S + S \cdot r \cdot t - S \cdot i_{cp} \cdot t = S - S(i_{cp} - r) \cdot t$〉가 된다. 그리고 이러한 현물채권 보유비용은 특정일을 만기로 하는 금리선물가격(F)과 같게 된다. 이에 따라 금리선물의 이론적 가격은 〈$F = S - S(i_{cp} - r) \cdot t$〉이 도출된다.[30]

이러한 기초 위에서 본격적으로 금리리스크 관리방법을 알아보겠다. 앞서 말한 바 있지만 금리리스크라는 것은 보유하고 있는 채권자산(또는 채권부채)이 향후 금리변동으로 입을 위험이므로, 그것을 관리하기 위해 그 위험을 정확히 상쇄하는 효과를 내는 선물계약을 매도(또는 매입)하면 되는 것이다. 간단히 말해서 현물포지션의 단위수량당 헤지를 위해 필요한 선물계약수를 구하면 되는 것이다. 금융시장에서는 이를 헤지비율이라고 해서 다음과 같이 산출한다. 만일 완전 헤지가 이루어진다고 가정할 경우, 현물포지션의 가치변동액(현물포지션 구성 현물수량×단위 현물가격 변동액)은 선물포지션의 가치변동액(선물계약수×계약단위×단위 선물가격 변동액)과 같아야 한다. 즉, 〈(현물포지션 구성 현물수량×단위 현물가격 변동액)=(선물계약수×계약

---

30) 예를 들어 표면금리(i_{cp})가 12%인 채권이 현물시장에서 $100에 거래되고 있으며($S=$ $100), 시장금리가 6%($r=6\%$)이고 만기까지 6개월 남았을 경우, 선물가격은 97$이 된다. $F = S - S(i_{cp} - r) \cdot t$ = $100 − $100×(0.12−0.06)×(6/12) = $97

단위×단위 선물가격 변동액)〉의 등식이 성립해야 한다. 여기서 현물 채권 보유에 따른 금리리스크를 헤지할 수 있는 "선물계약수"를 남기고 나머지를 정리하면 〈선물계약수 = (현물포지션 구성 현물수량×단위 현물가격 변동액) ÷ (선물계약단위×단위 선물가격 변동액)〉이 된다. 이것이 금리선물을 이용한 금리리스크 관리방법이다. 그런데 제4장의 〈채권의 가치평가〉 파트에서 살펴보았던 듀레이션을 활용하면 좀 더 쉽게 이용할 수 있다. 즉, 듀레이션은 이자율 변동에 따른 채권가격의 변동이므로, 현물이나 선물의 단위 가격변동액은 각각 현물 및 선물의 듀레이션과 동일한 개념이다. 이를 이용하여 헤지비율을 나타내면 다음과 같다.

- 헤지비율 = 선물계약수 = $\dfrac{\text{현물수량} \times \text{단위 현물가격 변동액}}{\text{선물계약단위} \times \text{단위 선물가격 변동액}}$

$$= \frac{\text{현물수량} \times \text{현물 듀레이션}}{\text{선물계약단위} \times \text{선물 듀레이션}}$$

예를 들어 시가 1,000만 달러이고 듀레이션이 2.5년인 채권 포트폴리오를 보유한 미국의 투자가가 향후 시장이자율 상승에 따른 채권가격의 변동위험을 헤지하고자 할 경우, 선물 기초자산의 듀레이션이 5년이고 미국채의 계약단위는 10만 달러라고 가정하면 미국채 선물거래를 이용할 경우 헤지비율은 다음과 같이 50계약임을 알 수 있다.

$$\text{헤지비율} = \text{선물계약수} = \frac{\text{현물수량} \times \text{단위 현물가격 변동액}}{\text{선물계약단위} \times \text{단위 선물가격 변동액}}$$

$$= \frac{1{,}000\text{만달러} \times 2.5\text{년}}{10\text{만달러} \times 5\text{년}}$$

$$= 50\text{계약}$$

2.2. 금리옵션을 이용한 국제채권시장 리스크 관리

금리옵션은 금리에 의하여 가격이 결정되는 금융자산을 일정 기간 후에 또는 그 전에 사전에 약정된 가격으로 매입 또는 매도할 수 있는 선택권(option)을 옵션 매입자에게 부여하는 계약을 말한다.

옵션계약은 미래에 자산을 매입 또는 매도하는 내용을 포함하고 있기 때문에 선물 매입 또는 매도의 성격을 갖고 있다. 그러나 선물매매는 반드시 약정한 매입 또는 매도를 해야 하는 반면, 옵션은 옵션매수자, 즉 매매의 선택권을 가진 자가 유리한 경우에만 선택권을 행사하여 특정자산의 매매를 요청하고 옵션매도자은 이에 응하는 점이 다르다. 따라서 유리한 선택권을 가진 옵션매수자는 자신의 옵션행사에 따라 매매의 의무를 지는 불리한 입장에서 리스크를 부담하는 옵션매도자에게 리스크 보상 차원의 옵션프리미엄을 지불한다.

2.2.1. 금리하락이 예상될 경우

금리 하락이 예상될 경우에는 콜옵션 매입으로 대응하면 된다. 즉, 금리 하락이 예상될 경우 이는 곧 금리선물의 가격 상승이 예상된다는 것이다. 따라서 콜옵션을 매입한 후 실제로 금리가 하락하여 금리선물의 가격이 상승하면 콜옵션 행사로 이익을 얻을 수 있고 실제로 금리가 상승하면 옵션을 행사하지 않으면 된다.

예를 들어 유로달러 금리를 기초자산(명목금액 100만 달러)으로 하고 행사가격 5%, 만기 1개월, 옵션프리미엄이 1,000달러(명목금액 대비 0.1%)인 콜옵션을 매입한 후 만기에 실제로 유로달러 금리가 4.8%로 하락했다고 가정하자.

이 경우 콜옵션을 행사하여 금리선물을 5%의 가격으로 매입하고, 이를 시장에서 더 비싸진 4.8%의 가격으로 매도하여 그 차이에서 0.1%의 옵션 프리미엄을 차감한 만큼 이익을 얻을 수 있다.

옵션 행사 이익=\$1,000,000×(5%-4.8%-0.1%)=\$1,000이 된다.

또한 플로어(floor)를 통해 손실을 제한할 수 있다. 플로어란 변동금리가 금리 하한 아래로 내려가면 금리차이를 수취하는 옵션계약을 말한다. 변동금리 상품 투자자는 금리하락 폭이 크면 수익이 크게 줄어들어 손실이 발생한다. 이 경우 플로어 계약을 하면 금리가 크게 하락할 경우 금리하한보다 더 크게 하락한 금리 부분을 만회함으로써 손실 폭을 줄일 수 있다.

2.2.2. 금리 상승이 예상될 경우

금리 상승이 예상될 경우 이는 곧 금리선물의 가격 하락이 예상된다는 것이다. 따라서 풋옵션을 매입한 후 실제로 금리가 상승하여 금리선물의 가격이 하락하면 풋옵션의 행사로 이익을 얻을 수 있고 실제로 금리가 하락하면 옵션을 행사하지 않으면 된다.

예를 들어 유로달러 금리를 기초자산(명목금액 100만 달러)으로 하고 행사가격 5%, 만기 1개월, 옵션프리미엄이 1,000달러(명목금액 대비 0.1%)인 풋옵션을 매입한 후, 만기에 실제로 유로달러 금리가 5.2%로 상승했다고 가정하자.

이 경우 풋옵션을 행사하여 금리선물을 5%의 가격으로 매도하고 이를 시장에서 더 싸진 5.2%의 가격으로 매수하여 그 차이에서 0.1%의 옵션 프리미엄을 차감한 만큼 이익을 얻을 수 있다.

옵션 행사 이익=\$1,000,000×(5.2%-5.0%-0.1%)=\$1,000이 된다.

금리하락시와 마찬가지로 다른 방식을 통해서 손실을 제한할 수 있다. 바로 캡(cap)을 통해서다. 캡이란 변동금리가 금리상한 위로 상승하면 금리차이를 수취하는 옵션계약이다. 캡 계약을 하면 금리가 크게 상승할 경우 금리상한보다 더 크게 상승한 금리 부분을 만회함으로써 손실폭을 줄일 수 있다.

특별주제 금리옵션의 종류

① 금리옵션은 Libor 등 현물금리를 기초자산으로 하는 옵션과 T-Bonds, T-Notes 등[31]에 대한 금리선물을 기초자산으로 하는 옵션으로 구분된다.

- 금리선물을 기초자산으로 하는 금리옵션이 거래비용이 낮고, 청산·결제가 쉬워 현물금리를 기초자산으로 하는 옵션보다 더 활발하게 거래된다.

② 콜옵션과 풋옵션: 콜옵션은 기초자산을 일정기간 또는 그 이전에 정해진 가격(행사가격, strike price)으로 매입할 수 있는 권리를 말하며, 풋옵션은 이를 매도할 수 있는 권리를 말한다.

③ 아메리칸옵션과 유러피언옵션: 아메리칸옵션은 옵션 매입자가 만기일 이내에 언제든지 옵션을 행사할 수 있으나, 유러피언옵션은 만기일에만 옵션행사가 가능하다.

- 현재 전세계 거래소 옵션시장에서는 아메리칸 옵션이 주로 거래되고 있다.

---

31) 미국 재무성이 발행한 만기 1년 이상 10년 미만의 증권을 재무성 중기채(Treasury notes; T-Notes), 10년 이상의 것을 재무성 채권(T-Bonds)이라 부른다. 이들은 일정 기간마다 확정이자를 지급하는 이자부 발행방식을 택하고 있다. 참고로 만기 1년 이하는 재무성 증권(Treasury bill; TB)이라 한다.

④ 장내옵션과 장외옵션: 장내옵션은 거래소[32]에 상장되어 있는 표준화된 옵션상품을 말한다. 장외옵션은 거래소 외에서 계약 당사자들이 거래의 조건, 규모, 방식 등을 자유로이 정하는 옵션을 말한다.

- 장외옵션은 거래소가 제공하는 결제 및 청산 담보 기능이 없어서 신용리스크에 노출되어 있기 때문에 높은 신용도를 가진 기관들만이 거래에 참여할 수 있다.

2.3. 금리스왑을 이용한 국제채권시장 리스크 관리

금리스왑은 계약기간 중 두 당사자간에 사전에 약정된 방법으로 상이한 기준에 의하여 계산된 현금흐름과 이자를 정기적으로 교환하는 금융거래를 말한다.

금리스왑 계약은 기본적으로 점두거래이기 때문에 계약조건을 자유롭게 변경할 수 있는 장점이 있으나, 거래상대방의 파산 등에 따른 신용위험이 있다. 금리스왑 계약기간 중 거래상대방이 파산 등으로 이자지급을 못할 경우 손실이 발생할 수 있는 것이다. 그러나 금리스왑은 명목원금의 교환 없이 명목원금에 대한 이자만 교환하기 때문에 대출이나 채권매입 등 다른 금융상품에 비해서는 상대적으로 신용위험이 작은 편이다.

금리스왑은 고정금리 이자와 변동금리[33] 이자를 교환하는 금융거래이다.[34] 여기서 변동금리 이자율은 항상 변동하지만 고정금리 이자율은

32) 거래소는 옵션거래에 필요한 물적 장소를 제공하고 거래계약의 조건 및 내용 등을 규정함으로써 거래의 표준화를 도모하는 한편 유동성 증대 기능도 수행한다.

33) 변동금리는 보통 Libor, T/bill, CP, CD, federal funds rate 등 단기금융시장 금리가 사용되며 이중 Libor가 가장 많이 사용된다.

정해져 있다. 따라서 스왑거래를 고정금리 기준으로 표시하는 것이 편리하며 이 고정금리를 스왑레이트(swap rate)라 부른다. 이러한 관점에서 고정금리 기준으로 이자를 지급하는 경우 스왑을 매입(buy a swap)한 것으로 표현하며, 매입하면 포지션이 long이 되므로 long a swap이라고도 표현한다. 반면에 고정금리 기준으로 이자를 수취하는 경우 스왑을 매도(sell a swap)한 것으로 표현하며, 매도하면 포지션이 short이 되므로 short a swap이라고도 표현한다.

이러한 금리스왑 기초지식을 바탕으로 금리스왑을 이용한 구체적인 금리리스크 관리방법을 알아보겠다.
예를 들어 명목원금 5천만 달러에 대해 향후 5년간 A는 B에게 매 6개월마다 연율 5%의 고정금리를 지급하고, B는 A에게 6개월 만기 Libor를 지급하는 금리스왑 계약을 체결한 경우이다. A가 B에게 6개월마다 지급해야 할 고정금리 이자는 $50,000,000×5%×(1/2)로서 $1,250,000이며, B가 A에게 6개월마다 지급해야 할 변동금리 이자는 $50,000,000×Libor×(1/2)이다. 실제 이자지급일에는 양 이자금액의 차이, 즉 $50,000,000×(Libor−5%)×(1/2)를 정산할 것이다.

2.3.1. 금리 하락이 예상될 경우

변동금리 이자수입이 예정되어 있는 경우, 변동금리 지급 & 고정금리 수취(sell a swap) 계약을 통해 금리리스크를 관리할 수 있다. 즉, 금리 하락이 예상된다고 할 때 변동금리 이자를 수취하는 경우라면

34) 이러한 거래가 일어나는 것은, 예를 들어 A은행은 단기자금을 조달하여 모기지와 같이 장기로 운영함에 따라 단기 변동금리 변동에 민감한 반면 B사는 장기채를 발행하여 사업자금으로 사용하고 있어서 장기 고정금리 변동에 민감하기 때문이다. 양 기관은 서로의 이자율 변동위험을 제거하기 위해 금리스왑계약을 체결하는 것이다.

이자수입이 감소할 위험이 예상된다. 이 경우 변동금리를 지급하고 고정금리를 수취하는 금리스왑 계약을 체결하면 실제로 이자율이 하락할 경우 이자수입의 감소로 인한 손실을 상쇄할 수 있다.

2.3.2. 금리 상승이 예상될 경우

변동금리 이자지급이 예정되어 있는 경우라면 금리하락의 경우와는 반대로 변동금리 수취 & 고정금리 지급(buy a swap) 계약을 하면 된다. 왜냐하면 금리 상승이 예상되면 변동금리 이자를 지급하는 경우에는 이자지급이 증가할 위험이 예상되기 때문이다.

3. 신용리스크 관리

국제금융시장에서 신용리스크란 보유자산의 가치가 발행기관의 신용도 하락이나 부도 등으로 감소하여 손실을 입을 가능성을 말한다. 이러한 신용리스크를 관리하는 방안으로 신용파생상품을 활용하는 방안이 대표적이다.

신용파생상품은 대출채권, 회사채 등에 내재되어 있는 신용위험을 기초로 하여 현금흐름이 결정되는 파생상품이다. 이는 글로벌 금융시장에서 회사채 발행이 급증하면서 회사채 보유에 따른 신용위험을 제거하기 위해 고안되었으며 대표적인 신용파생상품으로 credit default swap(CDS)과 total return swap (TRS)이 있다.

3.1. CDS를 이용한 신용위험 관리

CDS(credit default swap)는 신용위험 발생시 원금 보장이 핵심이다. 보장매입자(protection buyer)는 회사채 등 보유자산의 가치가 발행자의 부도위험 증가 등으로 하락할 경우에도 보장매도자(protection seller)로부터 원금을 보장받는다. 보장받는 방법은 손실액을 보장받거나 또는 채권을 인도하고 액면금액을 지급받는 방법이 있다. 물론 이와 같은 보장을 받기 위해서는 이에 대한 대가로 CDS premium이라고 하는 수수료를 지불하여야 한다.

이러한 CDS에 대한 기초지식을 바탕으로 CDS거래의 손익을 신용사건이 발생하는 경우와 발생하지 않는 경우로 나누어 살펴보겠다.

① 신용사건이 발생하는 경우

- 보장매입자(protection buyer)는 신용사건이 발생하는 경우 이로 인한 자산가치의 하락분을 보장매도자로부터 수취하는 이익이 발생하며, 이 경우 비용은 수수료인 CDS 프리미엄이다. 따라서 신용사건이 발생할 경우 보장매입자의 총손익은 자산가치 하락분에서 CDS 프리미엄을 차감한 금액이 된다.
- 보장매도자(protection seller)는 신용사건이 발생하는 경우 이로 인한 자산가치의 하락분을 보장매입자에게 지급하는 손실이 발생하며, 이 경우 수익은 수수료인 CDS 프리미엄이다. 따라서 이 경우 보장매도자의 총손익은 CDS 프리미엄에서 자산가치 하락분을 차감한 금액이다.

그림 13.3 CDS 구조

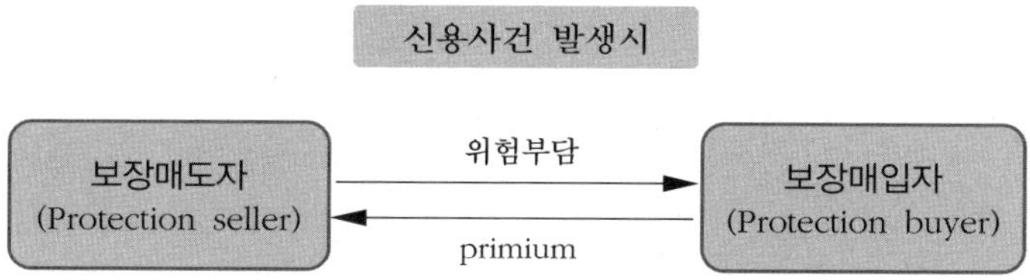

② 신용사건이 발생하지 않는 경우

- 보장매입자는 신용사건이 발생하지 않는 경우 보장매도자에게서 수취하는 금액이 없고, CDS 프리미엄만 비용으로 지급한다.
- 보장매도자는 보장매입자에게 지급할 금액이 없으며 보장매입자로부터 수취하는 수수료인 CDS 프리미엄 수익만 발생한다.

3.2. TRS를 이용한 신용위험 관리

TRS(total return swap)는 일정한 약정이자 보장이 핵심이다. 보장매입자는 회사채 등 보유자산으로부터 발생하는 이자수입과 자산가치의 변동분을 포함한 총수익을 보장매도자에게 지급하는 대신 보장매도자로부터 일정한 약정금리(예: Libor+α)를 수취한다.

이제 TRS를 통한 거래의 손익에 대해 알아보겠다.

① 신용사건 발생으로 자산가치가 하락하는 경우

보장매입자는 신용사건 발생 등으로 인한 자산가치의 하락분(이 경우 신용사건 발생으로 인한 회사채의 가치하락으로 손실 발생)과 회사채 쿠폰이자를 보장매도자에게 지급하고, 보장매도자로부터 미리 약정한 일정금리를 수취한다.

그림 13.4 TRS 구조

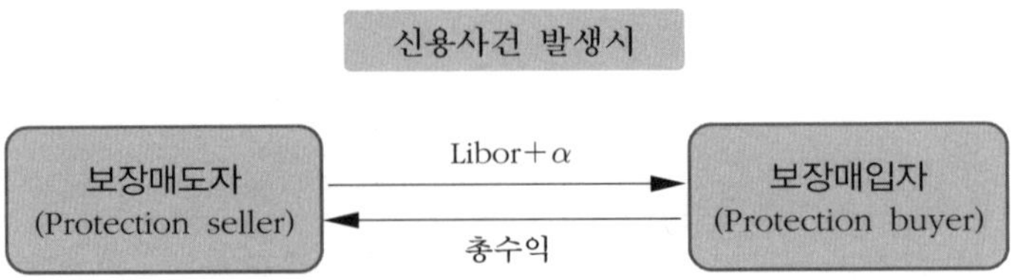

예를 들어 약정금리가 Libor(5.5%)+0.25%, 채권의 쿠폰이자율이 연 7.5%(매 6개월마다 지급)이고 6개월 약정기간 채권의 가치가 2% 하락한 경우 보장매입자는 채권가치 하락분 −2.0%와 채권의 쿠폰 이자 6개월분 7.5÷2=3.75%의 합, 즉 〈−2.0%+3.75%=1.75%〉를 보장매도자에게 지급하고 약정금리 〈(5.5%+0.25%)÷2=2.875%〉를 수취한다.

② 신용사건이 발생하지 않고 자산가치가 상승하는 경우

보장매입자는 자산가치의 상승분과 회사채 쿠폰이자를 보장매도자에게 지급하고, 보장매도자로부터는 미리 약정한 일정금리를 수취한다.

예를 들어 약정금리가 Libor(5.5%)+0.25%, 채권의 쿠폰이자율이 연 7.5%(매 6개월마다 지급)이고 6개월 약정기간 채권의 가치가 2% 상승한 경우 보장매입자는 채권가치 상승분 2.0%와 채권의 쿠폰이자 6개월분 7.5÷2=3.75%의 합, 즉 〈2.0%+3.75%=5.75%〉를 보장매도자에게 지급하고 약정금리〈(5.5%+0.25%)÷2=2.875%〉를 수취한다.

여기서 중요한 것은 금리리스크의 관리라는 측면에서 TRS 보장매입자는 TRS 계약을 통해 이익을 얻는 것이 목적이 아니라 일정한 약정금리(위의 예에서 Libor+α=5.5%+0.25%=5.75%)로 수익을 확정짓는 것이 목적이라는 점에 유의하여야 한다. 따라서 자산가치가 하락하는 경우 TRS 계약을 통해 손실을 보상받기 때문에 이익이 발생하지만 자산가치가 상승하는 경우에는 이 가치 상승분을 보장매도자에게 지급함으로써 오히려 손실이 발생할 수도 있는 양면성이 있음을 이해할 필요가 있다.

제 14 장

국제금융시장 동향 분석 및 전망

현대의 기업은 더 이상 자국 내에만 머물지 않고 전 세계를 대상으로 경영활동을 하고 있다. 국제금융시장을 통해 자금을 조달하거나 투자를 하고, 원자재의 수입처나 상품을 판매할 시장도 국내보다는 세계시장일 경우가 많다. 그러다 보니 국제금융시장의 움직임을 모르고서는 제대로 된 경영을 할 수가 없게 되었다. 특별히 관심을 기울이지 않았던 다른 나라의 기업, 다른 나라의 경제환경 변화 등등이 우리 기업경영에 있어 매우 중요한 요소로 작용하고 있기 때문이다. 우리 모두가 뼈 저리게 경험하였던 IMF사태는 물론이고 2008년의 글로벌 금융위기나 코로나19로 인한 국제경제 지각변동 등을 감안할 때 국제금융시장 환경변화는 기업의 흥망을 좌우하고 있다고 해도 과언이 아닌 것이다.

이제 국제금융시장에 대한 기초개념과 이를 토대로 한 국제금융시장 전망을 통해 기업경영을 어떤 방향으로 가져가야 할지를 고민해 보자.

I. 국제금융시장 동향 분석

1. 국제금융시장 동향 분석의 범위

국제금융시장 동향 분석을 할 때에는 국제금융시장 분석지표의 데이터를 수집하여 시장별로 분석하는 것이 좋다. 시장별 분석은 금리, 주가 및 환율 동향은 필수적이며, 보고서 특성에 따라 기타 동향을 추가하면 된다. 통상적으로 국제유가와 금값 동향을 중심으로 한 상품시장 동향을 포함한다.

2. 국제금융시장 동향분석 예시

2.1. 금리

금리동향 분석에서 가장 중요한 것이 미국 국채금리 동향이다. 미국 국채금리의 움직임에 따라 주요국 금리가 변동하는 경우가 많기 때문이다. 미국 국채금리 외에 중요한 금리로는 유럽의 금리이며 독일과 영국 국채금리가 중요하다.

미국 금리 중에는 2년 만기 국채금리와 10년 만기 국채금리가 중요하다. 2년 만기 국채금리는 미 연준 정책금리에 민감하게 반응하는 금리라는 점이, 10년 만기 국채금리는 미국 기업들의 투자에 영향을 미치는 금리라는 측면에서 중요하다. 금리 자체 외에도 금리 스프레드도 중요지표이다. 금리 스프레드가 확대된다는 것은 시장에서 위험성이 높은 채권의 매도가 증가하여 이들 채권의 금리 상승폭이 위험성이 낮은 국채금리보다 커진다는 의미이다.

유럽 금리 중에는 10년물 독일 국채금리와 10년물 영국 국채금리가 중요하다. 독일 국채금리는 유로화를 사용하는 유로지역 경제를 대표한다는 점에서, 영국 국채금리는 유로화를 사용하지 않는 국가이면서 국제 금융중심지인 런던의 상황을 반영한다는 점에서 중요하다. 역시 금리외에 금리 스프레드가 중요하다. 이 경우에는 독일 국채금리와 유로지역국가 중에 상대적으로 위험성이 큰 나라로 인식되는 스페인 이탈리아 포르트갈 그리스 등의 국채금리와의 스프레드를 중요하게 관찰할 필요가 있다.

한편 금리동향을 설명할 때에는 분석기간중 가장 중요한 요인을 부각시키되, 미국 국채금리를 우선적으로 설명하고 이후 유럽 금리를 설명하는 방식이 바람직하다. 예를 들어 2020년 3월 3일의 경우에는 미 연준이 임시회의를 통해 전격적으로 정책금리를 0.5%p 인하한 것이 가장 중요한 요인이었다. 이는 미국 금리는 물론 세계 주요국 금리에 연쇄적으로 영향을 미쳤기 때문이다. 따라서 미 연준의 정책금리 인하 결정과 그 관련 내용을 설명하고, 그에 따른 금리동향을 설명하면 된다. 내용중 자세하게 다루어야 할 것이 있을 경우에는 주석을 달아서 추가 설명하면 좋다.

예시 금리 설명

2020년 3월 3일 미 국채 금리(10년물)는 코로나19 확산 우려[1])가 커지는 가운데 전격적인 연준의 금리인하 발표 및 Powell 미연준 의장의 기자회견[2])으로 크게 하락하였다.

---

1) 뉴욕州에서 추가 확진자가 발견되었으며 워싱턴 및 노스캐롤라이나州 등에서 사망자가 증가하였다는 소식이 전해지는 등 미국내 코로나19 확산 우려가 증대하였다.

2) Powell 미연준 의장은 기자회견에서 "코로나19 사태 진전상황을 모니터링 해왔으며 미국내에서도 확산이 시작됨에 따라 지금이 정책대응에 나설 시점이라고 판단된다"며, "금리인하가 바이러스의 확산을 막거나 공급사슬을 회복시키는 것은 아니나 경제에 활력을 불어넣는 데 도움이 될 것으로 생각한다"고 밝혔다.

영국 국채금리(10년물)는 장후반 미 연준의 정책금리 인하 등으로 2bp 하락 마감(런던 마감 기준)하였다.

국제 금리동향(예시)

		'19말	'20.2월말	3/2	3/3	전일비	전월말비	전년말비
미국채 금리 (%, %p)	Tsy, 2yr	1.57	1.31	0.90	0.70	−0.20	−0.61	−0.87
	10yr	1.92	1.51	1.16	1.00	−0.16	−0.51	−0.92
스프래드 (bp)	투자등급[1)]	97.3	109.3	129.1	133.1	4.0	23.8	35.8
	투기등급[1)]	393.2	445.8	528.5	537.4	8.9	91.6	144.2

주: 1) Bloomberg 회사채 composite index

		'19말	'20.2월말	3/2	3/3	전일비	전월말비	전년말비
독일금리	(10년물, %)	−0.19	−0.61	−0.62	−0.63	−0.01	−0.02	−0.44
스프래드	스페인	65.3	88.9	91.0	81.3	−9.7	−7.6	16.0
(10년물, bp)	이탈리아	159.7	170.9	176.0	161.4	−14.6	−9.5	1.7
	포르투갈	62.7	96.0	98.1	88.6	−9.5	−7.4	25.9
	그리스	165.3	193.9	207.1	185.5	−21.6	−8.4	20.2
영국금리	(10년물, %)	0.82	0.44	0.41	0.39	−0.02	−0.05	−0.43

2.2. 주가

주가동향 분석에서 가장 중요한 것이 미국 다우존스 주가지수(DJIA)와 S&P500 주가지수이다. 미국 주가의 움직임이 있으면 대부분의 경우 주요국 주가도 이와 같은 방향으로 움직이기 때문이다.

주가동향을 설명할 때에도 금리동향 분석 설명과 마찬가지로 가장 중요한 요인을 중심으로 그 영향을 설명하면 된다. 이 경우 가장 중요한 요인을 제시하고, 만일 시장 반응이 통상적으로 생각하는 방향과 다를 경우 그 원인을 찾아서 설명해야 독자들이 그 분석을 수긍할 수 있다.

예를 들어, 뉴욕시간 2020년 3월 3일의 경우처럼 미 연준이 임시회의를 통해 정책금리를 0.5%p 전격적으로 인하한 후에 미국의 주가가 크게 하락하였다면 이는 통상적인 방향과 다르다. 따라서 이에 대한 설명이 필요하다.

예시 주가 설명

2020년 3월 3일 미국주가(DJIA)는 연준의 금리인하에도 불구하고 코로나19 확산에 따른 경기둔화 우려[3] 부각 등으로 대폭 하락하였다.

주가동향(예시)

	'19말	'20.2월말	3/2	3/3	전일비	전월말비	전년말비
DJIA	28,538.4	25,409.4	26,703.3	25,917.4	−785.9	508.0	−2,621.0
S&P500	3,230.8	2,954.2	3,090.2	3,003.4	−86.9	49.2	−227.4

2.3. 환율

환율동향 분석에서 가장 중요한 것이 달러지수(dollar index)이다. 달러지수가 상승하면 달러화의 강세, 하락하면 달러화의 약세임을 이미 학습한 바 있다. 개별국가간 환율 중에는 달러/유로, 엔/달러, 달러/파운드, 그리고 원/달러 환율이 주로 분석된다.

환율동향을 설명할 때에도 가장 중요한 요인을 중심으로 우선 달러

3) 미 연준의 전격적인 대폭의 정책금리 인하는 기업의 투자비용 감소와 투자 촉진 요인으로 작용하기 때문에 주가 상승요인이다. 그런데 주가가 크게 하락했다는 것은 시장참가자들이 미 연준의 정책금리 인하에 부정적으로 반응했다는 것이므로 그 부정적인 요인을 설명해야 한다. 시장참가자들이 미 연준의 전격적인 금리인하에 대해 '코로나19 확산에 따른 경기둔화 우려가 얼마나 심각하면 연준이 이렇게 예외적으로 금리를 대폭 인하해야 했을까?'라는 의문을 제기한 것으로 설명하면 독자들이 이해하기 쉬울 것이다.

지수의 동향을 설명한다. 달러지수는 그 상승 또는 하락을 통해 달러화가 세계 주요국 통화에 대해 강세인지 또는 약세인지를 보여주기 때문에 세계 외환시장의 동향을 이해하는 데 있어 가장 중요하다.

개별국가간 환율은 분석기간중 가장 중요한 환율을 중심으로 설명하면 된다. 물론 우리나라의 경우에는 원/달러 환율을 반드시 설명하고 우리나라에 크게 영향을 미치는 환율을 그때그때 상황에 따라서 설명하면 될 것이다.

예시 환율 설명

2020년 3월 3일 미 달러화는 미 연준의 긴급 금리인하 및 추가 인하 기대 등으로 약세를 보였으며(달러지수 하락, 97.36→97.18), 원화는 달러화 약세 영향 등으로 강세를 보였다.(원/달러 NDF[4])환율 하락, 1,189.3→1,186.2)

환율동향(예시)

	'19말	'20.2월말	3/2	3/3	전일비	전월말비	전년말비
Dollar Index	96.39	98.13	97.36	97.18	−0.18	−0.95	0.79
USD/EUR	1.1213	1.1026	1.1134	1.1173	0.0039	0.0147	−0.0040
JPY/USD	108.61	107.89	108.33	107.13	−1.20	−0.76	−1.48
USD/GBP	1.3257	1.2823	1.2754	1.2811	0.0057	−0.0012	−0.0446
NDF, KRW/USD	1,154.8	1,200.0	1,189.3	1,186.2	−3.1	−13.8	31.4

4) 이 경우는 2020.3.3. 미국 뉴욕시장의 외환시장 동향을 설명하기 때문에 뉴욕에서 거래되는 원/달러 NDF 환율 동향을 설명한 것이다.

2.4. 상품시장

상품시장 동향 분석에서 가장 중요한 것으로는 국제유가와 금값을 들 수 있다. 유가 중에서는 서부텍사스산 원유(WTI)가격을 배럴당 달러로 표시한다. 금값은 온즈당 달러로 표시한다.

상품시장 동향을 설명할 때에도 역시 가장 중요한 요인을 중심으로 유가와 금값의 동향을 설명한다. 그런데 유가와 금값은 위에 국제금융시장 분석에서 가장 중요하게 생각되는 요인들과 직접적인 연관성보다는 다른 변수들과의 연결 관계를 통해 그 상승 또는 하락이 결정되는 경우가 많으므로 그 연결 관계를 찾아서 분석하는 것이 좋다.

예시 상품가격 동향 설명

2020년 3월 3일 국제유가(WTI선물)는 OPEC+ 의 감산 기대[5] 등으로 상승하고, 금가격은 연준의 전격적인 금리인하 결정[6] 등으로 큰 폭으로 상승하였다.

상품가격 동향(예시)

	'19말	'20.2월말	3/2	3/3	전일비	전월말비	전년말비
WTI[1] U$/bbl	61.06	44.76	46.75	47.22	0.47	2.46	−13.84
금[2] U$/oz	1,517.3	1,585.7	1,589.4	1,640.9	51.5	55.2	123.6

주: 1) 선물가격지수(최근원물)
2) 현물가격

5) OPEC+가 원유 생산량을 줄이면 원유의 공급량이 수요량에 비해 상대적으로 부족해지므로 유가는 상승하게 된다.

6) 미 연준의 전격적인 금리인하 결정으로 달러화가 약세가 되면 안전자산으로서의 달러화 수요가 감소하게 된다. 이 경우 달러화를 대신해서 다른 안전자산을 찾게 되는데 금이 대표적인 안전자산이므로 달러화의 약세는 금값의 상승요인이 된다.

3. 국제금융시장 동향의 상호관계

앞에서 국제금융시장 동향을 크게 4개의 시장으로 나누어 그 각각의 시장동향을 살펴보았다. 그런데 각 금융시장은 다른 금융시장과 밀접한 상호관계에 있으며 이를 파악하면 국제금융시장을 전반적으로 이해하는 데 도움이 된다.

3.1. 채권시장과 주식시장의 상호관계

채권시장지표와 주식시장지표는 일반적으로 반대방향으로 움직이는 경우가 많으며 그 이유는 아래와 같다.

① 고정수입 여부

채권은 대부분 쿠폰이자율이 정해져 있고 만기까지 시장이자율의 변동과 무관하에 이 쿠폰이자율로 매기간에 이자수입이 유입된다. 따라서 채권은 이자수입이 고정되어 있는 이유로 fixed income asset으로 불리고 있으며 안전자산의 하나로 분류된다.

그러나 주식은 매기 기업의 실적에 따라 배당률이 달라지기 때문에 경기가 나빠지고 기업실적이 부진하면 배당을 못 받을 수도 있다. 주식이 위험자산으로 분류되는 이유이다. 따라서 경기가 나빠지면 고정수입이 보장되는 채권에 대한 투자가의 선호도가 주식에 비해 높아진다.

② 가치변동 가능성

채권의 가치는 향후 예상되는 미래 현금흐름을 현재의 시장이자율로 할인하여 결정된다. 따라서 경제상황이 악화되어 시장이자율이 하락하면 보유채권의 현재가치가 상승하게 된다. 향후 시장이자율의 하락이 예상되면 채권의 가치 상승이 예상된다는 의미이다. 그러나 주식의 경우 시장이자율의 하락이 기업의 차입비용 감소로 작용하여 긍정적인 효과를 기대할 수 있는 측면도 있으나, 경기부진에 따른 중앙은행의 정책금리 인하로 인해 시장이자율 하락이 예상되는 경우에는 경기부진의 부정적 요인이 더욱 중요하게 부각[7]될 수 있다.

경제상황이 악화되거나 금융시장의 불안정성이 증가하면 향후 이자율 하락이 예상되기 때문에 위험자산인 주식보다 안전자산인 채권의 선호도가 증가한다. 따라서 시장참가자들이 주식을 매도하고 채권을 매수함에 따라 주가는 하락하고 채권가치는 상승하게 되어 시장금리는 더욱 하락하게 된다. 따라서 주가가 하락할 때 시장금리도 하락하여 두 지표가 같은 방향[8]으로 움직이는 경우가 많다.

3.2. 주식시장과 외환시장의 상호관계

주식시장 지표인 주가와 외환시장 지표인 환율과의 상호관계는 환율의 분모에 위치하는 통화와 분자에 위치하는 통화의 경우 그 방향이 반대이기 때문에 우리나라 주가와 원/달러 환율을 기준으로 설명한다.

주식은 위험자산으로 분류되며 한국 주식은 미국 등 선진국 주식에

---

7) 2020.3.3. 미 연준의 전격적인 대폭 금리인하가 '미국 경제가 얼마나 부진하면 미 연준이 이렇게 전격적으로 대폭의 금리인하를 하지 않을 수 없었을까?'라고 부정적으로 해석되어 미국 주가가 오히려 하락한 사례가 있었다.

8) 물론 예외적인 경우도 있다. 특정국가의 채무위기 또는 외환위기 등으로 특정국가 자산에 대한 수요가 감소하고 이들 자산의 매도가 급격히 증가하는 경우가 그렇다. 이 경우 이 나라의 주식 매도에 따른 주가하락과 동시에 이 나라 채권도 매도되어 채권가치의 하락, 즉 채권금리의 상승이 발생할 수 있다.

비해 위험자산으로 분류된다. 따라서 세계경제상황이 호전되거나 국제금융시장의 불안정성이 완화되면 한국 주식에 대한 수요가 늘어나 한국 주가가 상승한다.그런데 원화는 위험통화로 분류됨에 따라 세계경제상황이 호전되거나 국제금융시장의 불안정성이 완화되면 원화에 대한 수요가 증가하여 원/달러 환율이 하락한다. 따라서 일반적으로 한국 주가와 원/달러 환율은 반대방향으로 나타나는 경우가 많다. 실제로 한국 주가와 원/달러 환율간의 상관계수를 구해보면 (−)값을 가지면서 그 수치가 상당히 크게 나오는 경우가 많다.

3.3. 외환시장과 상품시장의 상호관계

외환시장의 대표적인 변수로서 달러화와 상품시장의 금값 그리고 달러화와 유가의 관계를 살펴볼 수 있다.

① 달러화와 금값

달러와 금은 모두 안전자산이다. 달러화의 수요가 증가하는 사유가 발생하면 상대적으로 금의 수요가 감소하여 달러화 강세와 금값 하락이 발생한다. 따라서 달러화와 금값의 동향은 반대방향으로 움직이는 경우가 많다.

그러나 국제금융시장의 불안정성 증가로 시장참가자들의 안전자산에 대한 수요가 무차별적으로 증가하는 경우에는 두 자산의 가격이 같이 상승할 수도 있다. 시장 상황에 따라 신축적인 사고가 필요하다고 하겠다.

② 달러화와 유가

원유의 결제에 유로화와 다른 통화들도 사용되기는 하지만 달러화의 결제비중이 가장 높다. 따라서 원유의 결제수요가 증가하면 달러화가 강세가 되고 원유의 결제수요가 감소하면 달러화가 약세가 된다.
그런데 달러화와 원유의 관계가 세계경제 상황과도 연계되어 있다. 세계경제 호조가 예상되면 원유의 수요증가가 예상되고, 이는 원유 결제에 필요한 달러화의 수요증가로 달러화의 강세요인으로 작용한다. 한편 세계경제 호조가 예상되면 미국보다 빠른 경제성장이 예상되는 국가들의 자산에 대한 수요증가 역시 예상되고, 이들 자산을 매입하기 위한 이들 통화의 수요증가로 인해 달러화의 약세요인이 발생한다. 따라서 이 두 가지 측면을 함께 고려하는 것이 좋다.

Ⅱ. 국제금융시장 전망 및 포트폴리오 수정

1. 국제금융시장 전망

국제금융시장을 전망할 때에는 이에 영향을 미칠 요인들을 기간적으로 장기적으로 영향을 미칠 요인과 단기적으로 영향을 미칠 요인으로 구분하는 것이 좋다.

1.1. 장기요인

국제금융시장 움직임에 장기적으로 영향을 미칠 요인으로는 주로 정치적 요인을 들 수 있으며, 그 예로 아래와 같은 사례가 있다.

• 주요국간 합의

플라자 합의(Plaza Accord)처럼 주요국이 특정통화의 가치절상 또는 절하에 합의하게 되면 그 영향이 장기간 지속된다. 최근의 경제상황에 비추어 보면, 예를 들어 미국이 중국에 관세를 부과하는 목적이 중국과의 무역적자를 줄이려는 것이기 때문에 미국은 중국 위안화 가치가 크게 하락하는 것을 원하지 않는다. 반면 중국은 미국의 관세부과로 인한 수출경쟁력 약화를 극복하기 위해 위안화의 약세가 필요하다. 이러한 양국의 관계를 잘 해석해서 위안화의 환율을 전망해야 할 것이다.

• America First

트럼프가 미국의 제45대 대통령으로 당선된 후 미국 우선주의를 상징하는 "America First"를 외쳤다. 이후 미 달러화는 강세로 돌아섰다. 미국 우선주의로 미국 경제의 성장세가 개선될 것이라는 기대하에 미국 주가가 상승하고 미국으로의 자본 유입으로 달러화 가치가 상승한 것이다. 따라서 "America First" 외침은 장기적으로 미국 달러화의 강세요인으로 인식된다.

그런데 "America First" 주장은 반대로 달러화가 지나치게 강세로 가지 않는다는 것을 의미한다. 달러화의 가치가 크게 상승하면 대외 경쟁력의 하락으로 미국의 무역수지 적자폭이 커질 것이고, 이는 곧 미국 내에서의 생산과 고용의 저하를 의미하기 때문이다. 신축적인 해석이 필요한 대목이라 하겠다.

• 아베노믹스

만일 어느 나라가 일본의 아베노믹스처럼 국제통화의 공급을 무제한 늘리는 결정을 발표하면 그 통화의 가치는 장기적으로 하락추세를 면치 못할 것이다. 통화량 공급이 늘어나면 그 통화의 가치가 하락하는 것은 수요와 공급의 법칙상 당연한 것이다. 또한 위와 같은 결정이 국제금융시장에서 '이 나라의 경제상황이 얼마나 심각하면 통화량을 무제한 늘리는 정책을 발표하겠는가?' 라고 해석되면 국제 투자자들이 이 나라 자산을 매도하고 투자대금을 역송금 함에 따라 이 나라 통화의 가치가 급격히 하락할 가능성도 있다.

1.2. 단기요인

중앙은행의 정책금리 결정이나 대부분의 경제지표는 발표된 후 다음 발표전까지 영향을 미친다. 국제금융시장에 미치는 단기요인이라 하겠다.

그런데 중요한 것은 국제금융시장의 지표에는 이미 공개된 정보에 기초한 내용이 반영되어 있기 때문에 정책금리 결정이나 경제지표의 발표내용이 기존의 예상과 큰 차이가 없을 경우에는 시장지표가 크게 반응하지 않는다는 것이다. 국제금융시장의 지표들은 기존의 예상과 다른 새로운 정보에만 크게 반응한다는 점을 유념할 필요가 있다.

2. 포트폴리오 수정

2.1. 금리 상승이 예상되는 경우

시장이자율이 중앙은행의 이자율정책의 영향 등으로 상승이 예상되는 경우는 금리 상승이 1회에 그칠 경우와 금리 상승이 여러 차례 이루어질 것으로 예상되는 경우로 나누어 대응해야 할 것이다.

① 시장이자율이 한차례 상승한 후 당분간 상승할 가능성이 크지 않을 경우의 포트폴리오 운용전략에 대해 살펴보겠다.

- 신규 발행채권 매입 : 이 경우 새로 발행되는 이표채는 상승한 시장이자율을 반영하여 현재보다 높은 이자율로 발행될 것이다. 또한 향후 추가 금리상승 기대가 크지 않으므로 시장이자율이 발행금리보다 높아질 때 발생하는 자본손실 가능성도 크지 않다. 따라서 새로 발행되는 채권을 매입하면 자본손실의 우려없이 더 높은 이자수입을 얻을 수 있으므로 신규 발행채권을 매입하는 것이 유리하다.
- 기존 채권의 운용전략 : 기존 채권의 경우 시장금리가 1회 상승할 경우 쿠폰이자 수입은 변동이 없는데 반해 채권의 시장가치 평가액은 감소하여 평가손[9]이 발생한다. 만일 시장금리 상승

9) 다만 쿠폰 이자수입을 상승한 금리로 재투자함으로써 얻을 수 있는 재투자 수익의 증가

이 예상되는 시기에 즈음해서 이 채권을 매도해야 할 상황이 생긴다면 이 채권을 미리 매도하여 손실을 줄일 필요가 있다. 그러나 이 채권을 장기보유할 계획이라면 이러한 일회적 금리 상승에 민감하게 대응할 필요가 없다. 일시적으로 평가손이 발생하더라도 어느 정도 기간이 지나면 금리하락으로 인해 다시 평가익이 발생할 수 있기 때문이다.

- 듀레이션 전략: 시장금리가 1회 상승에 그칠 것으로 예상되는 경우는 그 후에 시장금리가 어느 수준에서 머물다가 다시 하락할 가능성이 있음을 의미한다. 따라서 이 경우에는 듀레이션 축소 전략을 성급하게 추진할 필요까지는 없고 향후 금리 추이를 보아가며 결정하는 것이 좋을 것이다.
- 금리 1회 상승과 환율과의 관계: 만일 금리의 1회 상승이 환율에 큰 영향을 못 미칠 것으로 예상되면 환포지션을 변동시킬 필요가 없다. 그러나 금리의 1회 상승이 그 나라 경제의 호전에 기인한 것으로 해석되어 그 나라 통화의 강세요인으로 작용할 것으로 예상된다면, 그 나라 통화표시의 자산매입을 늘리거나 환포지션을 선물환 매수 또는 콜옵션 매입 등으로 확대하는 대응이 필요하다고 하겠다.
- 금리 1회 상승과 주가와의 관계: 만일 금리의 1회 상승이 주가에 큰 영향을 못 미칠 것으로 예상되면 주식포지션은 변동시킬 필요가 없다. 그러나 금리의 1회 상승이 그 나라 경제호전에 기인한 것으로 해석되어 이 나라 주가의 상승요인으로 작용할

와 채권의 시장가치 평가손을 비교해 볼 필요는 있다.

것으로 예상되면, 그 나라 주식 매입을 늘리는 대응이 좋을 것이다. 반면에 금리의 1회 상승이 기업의 차입비용 증가 등으로 이 나라 주가의 하락요인으로 작용할 것으로 예상된다면, 당연히 그 나라 주식 보유를 줄이는 대응이 필요할 것이다.

② 시장이자율이 여러 차례 단계적으로 상승할 것으로 예상되는 경우의 포트폴리오 운용전략에 대해 논의해 보겠다.

- 신규 발행채권 매입: 이 경우 새로 발행되는 이표채는 상승한 시장이자율을 반영하여 현재보다 높은 이자율로 발행될 것이다. 그러나 향후 추가적으로 금리가 상승하면 이 채권에는 평가손이 발생할 것이다. 따라서 신규채권의 매입여부를 결정할 때에는 쿠폰이자 수입의 증가와 평가손의 발생 가능성을 함께 감안해야 할 것이다.

- 기존 채권의 운용전략: 기존 채권의 쿠폰이자 수입은 변동이 없는데 반해 채권의 시장가치 평가액은 점점 크게 감소하여 평가손[10]이 발생한다. 만일 시장금리 상승이 예상되는 시기 즈음해서 이 채권을 매도해야 할 상황이 예상되면 이 채권을 미리 매도하여 손실을 줄일 필요가 있다.

- 듀레이션 전략: 시장금리가 여러 차례 상승할 것으로 예상되는 경우는 듀레이션 감축 전략이 필요하다. 평가손이 클 것으로 예상되는 채권부터 매도하여 듀레이션을 줄여 나가는 전략을 취해야 할 것이다.

---

10) 쿠폰 이자수입을 상승한 금리로 재투자함으로써 얻을 수 있는 재투자 수익의 증가와 채권의 시장가치 평가손을 비교해 볼 필요는 있다.

• 금리의 여러 차례 상승과 환율과의 관계 : 만일 금리의 여러 차례 상승으로 그 나라 통화의 강세가 예상되는 경우에는 그 나라 통화표시의 자산매입을 늘리거나 환포지션을 선물환 매수 또는 콜옵션 매입 등으로 늘리는 대응이 필요하다.

• 금리의 여러 차례 상승과 주가와의 관계 : 만일 금리의 여러 차례 상승이 그 나라 경제의 호전에 기인한 것으로 해석되어 그 나라 주가의 상승요인으로 작용할 것으로 예상되면 그 나라 주식 매입을 늘리는 대응이 필요할 것이다. 반면에 금리의 여러 차례 상승이 기업의 차입비용 증가 등으로 이 나라 주가의 하락요인으로 작용할 것으로 예상되면 이 나라 주식 보유를 줄이는 대응이 필요할 것이다.

2.2. 금리 하락이 예상되는 경우

시장이자율이 중앙은행 이자율 정책의 영향 등으로 하락이 예상되는 경우는 금리 하락이 1회에 그칠 경우와 금리 하락이 여러 차례 이루어질 것으로 예상되는 경우로 나누어 대응해야 할 것이다.

① 시장이자율이 한차례 하락한 후 당분간 더 이상 하락할 가능성이 크지 않은 것으로 가정하고 포트폴리오 운용전략에 대해 논의해 보자.

• 신규 발행채권 매입 : 이 경우 새로 발행되는 이표채는 하락한 시장이자율을 반영하여 현재보다 낮은 이자율로 발행될 것이다. 또한 향후 추가 금리하락 기대가 크지 않으므로 시장이자율이 발행금리보다 낮아질 때 발생하는 자본이득의 가능성도 크지 않다. 새로 발행되는 채권을 매입하면 자본이득의 기대

없이 더 낮은 이자수입을 얻을 것이므로 이 채권을 매입하는 것은 추천하고 싶지 않다.

- 기존 채권의 운용전략: 기존 채권의 경우 시장금리가 1회 하락할 경우 쿠폰이자 수입은 변동이 없는데 반해 채권의 시장가치 평가액은 증가하여 평가익이 발생한다. 가능하면 이 채권을 보유하는 것이 유리하며 굳이 조기에 매도할 필요가 없다.
- 듀레이션 전략: 시장금리가 1회 하락에 그칠 것으로 예상되는 경우는 그 후에 시장금리가 어느 수준에서 머물다가 다시 상승할 가능성이 있음을 의미한다. 듀레이션 확대 전략을 성급하게 추진할 필요까지는 없고 향후 금리 추이를 보아가며 결정하는 것이 좋을 것이다.
- 금리 1회 하락과 환율과의 관계: 만일 금리의 1회 하락이 환율에 큰 영향을 못 미칠 것으로 예상되면 환포지션은 변동시킬 필요가 없다. 그러나 금리의 1회 하락이 그 나라 경제의 성장촉진을 통해 그 나라 통화의 강세요인으로 작용할 것으로 예상되면 그 나라 통화표시의 자산매입을 늘리거나 환포지션을 선물환 매수 또는 콜옵션 매입 등으로 늘리는 대응이 필요하다. 반면에 금리의 1회 하락이 그 나라 경제의 심각성을 나타내는 것으로 해석되어 그 나라 통화의 약세요인으로 작용할 것으로 예상된다면, 그 나라 통화표시의 자산보유를 줄이거나 환포지션을 선물환 매도 또는 풋옵션 매입 등으로 감축할 필요가 있다.
- 금리 1회 하락과 주가와의 관계: 만일 금리의 1회 하락이 주가

에 큰 영향을 못 미칠 것으로 예상되면 주식포지션은 변동시킬 필요가 없다. 그러나 금리의 1회 하락이 기업의 차입비용 절감과 경제성장 촉진요인으로 해석되어 그 나라 주가의 상승요인으로 작용할 것으로 예상되면 그 나라 주식 매입을 늘리는 대응이 필요할 것이다. 반면에 금리의 1회 하락이 그 나라 경제의 심각성을 나타내는 것으로 해석되어 그 나라 주가의 하락요인으로 작용할 것으로 예상되면 그 나라 주식 보유를 줄이는 대응이 필요할 것이다.

② 시장이자율이 여러 차례 단계적으로 하락할 것으로 예상되는 경우 포트폴리오 운용전략에 대해 논의해 보자.

- 신규 발행채권 매입 : 이 경우 새로 발행되는 이표채는 점차 낮은 시장이자율을 반영하여 현재보다 낮은 이자율로 발행될 것이다. 그러나 향후 추가적으로 금리가 하락하면 이 채권에는 평가익이 발생할 것이다. 따라서 신규채권의 매입여부를 결정할 때에는 쿠폰이자 수입의 감소와 평가익의 발생 가능성을 함께 감안해야 할 것이다.
- 기존 채권의 운용전략 : 기존 채권의 경우 시장금리가 여러 차례 하락할 경우 쿠폰이자 수입은 변동이 없는데 반해 채권의 시장가치 평가액은 점점 크게 증가하여 평가익[11]이 발생한다. 이 채권을 계속 보유하면서 평가익을 기대하면 되고 굳이 조기에 매도할 필요가 없다.

---

11) 쿠폰 이자수입을 하락한 금리로 재투자함으로써 얻을 수 있는 재투자 수익의 감소와 채권의 시장가치 평가익을 비교해 볼 필요는 있다.

- 듀레이션 전략: 시장금리가 여러 차례 하락할 것으로 예상되는 경우는 듀레이션 확대 전략을 추천한다. 평가익이 클 것으로 예상되는 채권부터 매입하여 듀레이션을 늘려 나가는 전략을 취해야 할 것이다.
- 컨벡시티 전략: 시장금리가 여러 차례 하락할 것으로 예상되는 경우는 컨벡시티(convexity)가 큰 채권을 매입함으로써 금리하락에 따른 채권가격의 상승효과를 더 크게 기대할 수 있다.
- 금리의 여러 차례 하락 예상과 환율과의 관계 : 만일 금리의 여러 차례 하락 예상이 그 나라 경제의 회복요인으로 해석될 경우에는 그 나라 통화의 강세 가능성이 있다. 따라서 그 나라 통화표시 자산의 매입을 늘리거나 환 포지션을 선물환 매수 또는 콜옵션 매입 등으로 늘리는 대응이 필요하다. 그러나 만일 금리의 여러 차례 하락 예상이 그 나라 경제상황의 심각성을 시사하는 것으로 해석될 경우에는 그 나라 통화의 약세 가능성이 있으므로 그 나라 통화표시의 자산의 보유를 줄이거나 환포지션을 선물환 매도 또는 풋옵션 매입 등으로 줄이는 대응이 필요하다.
- 금리의 여러 차례 하락 예상과 주가와의 관계 : 만일 금리의 여러 차례 하락 예상이 그 나라 경제의 회복요인으로 해석될 경우에는 그 나라 주가의 상승 가능성이 있으므로 그 나라 주식 매입을 늘리는 대응이 필요하다. 그러나 만일 금리의 여러 차례 하락 예상이 그 나라 경제상황의 심각성을 시사하는 것으로 해석될 경우에는 그 나라 주가의 하락 가능성이 있으므로 그 나라 주식 보유를 감축할 필요가 있다.

참고문헌

1. 강재택, 생활 속의 환율, 경문사, 2008.4
2. 강재택, 21세기 통화전쟁, 매일경제신문사, 2014.12
3. 강재택, 거시경제 -원리와 응용-, 경문사, 2019.8
4. 강재택, 국제금융시장론 -원리와 응용-, 경문사, 2020.8
5. 박정식, 박종원, 현대 투자론, 다산출판사, 2018.1
6. 이상철, 금융리스크 쉽게 이해하기, 한국금융연수원, 2014.3
7. 이효구, 국제금융시장, 범한서적, 2012.10
8. 위정범 역, 재무금융 리스크 관리, 경문사, 2014.8
9. 장홍범, 권태용, 국제금융 이론과 실제, 한티미디어, 2018.7
10. 조규진, NPV와 VaR, 두남, 2012.8
11. 최영한, 국제금융 리스크관리, 한국금융연수원, 2015.2
12. 한국은행, 국제채권시장의 이해, 한국은행, 2008.8
13. 한국은행, 한국의 금융시장, 한국은행, 2012.12

부록

〈표 1〉 현재가치이자요소(PVIF)

$$PVIF = \frac{1}{(1+i)^n}$$

	이 자 율								
기간	1%	2%	3%	4%	5%	6%	7%	8%	9%
1	0.9901	0.9804	0.9709	0.9615	0.9524	0.9434	0.9346	0.9259	0.9174
2	0.9803	0.9612	0.9426	0.9246	0.9070	0.8900	0.8734	0.8573	0.8417
3	0.9706	0.9423	0.9151	0.8890	0.8638	0.8396	0.8163	0.7938	0.7722
4	0.9610	0.9238	0.8885	0.8548	0.8227	0.7921	0.7629	0.7350	0.7084
5	0.9515	0.9057	0.8626	0.8219	0.7835	0.7473	0.7130	0.6806	0.6499
6	0.9420	0.8880	0.8375	0.7903	0.7462	0.7050	0.6663	0.6302	0.5963
7	0.9327	0.8706	0.8131	0.7599	0.7107	0.6651	0.6227	0.5835	0.5470
8	0.9235	0.8535	0.7894	0.7307	0.6768	0.6274	0.5820	0.5403	0.5019
9	0.9143	0.8368	0.7664	0.7026	0.6446	0.5919	0.5439	0.5002	0.4604
10	0.9053	0.8203	0.7441	0.6756	0.6139	0.5584	0.5083	0.4632	0.4224
11	0.8963	0.8043	0.7224	0.6496	0.5847	0.5268	0.4751	0.4289	0.3875
12	0.8874	0.7885	0.7014	0.6246	0.5568	0.4970	0.4440	0.3971	0.3555
13	0.8787	0.7730	0.6810	0.6006	0.5303	0.4688	0.4150	0.3677	0.3262
14	0.8700	0.7579	0.6611	0.5775	0.5051	0.4423	0.3878	0.3405	0.2992
15	0.8613	0.7430	0.6419	0.5553	0.4810	0.4173	0.3624	0.3152	0.2745
16	0.8528	0.7284	0.6232	0.5339	0.4581	0.3936	0.3387	0.2919	0.2519
17	0.8444	0.7142	0.6050	0.5134	0.4363	0.3714	0.3166	0.2703	0.2311
18	0.8360	0.7002	0.5874	0.4936	0.4155	0.3503	0.2959	0.2502	0.2120
19	0.8277	0.6864	0.5703	0.4746	0.3957	0.3305	0.2765	0.2317	0.1945
20	0.8195	0.6730	0.5537	0.4564	0.3769	0.3118	0.2584	0.2145	0.1784
21	0.8114	0.6598	0.5375	0.4388	0.3589	0.2942	0.2415	0.1987	0.1637
22	0.8034	0.6468	0.5219	0.4220	0.3418	0.2775	0.2257	0.1839	0.1502
23	0.7954	0.6342	0.5067	0.4057	0.3256	0.2618	0.2109	0.1703	0.1378
24	0.7876	0.6217	0.4919	0.3901	0.3101	0.2470	0.1971	0.1577	0.1264
25	0.7798	0.6095	0.4776	0.3751	0.2953	0.2330	0.1842	0.1460	0.1160
30	0.7419	0.5521	0.4120	0.3083	0.2314	0.1741	0.1314	0.0994	0.0754
40	0.6717	0.4529	0.3066	0.2083	0.1420	0.0972	0.0668	0.0460	0.0318
50	0.6080	0.3715	0.2281	0.1407	0.0872	0.0543	0.0339	0.0213	0.0134

〈표 1〉 계속

이 자 율										
10%	11%	12%	13%	14%	15%	16%	17%	18%	19%	20%
0.9091	0.9009	0.8929	0.8850	0.8772	0.8696	0.8621	0.8547	0.8475	0.8403	0.8333
0.8264	0.8116	0.7972	0.7832	0.7695	0.7561	0.7432	0.7305	0.7182	0.7061	0.6944
0.7513	0.7312	0.7118	0.6931	0.6750	0.6575	0.6407	0.6244	0.6086	0.5934	0.5787
0.6830	0.6587	0.6355	0.6133	0.5921	0.5718	0.5523	0.5337	0.5158	0.4987	0.4823
0.6209	0.5935	0.5674	0.5418	0.5194	0.4972	0.4761	0.4561	0.4371	0.4191	0.4019
0.5645	0.5346	0.5066	0.4803	0.4556	0.4323	0.4104	0.3898	0.3704	0.3521	0.3349
0.5132	0.4817	0.4523	0.4251	0.3996	0.3759	0.3538	0.3332	0.3139	0.2959	0.2791
0.4665	0.4339	0.4039	0.3762	0.3506	0.3269	0.3050	0.2848	0.2660	0.2487	0.2326
0.4241	0.3902	0.3606	0.3329	0.3075	0.2843	0.2630	0.434	0.2255	0.2090	0.1938
0.3855	0.3522	0.3220	0.2946	0.2697	0.2472	0.2267	0.2080	0.1911	0.1756	0.1615
0.3505	0.3173	0.2875	0.2607	0.2366	0.2149	0.1954	0.1778	0.1619	0.1476	0.1346
0.3186	0.2858	0.2567	0.2042	0.2076	0.1869	0.1685	0.1520	0.1372	0.1240	0.1122
0.2897	0.2575	0.2292	0.1807	0.1821	0.1625	0.1452	0.1299	0.1163	0.1042	0.0935
0.2633	0.2320	0.2046	0.1599	0.1597	0.1413	0.1252	0.1110	0.0985	0.0876	0.0779
0.2394	0.2090	0.1827	0.1415	0.1401	0.1229	0.1079	0.0949	0.0835	0.0736	0.0649
0.2176	0.1883	0.1631	0.1252	0.1229	0.1069	0.0930	0.0811	0.0708	0.0618	0.0541
0.1978	0.1696	0.1456	0.1108	0.1078	0.0929	0.0802	0.0693	0.0600	0.0520	0.0451
0.1799	0.1528	0.1300	0.0981	0.0946	0.0808	0.0691	0.0593	0.0508	0.0437	0.0376
0.1635	0.1377	0.1161	0.0968	0.0829	0.0703	0.0596	0.0506	0.0431	0.0367	0.0313
0.1486	0.1240	0.1037	0.0868	0.0728	0.0611	0.0514	0.0433	0.0365	0.0308	0.0261
0.1351	0.1117	0.0926	0.0768	0.0638	0.0531	0.0443	0.0370	0.0309	0.0259	0.0217
0.1228	0.1007	0.0826	0.0680	0.0560	0.0462	0.0382	0.0316	0.0262	0.0218	0.0181
0.1117	0.0907	0.0738	0.0601	0.0491	0.0402	0.0329	0.0270	0.0222	0.0183	0.0151
0.1015	0.0817	0.0659	0.0532	0.0431	0.0349	0.0284	0.0231	0.0188	0.0154	0.0126
0.0923	0.0736	0.0588	0.0471	0.0378	0.0304	0.0245	0.0197	0.0160	0.0129	0.0105
0.0573	0.0437	0.0334	0.0256	0.0196	0.0151	0.0116	0.0090	0.0070	0.0054	0.0042
0.0221	0.0154	0.0107	0.0075	0.0053	0.0037	0.0026	0.0019	0.0013	0.0010	0.0007
0.0085	0.0054	0.0035	0.0022	0.0014	0.0009	0.0006	0.0004	0.0003	0.0002	0.0001

〈표 2〉 연금의 현재가치이자요소(PVIFA)

$$PVIFA = \left[\frac{1}{i} - \frac{1}{i(1+i)^n}\right]$$

	이 자 율								
기간	1%	2%	3%	4%	5%	6%	7%	8%	9%
1	0.9901	0.9804	0.9709	0.9615	0.9524	0.9434	0.9346	0.9259	0.9174
2	1.9704	1.9416	1.9135	1.8861	1.8594	1.8334	1.8080	1.7833	1.7591
3	2.9410	2.8839	2.8286	2.7751	2.7232	2.6730	2.6243	2.5771	2.5313
4	3.9020	3.8077	3.7171	3.6299	3.5460	3.4651	3.3872	3.3121	3.2397
5	4.8534	4.7135	4.5797	4.4518	4.3295	4.2124	4.1002	3.9927	3.8897
6	5.7955	5.6014	5.4172	5.2421	5.0757	4.9173	4.7665	4.6229	4.4859
7	6.7282	6.4720	6.2303	6.0021	5.7864	5.5824	5.3893	5.2064	5.0330
8	7.6517	7.3255	7.0197	6.7327	6.4632	6.2098	5.9713	5.7466	5.5348
9	8.5660	8.1622	7.7861	7.4353	7.1078	6.8017	6.5152	6.2469	5.9952
10	9.4713	8.9826	8.5302	8.1109	7.7217	7.3601	7.0236	6.7101	6.4177
11	10.3676	9.7868	9.2526	8.7605	8.3064	7.8869	7.4987	7.1390	6.8052
12	11.2551	10.5753	9.9540	9.3851	8.8633	8.3838	7.9427	7.5361	7.1607
13	12.1337	11.3484	10.6350	9.9856	9.3936	8.8527	8.3577	7.9038	7.4869
14	13.0037	12.1062	11.2961	10.5631	9.8986	9.2950	8.7455	8.2442	7.7862
15	13.8651	12.8493	11.9379	11.1184	10.3797	9.7122	9.1079	8.5595	8.0607
16	14.7179	13.5777	12.5611	11.6523	10.8378	10.1059	9.4466	8.8514	8.3126
17	15.5623	14.2919	13.1661	12.1657	11.2741	10.4773	9.7632	9.1216	8.5436
18	16.3983	14.9920	13.7535	12.6593	11.6896	10.8276	10.0591	9.3719	8.7556
19	17.2260	15.6785	14.3238	13.1339	12.0853	11.1581	10.3356	9.6036	8.9501
20	18.0456	16.3514	14.8775	13.5903	12.4622	11.4699	10.5940	9.8181	9.1285
21	18.8570	17.0112	15.4150	14.0292	12.8212	11.7641	10.8355	10.0168	9.2922
22	19.6604	17.6580	15.9369	14.4511	13.1630	12.0416	11.0612	10.2007	9.4424
23	20.4558	18.2922	16.4436	14.8568	13.4886	12.3034	11.2722	10.3741	9.5802
24	21.2434	18.9139	16.9355	15.2470	13.7986	12.5504	11.4693	10.5288	9.7066
25	22.0232	19.5235	17.4131	15.6221	14.0939	12.7834	11.6536	10.6748	9.8226
30	25.8077	22.3965	19.6004	17.2920	15.3725	13.7648	12.4090	11.2578	10.2737
40	32.8347	27.3555	23.1148	19.7928	17.1591	15.0463	13.3317	11.9246	10.7574
50	39.1961	31.4236	25.7298	21.4822	18.2559	15.7619	13.8007	12.2335	10.9617

〈표 2〉 계속

이 자 율										
10%	11%	12%	13%	14%	15%	16%	17%	18%	19%	20%
0.9091	0.9001	0.8929	0.8850	0.8772	0.8696	0.8621	0.8547	0.8475	0.8403	0.8333
1.7355	1.7125	1.6901	1.6681	1.6467	1.6257	1.6052	1.5852	1.5656	1.5465	1.5278
2.4869	2.4437	2.4018	2.3612	2.3216	2.2832	2.2459	2.2096	2.1743	2.1399	2.1065
3.1699	3.1025	3.0373	2.9745	2.9137	2.8550	2.7982	2.2732	2.6901	2.6386	2.5887
3.7908	3.6959	3.6048	3.5172	3.4331	3.3522	3.2743	3.1994	3.1272	3.0576	2.9906
4.3553	4.2305	4.1114	3.9976	3.8887	3.7845	3.6847	3.5892	3.4976	3.4098	3.3255
4.8684	4.7122	4.5638	4.4226	4.2883	4.1604	4.0386	3.9224	3.8115	3.7057	3.6046
5.3349	5.1461	4.9676	4.7988	4.6389	4.4873	4.3436	4.2042	4.0776	3.9544	3.8372
5.7590	5.5371	5.3282	5.1317	4.9464	4.7716	4.6065	4.4506	4.3030	4.1633	4.0310
6.1446	5.8892	5.6502	5.4262	5.2161	5.0188	4.8332	4.6586	4.4941	4.3389	4.1925
6.4951	6.2065	5.9377	5.6869	5.4527	5.2337	5.0286	4.8364	4.6560	4.4865	4.3271
6.8137	6.4924	6.1944	5.9177	5.6603	5.4206	5.1971	4.9884	4.7932	4.6105	4.4392
7.1034	6.7499	6.4235	6.1218	5.8424	5.5831	5.3423	5.1183	4.9095	4.7147	4.5327
7.3667	6.9819	6.6282	6.3025	6.0021	5.7245	5.4675	5.2293	5.0081	4.8023	4.6106
7.6061	7.1909	6.8109	6.4624	6.1422	5.8474	5.5755	5.3242	5.0916	4.8759	4.6755
7.8237	7.3792	6.9740	6.6039	6.2651	5.9542	5.6685	5.4053	5.1624	4.9377	4.7296
8.0216	7.5488	7.1196	6.7291	6.3729	6.0472	5.7487	5.4746	5.2223	4.9897	4.7746
8.2014	7.7016	7.2497	6.8399	6.4674	6.1280	5.8178	5.5339	5.2732	5.0333	4.8122
8.3649	7.8393	7.3658	6.9380	6.5504	6.1982	5.8775	5.5845	5.3162	5.0700	4.8435
8.5136	7.9633	7.4694	7.0248	6.6231	6.2593	5.9288	5.6278	5.3527	5.1009	4.8696
8.6487	8.0751	7.5620	7.1016	6.6870	6.3125	5.9731	5.6648	5.3837	5.1268	4.8913
8.7715	8.1754	7.6446	7.1695	6.7429	6.3587	6.0113	5.6964	5.4099	5.1486	4.9094
8.8832	8.2664	7.7184	7.2297	6.7921	6.3988	6.0442	5.7234	5.4321	5.1669	4.9245
8.9847	8.3481	7.7843	7.2829	6.8351	6.4338	6.0726	5.7465	5.4509	5.1822	4.9371
9.0770	8.4217	7.8431	7.3300	6.8729	6.4641	6.0971	5.7662	5.4669	5.1952	4.9476
9.4269	8.6938	8.0552	7.4567	7.0027	6.5660	6.1772	5.8294	5.5168	5.2347	4.9789
9.7791	8.9511	8.2438	7.6344	7.1050	6.6418	6.2235	5.8713	5.5482	5.2582	4.9966
9.9148	9.0417	8.3045	7.6752	7.1327	6.6605	6.2463	5.8801	5.5541	5.2623	4.9995

〈표 3〉 미래가치이자요소(FVIF)

$FVIF = (1+i)^n$

	이 자 율								
기간	1%	2%	3%	4%	5%	6%	7%	8%	9%
1	1.0100	1.0200	1.0300	1.0400	1.0500	1.0600	1.0700	1.0800	1.0900
2	1.0201	1.0404	1.0609	1.0816	1.1025	1.1236	1.1449	1.1664	1.1881
3	1.0303	1.0612	1.0927	1.1249	1.1576	1.1910	1.2250	1.2597	1.2950
4	1.0406	1.0824	1.1255	1.1699	1.2155	1.2625	1.3108	1.3605	1.4116
5	1.0510	1.1041	1.1593	1.2167	1.2763	1.3382	1.4026	1.4693	1.5386
6	1.0615	1.1262	1.1941	1.2653	1.3401	1.4185	1.5007	1.5869	1.6771
7	1.0721	1.1487	1.2299	1.3159	1.4071	1.5036	1.6058	1.7138	1.8280
8	1.0829	1.1717	1.2668	1.3686	1.4775	1.5938	1.7182	1.8509	1.9926
9	1.0937	1.1951	1.3048	1.4233	1.5513	1.6895	1.8385	1.9990	2.1719
10	1.1046	1.2190	1.3439	1.4802	1.6289	1.7908	1.9672	2.1589	2.3674
11	1.1157	1.2434	1.3842	1.5395	1.7103	1.8983	2.1049	2.3316	2.5804
12	1.1268	1.2682	1.4258	1.6010	1.7959	2.0122	2.2522	2.5182	2.8127
13	1.1381	1.2936	1.4685	1.6651	1.8856	2.1329	2.4098	2.7196	3.0658
14	1.1495	1.3195	1.5126	1.7317	1.9799	2.2609	2.5785	2.9372	3.3417
15	1.1610	1.3459	1.5580	1.8009	2.0789	2.3966	2.7590	3.1722	3.6425
16	1.1726	1.3728	1.6047	1.8730	2.1829	2.5404	2.9522	3.4259	3.9703
17	1.1843	1.4002	1.6528	1.9479	2.2920	2.6928	3.1588	3.7000	4.3276
18	1.1961	1.4282	1.7024	2.0258	2.4066	2.8543	3.3799	3.9960	4.7171
19	1.2081	1.4568	1.7535	2.1068	2.5270	3.0256	3.6165	4.3157	5.1417
20	1.2202	1.4859	1.8061	2.1911	2.6533	3.2071	3.8697	4.6610	5.6044
21	1.2324	1.5157	1.8603	2.2788	2.7860	3.3996	4.1406	5.0338	6.1088
22	1.2447	1.5460	1.9161	2.3699	2.9253	3.6035	4.4304	5.4365	6.6586
23	1.2572	1.5769	1.9736	2.4647	3.0715	3.8197	4.7405	5.8715	7.2579
24	1.2697	1.6084	2.0328	2.5633	3.2251	4.0489	5.0724	6.3412	7.9111
25	1.2824	1.6406	2.0938	2.6658	3.3864	4.2919	5.4274	6.8485	8.6231
30	1.3478	1.8114	2.4273	3.2434	4.3219	5.7435	7.6123	10.063	13.268
40	1.4889	2.2080	3.2620	4.8010	7.0400	10.286	14.974	21.725	31.409
50	1.6446	2.6916	4.3839	7.1067	11.467	18.420	29.457	46.902	74.358

$FVIF > 99,999$

〈표 3〉 계속

이자율										
10%	11%	12%	13%	14%	15%	16%	17%	18%	19%	20%
1.1000	1.1100	1.1200	1.1300	1.1400	1.1500	1.1600	1.1700	1.1800	1.1900	1.2000
1.2100	1.2321	1.2544	1.2769	1.2996	1.3225	1.3456	1.3689	1.3924	1.4161	1.4400
1.3310	1.3676	1.4049	1.4429	1.4815	1.5209	1.5609	1.6015	1.6430	1.6852	1.7280
1.4641	1.5181	1.5735	1.6305	1.6890	1.7490	1.8106	1.8739	1.9388	2.0053	2.0736
1.6105	1.6851	1.7623	1.8424	1.9254	2.0114	2.1003	2.1925	2.2878	2.3866	2.4883
1.7716	1.8704	1.9738	2.0820	2.1950	2.3131	2.4364	2.5652	2.6996	2.8398	2.9860
1.9487	2.0762	2.2107	2.3526	2.5023	2.6600	2.8262	3.0012	3.1855	3.3793	3.5832
2.1436	2.3045	2.4760	2.6584	2.8526	3.0590	3.2784	3.5115	3.7589	4.0214	4.2998
2.3579	2.5580	2.7731	3.0040	3.2519	3.5179	3.8030	4.1084	4.4355	4.7855	5.1598
2.5937	2.8394	3.1058	3.3946	3.7072	4.0456	4.4114	4.8068	5.2338	5.6947	6.1917
2.8531	3.1518	3.4785	3.8359	4.2262	4.6524	5.1173	5.6240	6.1759	6.7767	7.4301
3.1384	3.4985	3.8960	4.3345	4.8179	5.3503	5.9360	6.5801	7.2876	8.0642	8.9161
3.4523	3.8833	4.3635	4.8980	5.4924	6.1528	6.8858	7.6987	8.5994	9.5965	10.699
3.7975	4.3104	4.8871	5.5348	6.2613	7.0757	7.9875	9.0075	10.147	11.420	12.839
4.1772	4.7846	5.4736	6.2543	7.1379	8.1371	9.2655	10.539	11.974	13.590	15.407
4.5950	5.3109	6.1304	7.0673	8.1372	9.3576	10.748	12.330	14.129	16.172	18.488
5.0545	5.8951	6.8660	7.9861	9.2765	10.761	12.468	14.426	16.672	19.244	22.186
5.5599	6.5436	7.6900	9.0242	10.575	12.375	14.463	16.879	19.673	22.901	26.623
6.1159	7.2633	8.6128	10.197	12.056	14.232	16.777	19.748	23.214	27.252	31.948
6.7275	8.0623	9.6463	11.523	13.743	16.367	19.461	23.106	27.393	32.429	38.338
7.4002	8.9492	10.804	13.021	15.668	18.822	22.574	27.034	32.324	38.591	46.005
8.1403	9.9398	12.100	14.714	17.861	21.645	26.186	31.629	38.142	45.923	55.206
8.9543	11.026	13.552	16.627	20.362	24.891	30.376	37.006	45.008	54.649	66.247
9.8497	12.239	15.179	18.788	23.212	28.625	35.236	43.297	53.109	65.032	79.497
10.835	13.585	17.000	21.231	26.462	32.919	40.874	50.658	62.669	77.388	95.396
17.449	22.892	29.960	39.116	50.950	66.212	85.850	111.06	143.37	184.68	237.38
45.259	65.001	93.051	132.78	188.88	267.86	378.72	533.87	750.38	1051.7	1469.8
117.39	184.56	289.00	450.74	700.23	1083.7	1670.7	2566.2	3927.4	5988.9	9100.4

〈표 4〉 연금의 미래가치이자요소(FVIFA)

$$FVIFA = \frac{(1+i)^n - 1}{i}$$

	이 자 율								
기간	1%	2%	3%	4%	5%	6%	7%	8%	9%
1	1.0000	1.0000	1.0000	1.0000	1.0000	1.0000	1.0000	1.0000	1.0000
2	2.0100	2.0200	2.0300	2.0400	2.0500	2.0600	2.0700	2.0800	2.0900
3	3.0301	3.0604	3.0909	3.1216	3.1525	3.1836	3.2149	3.2464	3.2781
4	4.0604	4.1216	4.1836	4.2465	4.3101	4.3746	4.4399	4.5061	4.5731
5	5.1010	5.2040	5.3091	5.4163	5.5256	5.6371	5.7507	5.8666	5.9847
6	6.1520	6.3081	6.4684	6.6330	6.8019	6.9753	7.1533	7.3359	7.5233
7	7.2135	7.4343	7.6625	7.8983	8.1420	8.3938	8.6540	8.9228	9.2004
8	8.2857	8.5830	8.8932	9.2142	9.5491	9.8975	10.260	10.637	11.028
9	9.3685	9.7546	10.159	10.583	11.027	11.491	11.978	12.488	13.021
10	10.462	10.950	11.464	12.006	12.578	13.181	13.816	14.487	15.193
11	11.567	12.169	12.808	13.486	14.207	14.972	15.784	16.645	17.560
12	12.683	13.412	14.192	15.026	15.917	16.870	17.888	18.977	20.141
13	13.809	14.680	15.618	16.627	17.713	18.882	20.141	21.495	22.953
14	14.947	15.974	17.086	18.292	19.599	21.015	22.550	24.215	26.019
15	16.097	17.293	18.599	20.024	21.579	23.276	25.129	27.152	29.361
16	17.258	18.639	20.157	21.825	23.657	25.673	27.888	30.324	33.003
17	18.430	20.012	21.762	23.698	25.840	28.213	30.840	33.750	36.974
18	19.615	21.412	23.414	25.645	28.132	30.906	33.999	37.450	41.301
19	20.811	22.841	25.117	27.671	30.539	33.760	37.379	41.446	46.018
20	22.019	24.297	26.870	29.778	33.066	36.786	40.995	45.762	51.160
21	23.239	25.783	28.676	31.969	35.719	39.993	44.865	50.423	56.765
22	24.472	27.299	30.537	34.248	38.505	43.392	49.006	55.457	62.873
23	25.716	28.845	32.453	36.618	41.430	46.996	53.436	60.893	69.532
24	26.973	30.422	34.426	39.083	44.502	50.816	58.177	66.765	76.790
25	28.243	32.030	36.459	41.646	47.727	54.865	63.249	73.106	84.701
30	34.785	40.568	47.575	56.085	66.439	79.058	94.461	113.28	136.31
40	48.886	60.402	75.401	95.026	120.80	154.76	199.64	259.06	337.88
50	64.463	84.579	112.80	152.67	209.35	290.34	406.53	573.77	815.08

$FVIFA > 99{,}999$

〈표 4〉 계속

이 자 율										
10%	11%	12%	13%	14%	15%	16%	17%	18%	19%	20%
1.0000	1.0000	1.0000	1.0000	1.0000	1.0000	1.0000	1.0000	1.0000	1.0000	1.0000
2.1000	2.1100	2.1200	2.1300	2.1400	2.1500	2.1600	2.1700	2.1800	2.1900	2.2000
3.3100	3.3421	3.3744	3.4069	3.4396	3.4725	3.5056	3.5389	3.5724	3.6061	3.6400
4.6410	4.7097	4.7793	4.8498	4.9211	4.9934	5.0665	5.1405	5.2154	5.2913	5.3680
6.1051	6.2278	6.3528	6.4802	6.6101	6.7424	6.8771	7.0144	7.1542	7.2966	7.4416
7.7156	7.9129	8.1152	8.3227	8.5355	8.7537	8.9775	9.2069	9.4420	9.6830	9.9299
9.4872	9.7833	10.089	10.405	10.730	11.067	11.414	11.772	12.142	12.523	12.916
11.436	11.859	12.300	12.757	13.233	13.727	14.240	14.773	15.327	15.902	16.499
13.579	14.164	14.776	15.416	16.085	16.786	17.519	18.285	19.086	19.923	20.799
15.937	16.722	17.549	18.420	19.337	20.304	21.321	22.391	23.521	24.709	25.959
18.531	19.561	20.655	21.814	23.045	24.349	25.733	27.200	28.755	30.404	32.150
21.384	22.713	24.133	25.650	27.271	29.002	30.850	32.824	34.931	37.180	39.581
24.523	26.212	28.029	29.985	32.089	34.352	36.786	39.404	42.219	45.244	48.497
27.975	30.095	32.393	34.883	37.581	40.505	43.672	47.103	50.818	54.841	59.196
31.772	34.405	37.280	40.417	43.842	47.580	51.660	56.110	60.965	66.261	72.035
35.950	39.190	42.753	46.672	50.980	55.717	60.925	66.649	72.939	79.850	87.442
40.545	44.501	48.884	53.739	59.118	65.075	71.673	78.980	87.068	96.022	105.93
45.599	50.396	55.750	61.725	68.394	75.836	84.141	93.406	103.74	115.27	128.12
51.159	56.939	64.440	70.749	78.969	88.212	98.603	110.29	123.41	138.17	154.74
57.275	64.203	72.052	80.947	91.025	102.44	115.38	130.03	146.63	165.42	186.69
64.002	72.265	81.699	92.470	104.77	118.81	134.84	153.14	174.02	197.85	225.03
71.403	81.214	92.503	105.49	120.44	137.63	157.41	180.17	206.34	236.44	271.03
79.543	91.148	104.60	120.20	138.30	159.28	183.60	211.80	244.49	282.36	326.24
88.497	102.17	118.16	136.83	158.66	184.17	213.98	248.81	289.49	337.01	392.48
98.347	114.41	133.33	155.62	181.87	212.79	249.21	292.10	342.60	402.04	471.98
164.49	199.02	241.33	293.20	359.79	434.75	530.31	647.44	790.95	966.71	1181.9
442.59	581.83	767.09	1013.7	1342.0	1779.1	2360.8	3134.5	4163.2	5529.8	7343.9
1163.9	1668.8	2400.0	3549.5	4994.5	7217.7	10436.	15090.	21813.	31515.	45497.

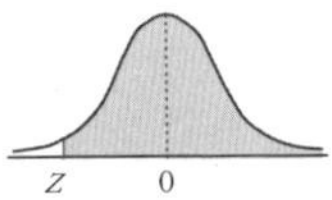

〈표 5〉 표준정규분포표

Z	.00	.01	.02	.03	.04	.05	.06	.07	.08	.09
−3.4	.0003	.0003	.0003	.0003	.0003	.0003	.0003	.0003	.0003	.0002
−3.3	.0005	.0005	.0005	.0004	.0004	.0004	.0004	.0004	.0004	.0003
−3.2	.0007	.0007	.0006	.0006	.0006	.0006	.0006	.0005	.0005	.0005
−3.1	.0010	.0009	.0009	.0009	.0008	.0008	.0008	.0008	.0007	.0007
−3.0	.0013	.0013	.0013	.0012	.0012	.0011	.0011	.0011	.0010	.0010
−2.9	.0019	.0018	.0018	.0017	.0016	.0016	.0015	.0015	.0014	.0014
−2.8	.0026	.0025	.0024	.0023	.0023	.0022	.0021	.0021	.0020	.0019
−2.7	.0035	.0034	.0033	.0032	.0031	.0030	.0029	.0028	.0027	.0026
−2.6	.0047	.0045	.0044	.0043	.0041	.0040	.0039	.0038	.0037	.0036
−2.5	.0062	.0060	.0059	.0057	.0055	.0054	.0052	.0051	.0049	.0048
−2.4	.0082	.0080	.0078	.0075	.0073	.0071	.0069	.0068	.0066	.0064
−2.3	.0107	.0104	.0102	.0099	.0096	.0094	.0091	.0089	.0087	.0084
−2.2	.0139	.0136	.0132	.0129	.0125	.0122	.0119	.0116	.0113	.0110
−2.1	.0179	.0174	.0170	.0166	.0162	.0158	.0154	.0150	.0146	.0143
−2.0	.0228	.0222	.0217	.0212	.0207	.0202	.0197	.0192	.0188	.0183
−1.9	.0287	.0281	.0274	.0268	.0262	.0256	.0250	.0244	.0239	.0233
−1.8	.0359	.0351	.0344	.0336	.0329	.0322	.0314	.0307	.0301	.0294
−1.7	.0446	.0436	.0427	.0418	.0409	.0401	.0392	.0384	.0375	.0367
−1.6	.0548	.0537	.0526	.0516	.0505	.0495	.0485	.0475	.0465	.0455
−1.5	.0668	.0655	.0643	.0630	.0618	.0606	.0594	.0582	.0571	.0559
−1.4	.0808	.0793	.0778	.0764	.0749	.0735	.0721	.0708	.0694	.0681
−1.3	.0968	.0951	.0934	.0918	.0901	.0885	.0869	.0853	.0838	.0823
−1.2	.1151	.1131	.1112	.1093	.1075	.1056	.1038	.1020	.1003	.0985
−1.1	.1357	.1335	.1314	.1292	.1271	.1251	.1230	.1210	.1190	.1170
−1.0	.1587	.1562	.1539	.1515	.1492	.1469	.1446	.1423	.1401	.1379
−0.9	.1841	.1814	.1788	.1762	.1736	.1711	.1685	.1660	.1635	.1611
−0.8	.2119	.2090	.2061	.2033	.2005	.1977	.1949	.1922	.1894	.1867
−0.7	.2420	.2389	.2358	.2327	.2296	.2266	.2236	.2206	.2177	.2148
−0.6	.2743	.2709	.2676	.2643	.2611	.2578	.2546	.2514	.2483	.2451
−0.5	.3085	.3050	.3015	.2981	.2946	.2912	.2877	.2843	.2810	.2776
−0.4	.3446	.3409	.3372	.3336	.3300	.3264	.3228	.3192	.3156	.3121
−0.3	.3821	.3783	.3745	.3707	.3669	.3632	.3594	.3557	.3520	.3483
−0.2	.4207	.4168	.4129	.4090	.4052	.4013	.3974	.3936	.3897	.3859
−0.1	.4602	.4562	.4522	.4483	.4443	.4404	.4364	.4325	.4286	.4247

〈표 5〉 계속

Z	.00	.01	.02	.03	.04	.05	.06	.07	.08	.09
0.0	.5000	.5040	.5080	.5120	.5160	.5199	.5239	.5279	.5319	.5359
0.1	.5398	.5438	.5478	.5517	.5557	.5596	.5636	.5675	.5714	.5753
0.2	.5793	.5832	.5871	.5910	.5948	.5987	.6026	.6064	.6103	.6141
0.3	.6179	.6217	.6255	.6293	.6331	.6368	.6406	.6443	.6480	.6517
0.4	.6554	.6591	.6628	.6664	.6700	.6736	.6772	.6808	.6844	.6879
0.5	.6915	.6950	.6985	.7019	.7054	.7088	.7123	.7157	.7190	.7224
0.6	.7257	.7291	.7324	.7357	.7389	.7422	.7454	.7486	.7517	.7549
0.7	.7580	.7611	.7642	.7673	.7704	.7734	.7764	.7794	.7823	.7852
0.8	.7881	.7910	.7939	.7967	.7995	.8023	.8051	.8078	.8106	.8133
0.9	.8159	.8186	.8212	.8238	.8264	.8289	.8315	.8340	.8365	.8389
1.0	.8413	.8438	.8461	.8485	.8508	.8531	.8554	.8577	.8599	.8621
1.1	.8643	.8665	.8686	.8708	.8729	.8749	.8770	.8790	.8810	.8830
1.2	.8849	.8869	.8888	.8907	.8925	.8944	.8962	.8980	.8997	.9015
1.3	.9032	.9049	.9066	.9082	.9099	.9115	.9131	.9147	.9162	.9177
1.4	.9192	.9207	.9222	.9236	.9251	.9265	.9279	.9292	.9306	.9319
1.5	.9332	.9345	.9357	.9370	.9382	.9394	.9406	.9418	.9429	.9441
1.6	.9452	.9463	.9474	.9484	.9495	.9505	.9515	.9525	.9535	.9545
1.7	.9554	.9564	.9573	.9582	.9591	.9599	.9608	.9616	.9625	.9633
1.8	.9641	.9649	.9656	.9664	.9671	.9678	.9686	.9693	.9699	.9706
1.9	.9713	.9719	.9726	.9732	.9738	.9744	.9750	.9756	.9761	.9767
2.0	.9772	.9778	.9783	.9788	.9793	.9798	.9803	.9808	.9812	.9817
2.1	.9821	.9826	.9830	.9834	.9838	.9842	.9846	.9850	.9854	.9857
2.2	.9861	.9864	.9868	.9871	.9875	.9878	.9881	.9884	.9887	.9890
2.3	.9893	.9896	.9898	.9901	.9904	.9906	.9909	.9911	.9913	.9916
2.4	.9918	.9920	.9922	.9925	.9927	.9929	.9931	.9932	.9934	.9936
2.5	.9938	.9940	.9941	.9943	.9945	.9946	.9948	.9949	.9951	.9952
2.6	.9953	.9955	.9956	.9957	.9959	.9960	.9961	.9962	.9963	.9964
2.7	.9965	.9966	.9967	.9968	.9969	.9970	.9971	.9972	.9973	.9974
2.8	.9974	.9975	.9976	.9977	.9977	.9978	.9979	.9979	.9980	.9981
2.9	.9981	.9982	.9982	.9983	.9984	.9984	.9985	.9985	.9986	.9986
3.0	.9987	.9987	.9987	.9988	.9988	.9989	.9989	.9989	.9990	.9990
3.1	.9990	.9991	.9991	.9991	.9992	.9992	.9992	.9992	.9993	.9993
3.2	.9993	.9993	.9994	.9994	.9994	.9994	.9994	.9995	.9995	.9995
3.3	.9995	.9995	.9995	.9996	.9996	.9996	.9996	.9996	.9996	.9997

찾아보기

INDEX

저자소개

▪ **강 재 택**(KANG Jae Taeck) jetkang@inha.ac.kr

〈학력〉

- 1982. 연세대학교 경제학과.
- 1991~1993. 파리 13대학교, 국제경제학과(DEA)
- 1997~2000. 파리 13대학교, 국제경제학과(Ph.D)

〈경력〉

- 현재, 인하대학교 금융투자학과 교수
- 1982~2019.2. 한국은행 브뤼셀 주재원, 위탁관리팀장, 국제연구팀장, 외환시장팀장, 외환업무부장, 충북본부장, 인재개발원 주임교수
- 2012. 국립외교원 글로벌리더쉽 과정(5기) 수료

〈저서〉

- 국제금융체제 개편 논의(2003.1. 한국은행)
- 생활속의 환율(2008.4. 경문사)
- 21세기 통화전쟁(2014.12. 매일경제신문사)
- Macroeconomics : Principles and Their Applications(2018.9. 경문사)
- 거시경제-원리와 응용-(2019.8. 경문사)
- 국제금융시장론-원리와 응용-(2020.8. 경문사)

〈강의〉

- 금융연수원, 금융투자교육원
- 한국은행 인재개발원, 금융감독원
- 연세대학교, 중앙대학교, 충북대학교, 청주대학교, 서원대학교

▪ **안 희 욱**(AHN Hee Wook) hook136@gmail.com

〈학력〉

- 1988. 연세대학교 경제학과(학사)
- 1998~2000. Columbia University 국제학(석사)
- 2010~2016. 연세대학교 경제학과(박사)

〈경력〉

- 현재, 한국은행 국장
- 1988~현재. 한국은행 조사국 팀장, 제주본부 팀장, 커뮤니케이션국장, 인천본부장, 프랑크푸르트사무소장, 도서관장
- 2010. IMF 서울사무소 이코노미스트

〈강의〉

- 연세대학교, 인하대학교

글로벌 기업재무

저 자 강재택 · 안희욱
발행인 한헌주
발행처 경문사
주 소 서울시 서대문구 독립문로 21-9 1층
전 화 02) 738-7035
팩 스 02) 722-4678
E-mail kmsp@korea.com
홈페이지 http://www.kmsp.co.kr
발행일 2021년 6월 10일

정가 **22,000** 원
ISBN 978-89-420-0932-**9** 93320